Heliand.

Herausgegeben

von

Otto Behaghel.

Halle.
Max Niemeyer.
1882.

Altdeutsche textbibliothek, herausgegeben von H. Paul.
No. 4.

Fritz Neumann

und

Hermann Osthoff

in Freundschaft dargebracht.

Vorwort.

Ich habe, im Einklang mit den Untersuchungen von Sievers, meiner Ausgabe den Monacensis zu Grunde gelegt, in dem Sinne, dass in jedem einzelnen Falle der Werth der beiden Handschriften gegeneinander abgewogen, aber die Lesung von M aufgenommen wurde, wenn sich keine innere Entscheidung treffen lies. Bei dieser erneuten Durcharbeitung des Textes hat sich mir wieder eine Reihe von Besserungen der Ueberlieferung ergeben, die theilweise Germ. XXVI, Heft 4 erörtert sind; einige alte cruces bleiben noch immer bestehen.

Auch die Orthographie ist die des Monacensis, soweit er vorhanden; eine Umschrift der betreffenden Stücke des Cottonianus schien mir undurchführbar. Normalisirt habe ich nur insoweit, als ich für die dentale Spirans im Inlaut und Auslaut ð gesetzt habe, für die labiale ƀ im Inlaut, f im Auslaut. Für die Stammsilben habe ich Quantitätsbezeichnung durchgeführt. Die Endungen blieben unbezeichnet, da volle Längen hier wohl kaum mehr vorhanden waren.

Die Varianten stehen am Fuss der Seiten, und im Text ist durch Cursivdruck der variirten Worte auf sie verwiesen; das sieht zwar nicht gut aus, scheint mir aber empfehlenswerth zu sein.

Am Kopf der Seiten gebe ich Verweisungen auf Tatian und Otfried, um durch die Vergleichung das Verständniss des Textes zu fördern. Die Hinweise auf Otfried haben nebenbei noch einen andern Werth: sie zeigen ohne Weiteres, wie ausserordentlich breit der altsächsische Dichter verfahren ist.

Karlsruhe, den 8. Sept. 1882.

Otto Behaghel.

Einleitung.

Die umfassendste Hs. des Heliand ist *C,* der
Cottonianus, im britischen Museum zu London.
Der Text zerfällt hier in einzelne, durch Absätze,
grössere Initialen und fortlaufende Zählung bezeichnete
Kapitel. *C* enthält v. 1—5968 des vorliegenden Textes.

M, der Monacensis (früher in Bamberg) ist eine
durch Ausschneiden von Blättern vielfach verstümmelte
Hs.; es fehlen die Verse 1 — 84 incl., 2198b — 2255,
2514b — 2575, 3414b — 3490, 3951 — 4016, 4675—
4740, 5275b — 5968, also mehr als ein Sechstel der
in *C* vorliegenden Verse.

Eine Kapitelbezeichnung durch Abschnitte und
Zählung findet sich in *M* nicht.

Ausserdem besitzen wir ein Prager Fragment, *P,*
das v. 958b — 1005 incl. umfasst.*

Längere Zeit galt der Text von *C* für besser als
der von *M*. Sievers hat jedoch den Nachweis geführt,
dass *M* zweifellos den Vorzug verdient.** Nur in Be-
zug auf die Wortstellung steht *C* etwas höher als *M*.

---

* Herausgegeben von Hans Lambel: ein neuentdecktes Blatt einer
Heliandhandschrift. Wien 1881, Gerold (in Comm.; aus dem Jahrgang 1881
der Sitzungsberichte der Kaiserl. Akad. der Wissenschaften). Einige Be-
richtigungen dazu Germ. XXVI, 256.

** Zeits. für d. Alterth. XIX, S. 39 ff.

M und *C* gehen auf eine gemeinsame Vorlage
zurück, die schon zahlreiche Fehler aufzuweisen hatte,
vgl. 300, 327, 369, 386, 483, 537, 628, 681, 693, 849,
879, 881, 1081, 1121, 1191, 1212, 1553, 1600, 1796,
1879, 1883, 1928, 1955, 1977, 1987, 2412, 2426,
2434, 2457, 2476, 2505, 2609, 2688, 2730, 2893,
2975, 3040, 3166, 3234, 3401, 3829, 3892, 3904,
3918, 4023, 4086, 4190, 4238, 4264, 4341, 4517,
4610, 4898, 4909, 5039, 5141, 5202, 5214.

Ob zwischen dieser Vorlage von *MC* und dem
Original noch Mittelglieder anzunehmen sind, lässt sich
nicht entscheiden.

Von *P* lässt sich nur sagen, dass es weder *M* oder
C als Vorlage gehabt, noch Vorlage für eine dieser
Hss. gewesen. v. 980 hat *P* mit *C* den Fehler *herran*
gemein, 984 mit *M* den Fehler *afstop;* in beiden Fällen
kann aber schon ein gemeinsamer Archetypus von *M*,
C und *P* den Fehler gehabt und *M* bezw. *C* das Richtige
hergestellt haben.

Der Heliand ist mehrfach herausgegeben worden:
von J. Andreas Schmeller* (Heliand, Poema Saxo-
nicum seculi noni. Monachis, Stutgartiae et Tubingae.
2 Bde. Bd. 1 erschien 1830, Bd. 2 1840: Glossarium
Saxonicum e poemate Heliand inscripto), von J. R.
Köne (Münster 1855), von Moritz Heyne (Paderborn
1866; zweite Auflage 1873), von Heinrich Rückert
(Leipzig 1876), von Eduard Sievers (Halle 1878**);
kleinere Partien finden sich in kritischer Bearbeitung
in den Lesebüchern von W. Wackernagel (Altdeut-
sches Lesebuch, 5. Auflage, Basel 1873), Max Rieger
(alt- und angelsächsisches Lesebuch, Giessen 1861),
Karl Müllenhoff (altdeutsche Sprachproben, dritte
Auflage, Berlin 1878), W. Braune (althochdeutsches
Lesebuch, zweite Aufl., Halle 1881), P. Piper (Lese-

---

* Von Schmeller stammt der Name Heliand als Bezeichnung der alt-
sächsischen Bibeldichtung.
** Vergl. dazu K. Bartsch, Germ. XXIII, 403, und Sievers, Germ.
XXIV, 76.

buch des Althochdeutschen und Altsächsischen, Paderborn 1880, Bd. 2 seiner „Sprache und Litteratur Deutschlands").

Die Sievers'sche Ausgabe, welche genaue Abdrücke beider Handschriften liefert, hat für alle sprachlichen Untersuchungen den Ausgangspunkt zu bilden.

Was die Sprache des Heliand betrifft, so sind wir darüber einigermassen im Unklaren. Die beiden Handschriften stimmen in ihren Lauten und Formen nicht überein. *M* ist rein niederdeutsch, „altsächsisch *), *C* dagegen repräsentirt einen Dialekt auf der Gränze zwischen Niederdeutsch und Fränkisch. Ausserdem zeigen sich Spuren angelsächsischer Schreibung. Welche der beiden Hss. der Sprache des Originals näher steht, wissen wir nicht.

Die Sprache der beiden Handschriften nach Lauten und Formen hat eine kurze Darstellung gefunden durch Schmeller in seinem Glossarium, eine etwas ausführlichere durch M. Heyne in seiner kleinen altsächsischen und altniederfränkischen Grammatik, Paderborn 1873. Eine Reihe von Monographien sind einzelnen Kapiteln der Syntax des Heliand gewidmet: Karl Bünting, vom Gebrauche der Casus im Heliand, Jever 1879, (Programm des Gymnasiums), C. Welpmann, zur Syntax der Casus im Heliand, Hagen 1880 (Programm), H. Pratje, Dativ und Instrumentalis im Heliand, Göttingen 1880, derselbe, syntaktische verwendung des Genitivs im Heliand: Zs. f. Phil. XIV, 18, Aug. Fr. Chr. Vilmar, de genitivi casus syntaxi quam praebeat Harmonia Evangeliorum, saxonica dialecto seculo IX conscripta, commentatio, Marburgi 1834 (Gymnasialprogramm), P. Piper, über den Gebrauch des Dativs im Ulfilas, Heliand und Otfried, Altona 1874 (Programm der Realschule), H. Pratje, zum Gebrauch des Accusativ im Heliand (Festgabe für Wilh. Crecelius,

---

* Mit ganz vereinzelten Spuren hochdeutscher Lautgebung, vgl. *sulig* 925, *gihuuilig* 975, *oj* 978, *uurachi* 5080, *bote* 3283, dazu noch Sievers Einl. XII, unten.

Elberfeld 1881, 112—117), H. Pratje, der Accusativ
im Heliand syntaktisch dargestellt, Göttingen 1882,
Adolf Moller, über den Instrumentalis im Heliand
und das Homerische Suffix φι, Danzig 1874 (Programm
des städtischen Gymnasiums), O. Behaghel, die Modi
im Heliand, Paderborn 1876, Ad. Behrmann, die Pro-
nomina personalia und ihr Gebrauch im Heliand, Mar-
burg 1879 (Dissertation), Emil Wilhelmy, die Ein-
leitungen der Relativsätze im Heliand, Leipzig 1881
(Dissertation), John Ries, die Stellung von Subject
und Prädicatsverbum im Heliand, Strassburg 1880
(Quellen und Forschungen H. XLI).

Eine kurze Uebersicht der wichtigsten Regeln aus
dem Gesammtgebiete der Heliandsyntax gibt A. Arndt,
Versuch einer Zusammenstellung der altsächsischen
Declination, Conjugation und der wichtigsten Regeln
der Syntax, Frankfurt a/O. 1874.

Ueber die stilistische Seite der Sprache des Heliand
findet sich Einiges in R. Heinzel, über den Stil der
altgermanischen Poesie, Strassburg 1875. Den Formel-
schatz des Altsächsischen hat Sievers in dem Anhang
zu seiner Ausgabe zusammengestellt. Die Eigenthüm-
lichkeit der Variation, die Darstellung eines Begriffs
durch eine Reihe von Synonymen, erörtert Roediger
in seiner Recension der Sievers'schen Ausgabe (Anzeiger
für D. Alterth. V, 268 ff.).

Einzelbeiträge zu Kritik und Erklärung des Textes
geben: A. F. C. Vilmar (deutsche Alterthümer im
Heliand, Marburg 1845), C. Hofmann (Germania VIII,
59), C. W. M. Grein (Germania XI, 209), W. Scherer
(Zs. für österr. Gymnas. XVII, 629 — Anzeige der
Heyne'schen Ausgabe), O. Behaghel (Germania XXI,
129; XXII, 226 — Anzeige von Rückerts Ausgabe; Jenaer
Lit.-Zeitung 1878, S. 338 — Anzeige von Sievers' Aus-
gabe; Germ. XXVII, H. 4 — Rechtfertigung einzelner in
vorliegendem Text gemachter Correcturen), J. Kern
(taalkundige Bijdragen I, 202), M. Roediger (Anzeiger
für D. Alterth. V, 280), P. J. Cosyn (taalkundige

Bijdr. II, 320, Tijdschrift voor nederlandsche taal- en letterkunde I, 41), J. H. Gallée (Tijdschrift voor nederl. taal- en letterk. I, 258), J. Beckering Vinckers (ebda II, 1), ausserdem die meisten der Arbeiten, welche der Metrik des Heliand gewidmet sind.

Uebersetzungen besitzen wir von Köne (in seiner Ausgabe), von C. L. Kannegiesser (Berlin 1847), C. W. M. Grein (2. Auflage, Cassel 1869), G. Rapp (Stuttgart 1856), K. Simrock (3. Auflage, Berlin 1882).

Die metrische Form des Heliand erörtern: A. Schmeller, über den Versbau in der alliterirenden Poesie, bes. der Altsachsen, in den Abhandlungen der philos.-hist. Classe der bair. Akad. d. Wiss. IV, 207), H. Schubert (de Anglosaxonum arte metrica, Berlin 1870), A. Amelung (Zs. für d. Philol. III, 280 ff.), F. Vetter (zum Muspilli und zur germanischen Alliterationspoesie, Wien 1872), M. Rieger (Zs. für d. Phil. VII, 1), E. Sievers (Zs. f. d. A. XIX), C. R. Horn (Paul u. Braune, Beitr. V, 164), J. Ries (in den Excursen seiner vorhin genannten Schrift).

Ueber die Persönlichkeit des Helianddichters lässt sich nur das eine mit Bestimmtheit sagen, dass er ein Geistlicher gewesen: das geht aus der Art seiner Quellen unzweifelhaft hervor. Er hat benützt die pseudotatianische Evangelienharmonie, die Commentare des Hrabanus Maurus zu Matthaeus, des Alcuin zu Johannes, des Beda zu Lucas und Marcus, vgl. E. Windisch, der Heliand und seine Quellen, Leipzig 1868, C. W. M. Grein, Heliandstudien I, Cassel 1869, E. Sievers, zum Heliand, Zs. f. d. Alterth. XIX, 1.

Die Heimath des Dichters ist unbekannt (vgl. das oben über die Sprache gesagte). Ad. Holtzmann hat die Behauptung aufgestellt (Germ. I, 470), dass der Verfasser ein Angelsachse gewesen, ohne jedoch erhebliche Gründe für seine Ansicht beizubringen.

Der Terminus post quem für die Abfassung des Heliand ist das Jahr 820 oder 821, denn in dieser Zeit ist, wie Windisch nachgewiesen hat, der vom

Dichter benützte Matthaeus - Commentar des Hrabanus Maurus entstanden. Sehr weit ins neunte Jahrhundert die Dichtung herabzurücken, geht aus allgemeinen Gründen nicht an; die Einführung des Christenthums kann noch nicht so gar weit zurückliegen.

Genaueres über die Entstehung des Gedichtes würden wir wissen, wenn wir den Angaben der Präfatio Glauben schenken dürften, nach welcher die Anregung dazu von Ludwig dem Frommen ausgegangen wäre. Allein um diese Präfatio steht es sehr bedenklich. Sie ist zwar keine moderne Fälschung, wie J. W. Schulte behauptet hat (Ueber Ursprung und Alter des Heliand, Glogauer Programm 1873; Zs. für d. Phil. IV, 49), aber sie ist dermassen von späteren Zusätzen erfüllt, dass es unmöglich fällt, den historischen Kern herauszuschälen. Es kann sogar bezweifelt werden, ob die echten Theile der Präfatio sich wirklich auf den Heliand beziehen.

Zur Chronologie des Heliand und die eng damit zusammenhängende Präfationenfrage vgl. noch: Püning, der Heliand, Recklinghausen 1851 (Programm), E. E. Ensfelder, étude sur le Héliand, Strassburg 1853 (Diss.), C. Grünhagen, Otfried und Heliand, Breslau 1855, H. Middendorf, über die Zeit der Abfassung des Heliand (Zs. für Gesch. u. Alterthumskunde Westfalens Bd. XXII), F. Zarncke, in d. Verhandlungen der sächs. Gesellschaft der Wissenschaften, phil.-hist. Classe XVII, 104, W. Scherer, Zs. für die österr. Gymnas. XIX, 847 (Anzeige von Windischs Schrift über den Heliand u. seine Quellen), M. Heyne, Zs. für deutsche Philologie I, 275, W. Wackernagel, ebda 291, E. Sievers in der Einleitung zu seiner Ausgabe, M. Roediger, Anz. f. deutsches Alterth. V, 278, P. Gisecke, der Heliand und die Präfatio, Erfurt 1879 (Gymnasialprogramm), Albr. Wagner, Zs. für d. Alterth. XXV, 173.

Den künstlerischen Werth der Dichtung hat man früher, besonders durch den Vergleich mit Otfrieds

Evangelienharmonie verführt, über Gebühr erhoben. In neuerer Zeit hat sich eine massvollere Auffassung Bahn gebrochen. Eine treffende Würdigung gibt W. Scherer, Geschichte der deutschen Litteratur S. 46; vgl. noch aus früherer Zeit Ed. Behringer, zur Würdigung des Heliand, Würzburg 1863 (Programm); ders., Krist und Heliand, ebda 1870 (ebenfalls Programm), sowie die schon vorhin citirte Schrift von Grünhagen.

Der Dichter zeigt guten Kunstverstand in der Auswahl des biblischen Stoffes, aber wenig Originalität und epische Kraft in der Verarbeitung derselben. Charakteristisch und anziehend ist die Art und Weise, wie der Verfasser den fremdartigen Stoff der deutschen Auffassung nahe gebracht, Christus und die Apostel nach dem Bilde des deutschen Herzogs und seiner Mannen gezeichnet hat. Freilich bleibt im Grunde der Gegensatz zwischen den Geboten des Christenthums und den germanisch-heidnischen Idealen ein unlösbarer.

Ueber die literarhistorische Stellung des Heliand lässt sich bei seiner Vereinzelung kein Urtheil gewinnen. Doch erhält man eher den Eindruck, dass derselbe am Ausgang als am Eingang einer literarischen Epoche stehe. Die mechanische Art, mit welcher Synonyme für einen Begriff gehäuft worden, lässt ahnen, dass die Form der Alliterationsdichtung auf deutschem Boden für den Untergang reif geworden.

Zum Schlusse sei bemerkt, dass man dem Dichter des Heliand noch ein weiteres Werk zugeschrieben hat. In der früher Cädmon beigelegten angelsächsischen Genesis findet sich ein Stück, v. 235—851, über den Sturz der bösen Engel, das nicht vom Verfasser des ganzen Werkes herrühren kann, sondern eingeschoben ist. Sievers hat nun gezeigt (der Heliand und die angelsächsische Genesis, Halle 1875)*, dass dieses

---

* Bedenken gegen Sievers Ausführungen hat K. Wilken erhoben, vgl. Corresponzbl. d. Vereins für niederdeutsche Sprachforschung III, 36.

Stück aus dem Altsächsischen umgeschrieben ist[**], und
zugleich den Satz aufgestellt, dass der Dichter dieses
alttestamentlichen Bruchstücks mit dem Helianddichter
identisch sei. Zwingende Beweisgründe für die letztere
Behauptung liegen jedoch nicht vor.

[**] Aber doch so verändert, dass das altsächsische Original nicht mehr
herzustellen ist, vgl. z. B. v. 280 *heofones waldend   and hine bædon*, was
altsächsisch nicht alliteriren würde.

Uebersicht über den Inhalt der Dichtung.

Præfatio in librum antiquum lingua Saxonica conscriptum.

Cum plurimas Reipublicæ utilitates Ludouuicus piissimus Augustus summo atque præclaro ingenio prudenter statuere atque ordinare contendat, maxime tamen quod ad sacrosanctam religionem æternamque animarum salubritatem attinet, studiosus ac devotus esse comprobatur hoc quotidie solicite tractans, ut populum sibi a Deo subiectum sapienter instruendo ad potiora atque excellentiora semper accendat, et nociva quæque atque superstitiosa comprimendo compescat. In talibus ergo studiis suus iugiter benevolus versatur animus, talibus delectamentis pascitur, ut meliora semper augendo multiplicet et deteriora vetando extinguat. Verum sicut in aliis innumerabilibus infirmioribusque rebus, eius comprobari potest affectus, ita quoque in hoc magno opusculo sua non mediocriter commendatur benevolentia. Nam cum divinorum librorum solummodo literati atque eruditi prius notitiam haberent, eius studio atque imperii tempore, sed Dei omnipotentia atque inchoantia mirabiliter auctum est nuper, ut cunctus populus suæ ditioni subditus, Theudisca loquens lingua, eiusdem divinæ lectionis nihilominus notionem acceperit. Præcepit namque cuidam viro de gente Saxonum, qui apud suos non ignobilis vates habebatur, ut vetus ac novum Testamentum in Germanicam linguam poetice transferre studeret, quatenus non solum literatis, verum etiam illiteratis sacra divinorum præceptorum lectio panderetur. Qui iussis Imperialibus libenter obtemperans nimirum eo facilius, quo desuper admonitus est prius, ad tam difficile tanque arduum se statim contulit opus, potius tamen confidens de adiutorio obtemperantiæ, quam de suæ ingenio parvitatis. Igitur a mundi creatione initium capiens, iuxta historiæ veritatem quæque excellentiora summatim decerpens, interdum quædam ubi commodum duxit, mystico sensu depingens, ad finem totius veteris ac novi Testamenti interpretando more poëtico satis faceta eloquentia perduxit. Quod opus tam lucide tamque eleganter iuxta idioma illius linguæ composuit, ut audientibus ac intelligentibus non minimam sui decoris dulcedinem præstet. Iuxta morem vero illius poëmatis omne opus per vitteas distinxit, quas nos lectiones vel sententias possumus appellare.

Ferunt eundem Vatem dum adhuc artis huius penitus esset ignarus, in somnis esse admonitum, ut Sacræ legis præcepta ad cantilenam propriæ linguæ congrua modulatione coaptaret. Quam admonitionem nemo veram esse ambigit, qui huius carminis notitiam studiumque eius compositoris atque desiderii anhelationem habuerit. Tanta namque copia verborum, tantaque excellentia sensuum resplendet, ut cuncta Theudisca poëmata suo vincat decore. Clare quidem pronunciatione, sed clarius intellectu lucet. Sic nimirum omnis divina agit scriptura, ut quanto quis eam ardentius appetat, tanto magis cor inquirentis quadam dulcedinis suavitate demulceat. Ut uero studiosi lectoris intentio facilius quæque ut gesta sunt possit invenire, singulis sententiis, iuxta quod ratio huius operis postularat, capitula annotata sunt.

Versus de poeta et interprete huius codicis.

Fortunam studiumque viri lætosque labores,
carmine privatam delectat promere vitam,
qui dudum impresso terram vertebat aratro
intentus modico et victum quærebat in agro,
5 contentus casula fuerat, cui culmea testa,
postesque acclives sonipes sua lumina nunquam
obtrivit, tantum armentis sua cura studebat.
o fœlix nimium proprio qui vivere censu
prævaluit fomitemque ardentem extinguere diræ
10 invidiæ, pacemque animi gestare quietam.

gloria non illum, non alta palatia regum,
divitiæ mundi, non dira cupido movebat.
invidiosus erat nulli nec invidus illi.
securus latam scindebat vomere terram
15 spemque suam in modico totam statuebat agello.
cum sol per quadrum cœpisset spargere mundum
luce sua radios, atris cedentibus umbris,
egerat exiguo paucos menando iuvencos
depellens tecto vasti per pascua saltus.
20 lætus et attonitus larga pascebat in herba,
cumque fatigatus patulo sub tegmine, fessa
convictus somno tradidisset membra quieto,
mox divina polo resonans vox labitur alto,
„o quid agis Vates, cur cantus tempora perdis?
25 incipe divinas recitare ex ordine leges,
transferre in propriam clarissima dogmata linguam,“
nec mora post tanti fuerat miracula dicti.
qui prius agricola, mox et fuit ille poeta:
tunc cantus nimio Vates perfusus amore,
30 metrica post docta dictavit carmina lingua.
cœperat a prima nascentis origine mundi,
quinque relabentis percurrens tempora secli,
venit ad adventum Christi, qui sanguine mundum
faucibus eripuit tetri miseratus Averni.

―――――――――

Manega uuâron,   the sia iro môd gespôn,
that sia bigunnun uuord godes   *uuîdo cûðian,*
reckean that girûni,   that thie rîceo Crist
undar mancunnea   mâriða gifrumida
5 mid uuordun endi mid uuercun.   That uuolda thô uuîsara
liudo barno loƀon,   lêra Cristes,   [filo
hêlag uuord godas,   endi mid iro handon scriƀan
berehtlîco an buok,   huô sia *is gibodscip scoldin*
frummian, firiho barn.   Than uuârun thoh sia fiori te thiu
10 under thera menigo,   thia habdon maht godes,
helpa fan himila,   hêlagna gêst,
craft fan Criste, —   sia uurðun gicorana te thio,
that sie than êuangelium   ênan scoldun
an buok scrîƀan   endi sô manag gibod godes,
15 hêlag himilisc uuord: sia ne muosta heliðo than mêr,
firiho barno frummian,   neuan that sia fiori te thio
thuru craft godas   gecorana uurðun,
Matheus endi Marcus, —   sô uuârun thia man hêtana —
Lucas endi Iohannes;   sia uuârun gode lieƀa,
20 uuirðiga ti them giuuirkie.   Habda im uualdand god,
them heliðon an iro hertan   hêlagna gêst
fasto bifolhan   endi ferahtan hugi,
sô manag uuîslîk uuord   endi giuuit mikil,
that sea scoldin ahebbean   hêlagaro stemnun
25 godspell that guoda,   that ni haƀit ênigan gigadon huergin,

---

1—84 *incl. nur in C.*   2 wîdo cûðiau *fehlt C, ergänzt von Roediger;*
bloss cûthian *ergänzt Müllenhoff;* *Rückert:* that sia bigunnun word godes
reckean | that gir.; *Sievers:* that sia word godes wisean bigunnun ; *Rieger:*
nach bigunnun *lücke von zwei halbzeilen.*   8 scoldin is gibodscip *C.*
19 lieba gode *Rieger.*

thiu uuord an thesaro uueroldi,   that io uualdand mêr,
drohtin diurie   eftho derbi thing,
firinuuerc fellie   eftho fiundo nîð,
strîd uuiðerstande —,   huand hie habda starkan hugi,
30 mildean endi guodan,   thie thes mêster uuas,
aðalordfrumo   alomahtig.
That scoldun sea fiori thuo   fingron scrîban,
settian endi singan   endi seggean forð,
that sea fan Cristes   crafte them mikilon
35 gisâhun endi gihôrdun,   thes hie selbo gisprac,
giuuîsda endi giuuarahta,   uundarlîcas filo,
sô manag mid mannon   mahtig drohtin,
all so hie it fan them anginne   thuru is ênes craht,
uualdand gisprak,   thuo hie êrist thesa uuerold giscuop
40 endi thuo all bifieng   mid ênu uuordo,
himil endi erða   endi al that sea bihlidan êgun
giuuarahtes endi giuuahsanes: that uuarð thuo all mid
    uuordon godas
fasto bifangan,   endi *gifrumid* after thiu,
huilic than liudscepi   landes scoldi
45 uuîdost giuualdan,   eftho *huar* thiu *uuerold scoldi*
aldar endon. Ên uuas iro thuo noh than
firio barnun biforan,   endi *thiu* fîbi uuârun agangan:
scolda thuo that sehsta   sâliglîco
cuman thuru craft godes   endi Cristas giburd,
50 hêlandero best,   hêlagas gêstes,
an thesan middilgard   managon te helpun,
firio barnon ti frumon   uuið fiundo nîð,
uuið dernero dwalm.   Than habda thuo drohtin god
Rômano liudeon farliuuan   rîkeo mêsta:
55 habda them heriscipie   herta gisterkid,
that sia habdon bithuungana   thiedo gihuilica,
habdun fan Rûmuburg   rîki giuunnan
helmgitrôsteon: sâton iro heritogon
an lando gihuem,   habdun liudeo giuuald
60 allon elitheodon. Êrodes uuas

---

31 adal orðfrumo *C.*   38 ena *C.*   43 gifrimid.   45 huan *Roed.*
45—46 werold aldar endon scoldi *C.*   47 thiu *tilgt Roed.*

an Hierusalem   oƀer that Iudeono folc
gicoran te kuninge,   sô ina thie kêser tharod,
fon Rûmuburg   rîki thiodan
satta undar that gisîƀi.   Hie ni uuas thoh mid sibbeon
65 aƀaron Israheles,   eƀiligiburdi,   [bilang
cuman fon iro *cnuosle*,   neuan that hie thuru thes kêsu-
fan Rûmuburg   rîki habda,   [res thanc
that im uuârun sô gihôriga   hildiscalcos,
aƀaron Israheles   elleanruoƀa,
70 suîƀo unuuanda uuini,   than lang hie giuuald êhta,
Êrodes thes rîkeas   endi *râdburdeon giheld*
Iudeono liudi.   Than uuas thar ên gigamalod mann,
that uuas fruod gomo,   habda ferehtan hugi,
unas fan them liudeon   Levias cunnes,
75 Iacobas suneas   guodero thiedo:
Zacharias uuas hie hêtan.   That uuas sô sâlig man,
huand hie simblon gerno   gode theonoda,
uuarahta after is uuilleon;   deda is uuîf sô self
— uuas iru gialdrod idis: ni muosta im erƀiuuard
80 an iro iugnƀhêdi   gibiƀig uuerƀan —
libdun im farûter laster,   uuaruhtun lof goda,
uuârun sô gihôriga   heƀancuninge,
diuridon ûsan drohtin: ni uueldun derƀeas uuiht
under mancunnie,   mênes gifrummean,
85 ne saca ne sundea.   Uuas im thoh an sorgun hugi,
that sie erƀiuuard   êgan ni môstun,
ac uuârun im barno lôs.   Than scolda he gibod godes
thar an Hierusalem,   sô oft sô is gigengi gistôd,
that ina torhtlîco   tîdi gimanodun,
90 sô scolda he at them uuîha   uualdandes geld
hêlag bihuuerƀan,   heƀancuninges,
godes iungarskepi: gern uuas he suîƀo,
that he *it* thurh ferhtan hugi   *frummean* môsti.

---

      64 bifang *C*.   'ʹ66 muosle *C*.   71--72 radburdeon . . . .
liudi *C*, rad burda On Iudeono liudi *Heyne*, radburdi On iud. liudi *Roed*.
85 *Mit* saca *beginnt M*.   93 it *fehlt C*. fremmean *C*.

II.

Thô uuarð thiu tîd cuman, — *that* thar gitald habdun
95 nuîsa man mid uuordun, — that scolda thana uuîh godes
Zacharias bisehan.   Thô uuarð thar gisamnod filu
thar te Hierusalem   *Iudeono* liudio,
uuerodes te them uuîha,   thar sie uualdand god
suuîðo theolîco   thiggean scoldun,
100 hêrron is huldi,   that sie heðancuning
lêðes alêti.   Thea liudi stôdun
umbi that hêlaga hûs,   endi geng im the *gihêrodo* man
an thana uuîh innan.   That uuerod ôðar bêd
umbi thana alah ûtan,   *Ebreo* liudi,
105 *huuan êr* the frôdo man   gifrumid habdi
unaldandes uuilleon.   Sô he thô thana uuîrôc drôg,
ald aftar them alaha   endi umbi thana altari geng
mid is rôcfatun   rîkiun thionon,
— *fremida* ferhtlîco   frâon sînes,
110 godes iungarskepi   gerno suuîðo
mid hluttru hugi,   sô man hêrren scal
gerno fulgangan —,   *grurios im quâmun*,
egison an them alahe: he gisah thar after thiu ênna
          engil godes
an them uuîha innan,   *the* sprac im mid is uuordun tô,
115 hêt that frôd gumo   forht ni uuâri,
hêt that he im ni andrêdi: 'thîna dâdi sind' quað he,
uualdanda uuerðe   endi thîn uuord sô self,
thîn thionost is im an thanke,   that thu sulica githâht
an is ênes craft.   Ic is engil bium,   [haðes
120 Gabriel bium ic hêtan,   the gio for goda standu
anduuard for them alouualdon,   ne sî that he me an is
          ârundi huarod
sendean uuillea.   Nu hiet he me an thesan sîð faran,
hiet that ic thi thoh gicûðdi,   that thi kind giboran,
fon thînera alderu idis   ôdan scoldi
125 uuerðan an thesero uueroldi,   uuordun spâhi.

---

94 the *C.*   97 Iudeo *C.*   102 gierodo *C.*   104 Hebreo *C.*
105 Huuaner *Müllenh. stets.*   109 frumida *C.*   111—13 *theilweise un-*
leserlich in M.   112 grurio quamun im *C.*   114 hie *C.*   123 thoh
fehlt M.

That ni scal an is lîba gio   liðes *anbilan,*
uuînes an is uueroldi: sô haƀed im uurdgiscapu
metod gimarcod   endi maht godes.
Hêt that ic thi thoh sagdi,   that it scoldi gisîð uuesan
130 heƀancuninges,   hêt that *git* it heldin uuel,
tuhin thurh treuua,   quað that he im tîras sô filu
an godes rîkea   forgeƀan uueldi.
He quað that the gôdo gumo   Iôhannes te namon
hebbean scoldi,   *gibôd* that *git it* hêtin sô,
135 that kind, than it quâmi,   quað that it Kristes gisîð
an thesaro uuîdun uuerold   uuerðan scoldi,
is selƀes sunies,   endi quað that *sie sliumo* herod
an is *bodskepi*   bêðe quâmin.'
Zacharias thô gimahalda   endi uuið selƀan sprac
140 drohtines engil,   endi im thero dâdeo bigan,
uundron thero uuordo: 'huuô mag that giuuerðan sô'
           quað he,
'aftar an aldre?   it is unc al te lat
sô te giuuinnanne,   sô thu mid thînun nuordun *gisprikis.*
Huuanda uuit habdun aldres êr   efno tuentig
145 uuintro an uncro uueroldi,   êr than quâmi *thit* uuîf te mi;
than uuârun uuit nu atsamna   *antsiƀunta* uuintro
gibenkeon endi gibeddeon,   sîðor ic sie mi te brûdi gecôs.
Sô uuit *thes* an uncro iuguði   *gigirnian* ni mohtun,
that uuit erƀiuuard   êgan môstin,
150 fôdean an uncun flettea, — nu uuit sus gifrôdod sint,
haƀad unc eldi binoman   elleandâdi,
that uuit sint an uncro siuni gislekit   endi an uncun
flêsk is uns *antfallan,*   fel unscôni,   [sîdun lat;
is unca lud giliðen,   lîk *gidrusnod,*
155 sind unca andbâri   ôðarlîcaron,
môd endi megincraft, — sô uuit giu sô managan dag
uuârun an thesero uueroldi,   sô mi thes uundar thunkit,
huuô it sô giuuerðan mugi,   sô thu mid thînun uuordun
           gisprikis.'

---

126 abitan *C.*   130 gi *C.*   134 gibud *C.* gi *C.* it *fehlt M.*   137 sie] git *Rück., Roed.* sniumo *C.*   138 gibodscepe *C.*   143 sprikis *C.*   145 that *C.*   146 atsibunta *C.*   148 thes *fehlt C.* gigirnan *M.*   153 afallan *C.*   154 gitrusnod *M.*   158 hwi *C.* sprikis *C.*

III.

Thô uuarð that hebencuninges bodon   harm an is môde,
160 that he is giuuerkes sô   uundron scolda
endi that ni uuelda gihuggean,   that ina *mahta hêlag*
sô alaiungan   sô he fon ôrist uuas,   [god
selbo giuuirkean,   of he sô uueldi.
Skerida im thô to uuîtea,   that he ni mahte ênig uuord
sprekan,
165 gimahlien mid is mûðu,   'êr than thi magu uuirðid,
fon thînero aldero idis   erl afôdit,
kindiung giboran   cunnies gôdes,
uuânum te thesero uneroldi.   Than scalt thu eft uuord
sprekan,
hebbean thînaro stemna giuuald: ni tharft thu stum
170 lengron huîla.'   Thô uuarð it sân gilêstid sô, [uuesan
giuuorðan te uuâron,   sô thar an them uuîha gisprak
engil thes alouualdon: uuarð ald gumo
sprâca bilôsit,   thoh he spâhan hugi
bâri an is breostun.   Bidun allan dag
175 that uuerod for them uuîha   endi uundrodun alla,
bihuuî he thar sô lango   lofsâlig man,
suuîðo frôd gumo   frâon sînun
thionon thorfti,   sô thar êr ênig thegno ni deda,
than sie thar *at* them uuîha   uualdandes geld
180 folmon frumiðun.   Thô quam frôd gumo
ût fon them alaha.   Erlos thrungun
nâhor mikilu: uuas im niud mikil,
huat he im sôðlîkes   seggean uueldi,
uuîsean te uuâron.   He ni mohta thô ênig uuord *sprecan,*
185 giseggean them gisîðea,   *bûtan* that he mid is suîðron hand
uuîsda them uueroda,   that sie ûses uualdandes
lêra lêstin.   Thea liudi forstôdun,
that he thar habda gegnungo   godcundes *huat*
forsehen selbo,   thoh he is ni mahti giseggean uuiht,
190 giuuîseau te' uuâron.   Thô habda he ûses uualdandes
geld gilêstid,   al sô is gigengi uuas

---

gimarcod mid mannun.   Thô uuarð sân aftar thiu maht
                                                    godes,
gicûðid is craft *mikil*:   uuarð thiu *quân* ôcan,
idis an ira eldiu: scolda im erbiuuard,
195 suîðo godcund gumo   gibiðig nuerðan,
barn an burgun.   Bêd aftar thiu
that uuîf *uurdigiscapu.*   Skrêd the uuintar forð,
geng *thes* gêres gital.   Iôhannes quam
an liudeo lioht: lîk nuas im scôni,
200 nuas im fel fagar,   fahs endi naglos,
uuangun *uuârun* im nulitige.   Thô fôrun thar uuîse man
snelle tesamne,   thea suâsostun mêst,
uundrodun thes *uuerkes,*   bihuî *it* gio mahti giuuerðan,
that undar sô aldun tuêm   ôdan uurði
205 barn an *giburdeon,*   ni uuâri that it gibod godes
selbes uuâri: *afsuoðun* sie garo,
that it elcor sô uuânlîc   uuerðan ni mahti.
Thô sprak thar ên gifrôdot man,   the sô filo consta
uuîsaro uuordo   — habde giuuit mikil —,
210 frâgode niutlîco,   huuat is namo scoldi
uuesan an thesaro uueroldi: 'mi thunkid an is uuîsu
iac an is gibârea,   that he sî betara than uui,   [gilîc
sô ic *uuâniu,* that ina us gegnungo   *god* fon himila
selbo sendi.'   Thô sprac sân aftar
215 thiu môdar thes kindes,   thiu thana magu habda,
that barn an ire barme: 'hêr quam gibod godes' quað
fernun gêre   formon uuordu,   [siu,
gibôd that he Iohannes   bi godes lêrun
hêtan scoldi.   That ic an mînumu hugi ni gidar
220 uuendean mid uuihti,   of ic is giuualdan môt.'
Thô sprac ên gêlhert man,   the ira gaduling uuas:
'ne hêt êr giouuiht sô' quað he,   'aðalboranes
ûses cunnies eftho cnôsles.   Uuita kiasan im ôðrana
niudsamna namon: he niate of he môti.'

---

193 mik *C.* quena *C.*   197 giscapo *C.*   198 thes *fehlt C.*   201
warin *C.*   203 giwirkes *C.* hiu *C.* it *fehlt C.*   205 burgun *M.*
206 ansuobun *C.*   213 uuani *M.* god *fehlt M.*   218 Gibod *zu* 217 *ge-
zogen von Müllenh.*

225 Thô sprac eft the frôdo man,   the thar consta filo
        mahlian:
    'ni gibu ic that te râde' quað he,   'rinco negênun,
    that *he* uuord godes   uuendean biginna;
    ac *uuita* is thana fader frâgon,   the *thar* sô gifrôdod sitit,
    uuîs an is uuînseli: thoh he ni mugi ênig uuord *sprecan*,
230 thoh mag he bi bôcstabon   brêf geuuirkean,
    namon giscrîban.'   Thô he nâhor geng,
    legda im êna bôc an barm   endi *bad gerno*
    uurîtan uuîslîco   uuordgimerkiun,
    huat sie that hêlaga barn   hêtan scoldin.
235 Thô nam he *thia* bôk an hand   endi an is hugi thâhte
    suîðo gerno te gode: Iohannes namon
    uuîslîco giuurêt   endi *ôc* aftar mid is uuordu gisprac
    suîðo spâhlîco: habda im eft is sprâca giuuald,
    giuuitteas endi uuîsun.   That uuîti uuas thô agangan,
240 hard harmscare,   *the* im hêlag god
    mahtig macode,   that he *an* is môdsebon
    godes ni forgâti,   than he im eft sendi is iungron tô.

                    IIII.

    Thô ni uuas lang aftar thiu,   ne it al sô gilêstid uuarð,
    sô he mancunnea   managa huîla,
245 god alomahtig   forgeben habda,
    that he is himilisc barn   herod te uueroldi,
    is selbes sunu   sendean *uueldi*,
    te thiu that he hêr alôsdi   *al liudstamna,*
    uuerod fon uuîtea.   *Thô* uuarð is uuîsbodo
250 an Galilealand   Gabriel cuman,
    engil thes alouualdon,   thar he êne idis uuisse,
    munilîca magað: Maria uuas siu hêten,
    uuas iru thiorna githigan.   Sea ên thegan habda
    Ioseph gimahlit,   gôdes cunnies man,
255 thea Davides dohter: that uuas *sô* diurlîc uuîf

227 he *fehlt* C.   228 wit C. tharod *M*.   229 gisprekan C.
232 gerno bad C.   235 thiu *M*.   237 ôc *fehlt M*.   240 thea C.
241 eft an *M*.   247 wolda C.   248 alla liudstemnia *M*.   249 Thô
fehlt C.   255 sô *fehlt* C.

idis anthêti.   Thar sie the engil godes
        an Nazarethburg   bi namon selbo
grôtte geginuuarde   endi sie fon gode quedda:
'Hêl uuis thu, Maria' quað he,   'thu bist thînun herron
260 uualdande uuirðig,   huuand thu giuuit habes,   [liof,
        idis enstio fol.   Thu scalt for allun uuesan
uuîbun giuuîhit.   Ne haba *thu* uuêcan hugi,
ne forhti thu thînun ferhe: ne quam ic thi te ênigun
                                    frêson herod,
ne dragu ic ênig drugithing.   Thu scalt ûses drohtines
                                    uuesan
265 môdar mid mannun   endi scalt thana magu fôdean,
thes *hôhon hebancuninges* suno.   The scal Hêliand te
        êgan mid eldiun. *Neo* endi ni kumid,   [namon
thes uuîdon rîkeas *giwand, the* he giuualdan scal,
        mâri theodan.'   Thô sprac im *eft* thiu magað angegin,
270 uuið thana engil godes   idiso scôniost,
allaro uuîbo uulitigost: 'huô mag that giuuerðen sô,
                                    quað siu,
'that ic magu fôdie?   Ne ic gio mannes ni uuarð
uuîs an mînera uueroldi.'   Thô habde eft is uuord garu
        engil thes alouualdon   thero idisiu tegegnes:
275 'an thi scal hêlag gêst   fon hebanuuange
cuman thurh craft godes.   *Thanan* scal thi kind ôdan
uuerðan an thesaro uueroldi.   Uualdandes craft
scal thi fon them hôhoston   hebancuninge
scadouuan mid *skimon*.   Ni uuarð scôniera giburd,
280 ne so mâri mid mannun,   huand siu kumid thurh maht
                                    godes
an *these* uuîdon uuerold.'   Thô uuarð *eft* thes uuîbes
aftar them ârundie   al gihuorben   hugi
an godes uuilleon.   'Than ic hêr garu standu' quað siu,
'te sulicun ambahtskepi,   sô he mi êgan uuili.
285 Thiu biuni ic theotgodes.   Nu ik *theses* thinges gitrûon:
uuerðe mi aftar thînun uuordun,   al sô is uuilleo sî,

---

262 thu *fehlt C*.   266 hohem himilcun. *C.* suno *fehlt M.*   267 neo
fehlt C.   268 giwand *fehlt M.*   thes *C*, thes the *Wilhelmy.*   269 eft
fehlt C.   271 quad so quad *M.*   276 than *M.*   279 skimon *Heyne-
Rückert.*   281 thesan *C.* eft *fehlt C.*   285 thes *C.*

hêrron mînes.   Nis mi hugi tuifli,
ne uuord ne uuîsa.'   Sô gifragn ik that that uuîf antfeng
that godes ârundi   gerno suîðo
290 mid leohtu hugi   endi mid gilôbon gôdun
endi mid hluttrun treuun.   Uuarð the hêlago gêst,
that barn *an* ira bôsma;   endi siu an ira breostun *forstôð*
iac an ire seƀon selƀo,   sagda them siu uuelda,
that sie habde giôcana   thes alouualdon craft
295 hêlag fon himile.   Thô uuarð hugi Iosepes,
is môd gimerrid,   the im êr thea magað habda,
thea idis anthêttea,   aðalenôsles uuîf
giboht im te brûdiu.   He afsôf *that* siu habda barn
undar iru:
ni uuânde thes mid uuihti,   *that* iru that uuîf haƀdi
300 giuuardod sô *uuarolîco*:   ni uuisse *hie* uualdandes thô noh
blîði gibodskepi.   Ni uuelde sie im te brûdiu thô,
halon im te hîuuon,   ac bigan im thô an hugi thenkean,
huô he sie *sô* forlêti,   sô iru thar ni uurði lêðes *uuiht,*
ôdan arƀides.   Ni uuelda sie aftar thiu
305 meldon for menigi: antdrêd that sie manno barn
liƀu binâmin.   Sô uuas *than* thero liudeo thau
thurh then aldon êu,   Ebreo folkes,
sô huilik sô thar an unreht   idis gihîuuida,
that siu simbla thana bedskepi   buggean scolda,
310 frî mid ira ferhu: ni uuas gio thiu fêmea sô· gôd,
that siu *mid* them liudiun leng   libbien môsti,
uuesan undar them uueroda.   *Bigan* im the uuîso man,
suîðo gôd gumo,   Ioseph an is môda
thenkean thero thingo,   huô he thea thiornun thô
315 listiun forlêti.   Thô ni uuas lang the thiu,
that im thar an drôma quam   drohtines engil,
heƀancuninges bodo,   endi hêt sie ina haldan uuel,
minnion sie an is môde: 'Ni uuis thu' quað he, 'Mariun
thiornun thînaro   — siu is *githungan* uuîf — [uurêð,

290 lobon *C*.   291 uuarth thuo *C*.   292 on *C*. forstôd] stuod *C*.
296 giuuorrid *C*, gidrobid *M*, giwòrit *Rückert*.   298 that] that that *C*.
299 neua that *C*.   300 warlico *C und* pr. m. *M*. hie *fehlt M*.   303 tho *C*.
wiht *fehlt C*.   306 than *fehlt C*.   311 gio mid *C*.   312 thuo bigan *C*.
319 githuungan *M*.

320 ne forhugi thu sie te hardo;   thu scalt sie haldan uuel,
uuardon ira an thesaro uueroldi.   Lêsti *thu* inca uuini-
                                                                treuua
forð sô thu dâdi,   *endi hald* incan friundskepi uuel!
Ne lât thu sie thi thiu lêðaron,   thoh siu *undar* ira liðon êgi
barn an ira bôsma.   It cumid thurh gibod godes,
325 hêlages gêstes   fon heƀanuuanga:
that is Iesu Krist,   godes êgan barn,
uualdandes sunu.   Thu scalt sie uuel *bisorgon,*
haldan hêlaglîco.   Ne lât thu *thi* thînan hugi tuîflien,
merrean thîna môdgithâht.'   Thô uuarð eft thes mannes
                                                                hugi
330 *giuuendid* aftar them nuordun,   that he im te them uuîƀa
                                                                genam,
te thera magað minnea: antkenda maht godes,
uualdandes gibod.   Uuas im uuilleo mikil,
that he *sia* sô hêlaglîco   haldan môsti:
bisorgoda sie an is *gisîðea,*   endi siu sô sûƀro drôg
335 al te huldi godes   hêlagna gêst,
gôdlîcan gumon,   antthat sie *godes* giscapu
mahtig gimanodun,   that siu *ina* an manno lioht,
allaro barno bezt,   brengean scolda.

V.

Thô uuarð fon Rûmuburg   rîkes mannes
340 oƀar alla thesa irminthiod   Octauianas
ban endi bodskepi   oƀar thea is brêdon giuuald
cuman fon them kêsure   cuningo gihuilicun,
hêmsitteandiun,   sô uuîdo sô is heritogon
oƀar al that landskepi   *liudio* giuueldun.
345 *Hiet man* that *alla* thea elilendiun man   iro ôðil
                                                                sôhtin,
heliðos iro handmahal   angegen iro hêrron bodon,
quâmi te them cnôsla gihue,   thanan he cunneas uuas,

---

321 thu *fehlt M.*   322 endi hald *fehlt C.*   323 undar *fehlt C.*
324 iro *C.*   327 bisorgon *ergänzt Grein.*   328 thi *fehlt C.*   330 gi-
werd *C.*   333 sia *fehlt M.*   334 githa *C.*   336 godes *fehlt C.*   337
ina *fehlt C.*   344 liudi *M.*   345 Hiet man *streicht Wackernagel.* all *C.*
346 elithos *C.*

giboran fon them burgiun.   That gibod uuarð gilêstid
oƀar thesa uuîdon uuerold.   Uuerod samnoda
350 te allaro burgeo gihuuem.   Fôrun thea bodon oƀar all,
thea fon them kêsura   cumana uuârun,
bôkspâha uueros,   *endi* an brêf scriƀun
suîðo niudlîco   namono gihuilican,
ia land ia liudi,   that im ni *mahti alettian* man
355 gumono sulica gambra,   sô *im* scolda gelden gihue
heliðo fon is hôƀda.   Thô giuuêt im ôc mid is hîuuisca
Ioseph the gôdo,   sô it god mahtig
uualdand uuelda: sôhta im thiu nuânamon hêm,
thea burg an Bethleem,   thar iro beiðero uuas
360 thes heliðes handmahal   endi ôc thera hêlagun thiornun,
Mariun thera gôdun.   Thar uuas thes mâreon stôl
an êrdagun   aðalcuninges,
Davides thes gôdon,   than *langa* the he thana druht-
erl undar Ebreon   êgan môsta,   [skepi thar,
365 haldan hôhgisetu.   *Siu* uuârun is hîuuiscas,
cuman fon is cnôsla,   cunneas godes
bêðiu bi giburdiun.   Thar gifragn ic, that sie thiu
berhtun giscapu,
Mariun gimanodun   endi maht godes,
that iru an them sîða uuarð   sunu Ôdan,
370 giboran an Bethleem   barno strangost,
allaro cuningo craftigost: cuman *uuarð* the mârio
mahtig *an* manno lioht,   sô is *êr* managan dag
biliði uuârun   endi bôgno filu
giuuorðen an thescro uueroldi.   Thô uuas it all gi-
375 sô it êr spâha man   gisprocan habdun,   [uuârod sô
thurh huilic ôdmôdi   he thit erðrîki herod
thurh is selƀes craft   sôkean uuelda,
managaro mundboro.   Thô ina thiu môdar nam,
biuuand ina mid uuâdiu   uuîðo *scôniost,*
380 fagaron fratahun   endi ina mid iro folmon tuuêm
legda lioflîco   luttilna man,

352 endi *fehlt* C.   354 mahta C.   atellian C.   355 imo C.   363
lang C.   365 sea C, sie M. sec. m.   369 *so Ries;* sida sunu odan ward
MC.   371 uuarð *fehlt* C.   372 on C.   êr *fehlt* C.   379 sconiosta C.

that kind an êna cribbiun,   thoh he habdi craft godes,
manno drohtin.   Thar *sat* thiu môdar biforan,
uuîf uuacogeandi,   uuardoda selbo,
385 held that hêlaga barn: ni uuas ira hugi tuuîfli,
thera magað ira môdsebo.   Thô uuarð that managun cûð
obar thesa uuîdon uuerold,   uuardos antfundun,
thea thar ehuscalcos   ûta uuârun,
uueros an uuahtu,   uuiggeo gômean,
390 fehas aftar felda: gisâhun finistri an tuuê
telâtan an lufte,   endi quam lioht godes
uuânum thurh thiu uuolcan   endi thea uuardos thar
bifeng an them felda.   Sie uurdun an forhtun thô,
thea *man* an *ira* môda: gisâhun thar mahtigna
395 godes engil cuman,   the im tegegnes sprac,
hêt that im thea uuardos   uuiht ne antdrêdin
lêðes fon them liohta: 'ic scal eu' quað he, 'liobora
suîðo uuârlîco   uuilleon seggean,   [thing,
cûðean craft mikil: nu is Krist geboran
400 an thesero selbun naht,   sâlig barn godes,
an *thera* Davides burg,   drohtin the gôdo.
That is mendislo   manno cunneas,
allaro firiho fruma.   Thar gi ina *fîðan* mugun,
an *Bethlemaburg*   barno rikiost:
405 hebbiad that te *têcna*,   that ic *eu gi*tellean mag
uuârun uuordun,   that he thar biuundan ligid,
that kind an ênera cribbiun,   thoh he sî cuning obar al
erðun endi himiles   endi obar *eldeo barn,*
uueroldes uualdand.'   Reht sô he thô that uuord gisprac,
410 sô uuarð thar engilo te them ênun   unrîm cuman,
hêlag heriskepi   fon hebanuuanga,
fagar folc godes,   endi filu sprâkun,
lofuuord manag   liudeo hêrron.
Afhôbun thô hêlagna sang,   thô sie eft te hebanuuanga
415 uundun thurh thiu uuolcan.   Thea uuardos hôrdun,
huô thiu engilo craft   alomahtigna god
suîðo *uuerðlîco*   nuordun lobodun:

---

383 sat *fehlt* C.   386 that *fehlt* MC.   394 man *fehlt* C. iro C.
401 thesaro C.   403 findan C.   404 bethleemburg C.   405 thegne
C. eu gi *fehlt* C.   408 eldibarn C.   417 uuarlico C.

'diuriða sî nu' quâðun sie, 'drohtine selбun
an them hôhoston himilo rîkea
420 endi friðu an erðu firiho barnun,
gôduuilligun gumun, *them the* got antkennead
thurh hluttran hugi.' Thea hirdios forstôdun,
that sie mahtig thing gimanod habda,
*blîðlic bod*skepi: giuuitun im te Bethleem thanan
425 nahtes sîðon; uuas im niud mikil,
that sie *selbon* Krist gisehan *môstin.*

VI.

Habda im the engil godes al giuuîsid
torhtun têcnun, that sie *im tô* selбun
te them godes barne gangan mahtun,
430 endi fundun sân folco drohtin,
liudeo hêrron. Sagdun thô lof goda,
uualdande mid iro uuordun endi uuîdo cûðdun
oбar thea berhtun burg, huilic im thar biliði uuarð
fon heбanuuanga hêlag gitôgit,
435 tagar an felde. That frî al biheld
an ira hugiskeftiun hêlag thiorna,
thiu magað an ira môde, sô huat sô siu gihôrda thea
mann sprecan.
Fôdda ina thô fagaro frîho scâniosta,
thiu môdar thurh minnea managaro drohtin,
440 hêlag himilisc barn. Heliðos gisprâcun
an them ahtodon daga erlos managa,
suîðo glauua gumon mit thera godes thiornun,
that he Hêleand te namon hebbean scoldi,
sô it the godes engil Gabriel gisprac
445 uuâron uuordun endi them uuîбe gibôd,
bodo drohtines, thô siu êrist that barn antfeng
uuânum te thesero uueroldi. Uuas iru uuilleo mikil,
that siu ina sô *hêlaglîco* haldan môsti,
fulgeng im thô sô gerno. That gêr furðor skrêd,
450 uutthat that friðubarn godes fiartig habda

---

421 thie thia *C*.   424 blithi *C*. gibod- *C*.   426 selban *C*. muos-
tun *C*.   428 tuo im *C*.   431 *Vor* herron *steht in* *C*. drohtin, *durch-*
strichen.   433 blithi *C*.   448 helagna *M*.

dago endi nahto.   Thô scoldun sie êna dâd frum-
                                                        mean,
that sie ina te Hierusalem   *forgeƀan* scoldun
uualdanda te them uuîha.   *Sô* uuas iro uuîsa than,
thero liudeo landsidu,   that that ni môsta forlâtan negên
455 idis undar Ebreon,   ef iru *at êrist* uuarð
sunu afôdit,   ne siu ina simbla tharot
te them godes uuîha   forgeƀan scolda.
Giuuitun im thô thiu gôdun tuuê,   Ioseph endi Maria
bêðiu fon Bethleem: habdun that barn mid im,
460 hêlagna Krist,   sôhtun im hûs godes
an Hierusalem: thar scoldun sie is geld frummean
uualdanda *at* them uuîha,   uuîsa lêstean
Iudeo folkes.   Thar fundun sea ênna gôdan man
aldan *at* them alaha,   aðalboranan,
465 the habda *at* them uuîha sô filu   uuintro endi sumaro
gilibd an them liohta: oft uuarhta he thar lof goda
mid hluttru hugi;   habda im hêlagna gêst,
sâliglîcan seƀon;   Simeon uuas he hêtan.
Im habda giuuîsid   uualdandas craft
470 langa huîla,   that he ni môsta *êr* thit lioht ageƀan,
uuendean af thescro uueroldi,   êr than im the uuilleo
that he *selƀan* Krist   gisehan môsti,   [gistôdi,
hêlagna heƀancuning.   Thô uuarð im is hugi suîðo
blîði an is briostu,   thô he gisah that *barn* cuman
475 an thana uuîh innan.   Thô sagda he uualdande thanc,
almahtigon gode,   thes he ina mid is ôgun gisah.
Geng im thô tegegnes   endi ina gerno antfeng
ald mid is armun: al antkende
bôcan endi biliði   endi ôc that barn godes,
480 hêlagna heƀancuning.   'Nu ic thi, *hêrro*, scal' quað he,
'gerno biddean,   nu ic sus gigamalod bium,
that thu thînan holdan scalc   nu hinan huerban lâtas,
an *thîna friðuuuara* faran,   thar êr mîna forðrun dedun,
uueros fon thesero uueroldi,   nu mi the uuilleo gistôd,

452 folgeban C.   453 thuo C.   455 at êrist] oðan C.   462 an C.
464 an C.   465 an C.   468 saligan C.   470 êr *fehlt* C.   472 selbon C.
474 barn godes C.   480 hier C.   483 *So Rückert, Roed.*, - waru *Heyne*,
thinan fridu uuarun *M C.*

485 dago lioƀosto,   that ic mînan drohtin gisah,
    holdan hêrron,   sô mi gihêtan uuas
    langa huîla.   Thu bist lioht mikil
    allun elithiodun,   thea êr thes alouualdon
    craft ne antkendun.   Thîna cumi sindun
490 te dôma endi te diurðon,   drohtin frô mîn,
    aƀarun Israhelas,   êganumu folke,
    thînun lioƀun liudiun.'   Listiun talde thô
    the aldo man an them alaha   idis thero gôdun,
    sagda sôðlîco,   huô iro sunu scolda
495 oƀar thesan middilgard   managun uuerðan
    sumun te falle, sumun te frôƀru   firiho barnun,
    them liudiun te leoƀa,   the is lêrun gihôrdin
    endi them te harma,   the hôrien ni uueldin
    Kristas lêron.   'Thu scalt noh' quað he, 'cara thiggean,
500 harm an thînumu herton,   than ina heliðo barn
    uuâpnun uuîtnod.   That uuirðid thi uuerk mikil,
    thrim te githolonna.'   Thiu thiorna al forstôd
    uuîsas mannas uuord.   Thô quam thar ôc ên uuîf gangan
    ald innan them alaha: Anna uuas siu hêtan,
505 dohtar Fanueles;   siu habde ira drohtine uuel
    githionod te thanca,   uuas iru githuungan uuîf.
    Siu môsta aftar ira magaðhêdi,   siðor siu mannes uuarð,
    erles an êhti   eðili thiorne,
    sô môsta siu mid ira brûdigumon   boðlo giuualdan
510 siƀun uuintar samad.   Thô gifragn ic that iru thar
                    sorga gistôd,
    that sie thiu mikila maht   metodes tedêlda,
    uurêð uurðigiscapu.   Thô uuas siu uuidouua aftar thiu
    at them friðuuuîha   fior endi antahtoda
    uuintro an iro uueroldi,   sô siu nia thana uuîh ni forlêt,
515 ac siu thar ira drohtine uuel   dages endi nahtes,
    gode thionode.   Siu quam thar ôc gangan tô
    an thea selƀun tîd: sân antkende
    that hêlage barn godes   endi them heliðon cûðde,
    them uueroda aftar them uuîha   uuilspel mikil,

        485 lioƀosta C.   498 weldun C.   508 an êhti] anthehti M.   510
saman C.   513 An C.   ahtoda C.   515 wel fehlt C.   518 hêlage
fehlt C.

520 quað that im neriandas ginist   ginâhid uuari,
    helpa heƀencuninges: 'nu is the hêlago Krist,
    uualdand selƀo   an thesan uuîh cuman
    te alôsienne thea liudi,   the hêr nu lango bidun
    an thesara middilgard,   managa huuila,
525 thurftig thioda,   sô nu thes thinges mugun
    mendian mancunni.'

VII.

Manag fagonoda
uucrod aftar them uuîha: gihôrdun uuilspel mikil
fon gode seggean.   That geld habde thô gilêstid
thiu idis an them alaha,   al sô it im an ira êuua gibôd
530 endi *at thera berhtun* burg   *bôk* giuuîsdun,
    hêlagaro handgiuuerk.   Giuuitun im thô te hûs thanan
    fon Hierusalem   Ioseph endi Maria,
    hêlag hiuuiski: habdun im heƀenkuning
    simbla te gisîða,   sunu drohtines,
535 managaro mundboron,   sô it gio mâri ni uuarð
    than uuîdor an thesaro uueroldi,   *bûtan* sô is uuilleo geng,
    heƀencuninges hugi: thoh thar than *gihuilic* hêlag man
    Krist antkendi,   thoh ni uuarð it gio te thes kuninges hoƀe
    them mannun gimârid,   thea im an iro môdseƀon
540 holde ni uuârun,   ac uuas im sô bihalden forð
    mid uuordun endi mid uuerkun,   antthat thar uueros
    suîðo glauua gumon   gangan quâmun   [ôstan,
    threa te thero thiodu,   thegnos snelle,
    an langan uueg   oƀar that land tharod:
545 folgodun ênun berhtun bôgne   endi sôhtun that barn
    mid hluttru hugi: uueldun im hnîgan tô,   [godes
    gean im te iungrun: driƀun im godes giscapu.
    Thô sie *Erodesan* thar   rîkean fundun
    an is seli sittien,   *sliðuurðean* kuning,
550 môdagna mid is mannun: — simbla uuas he *morðes*
    thô quaddun sie ina cûsco   an cuning*uuîsun*, [gern —

---

526 VII *in C. vor* managero *in* 535.   529 al *fehlt C.*   530 an
thero berehtig *C.* buoki *C.*   536 neuan *C.*   537 huilic *M C.*   544 an]
obar *C.*   547 gan *C.*   548 herod. *M hier und später.*   549 sliðuuar-
dan *C.*   550 muodes *C.*   551 -wisu *C.*

fagaro an is flettie,   endi he frâgoda sân,
huilic sie ârundi   ûta *gibrâhti*.

uueros an thana uuracsîð: 'huueðer lêdiad gi unndan
gold
555 te geƀu huilicun gumuno?   te huî gi *thus* an ganga
kumad,
gifaran an fôðiu?   Huat, gi nêtuuanan ferran sind
erlos fon ôðrun thiodun.   Ic gisiu that gi sind eðili
giburdiun
cunnies fon enôsle gôdun: nio hêr êr sulica cumana
ni uurðun
eri fon ôðrun thiodun,   sîðor ik môsta thesas erlo folkes,
560 giuualdan thesas uuîdon rikeas.   Gi sculun mi te uuâ
run seggean
for thesun liudio folke,   bihuuî gi sîn te thesun lande
[*cumana.*'
Thô sprâcun im eft tegegnes   gumon ôstronea,
uuordspâhe uueros: uui thi te uuârun mugun' quâðun
'ûse ârundi   ôðo *gitellien*,   [sie,
565 giseggean sôðlîco,   bihuuî uni quâmun an thesan sîð
herod
fon ôstan thesaro erðu.   Giu uuârun thar aðalies man,
gôdsprâkea gumon,   thea ûs gôdes sô filu,
helpa gihêtun   fon heƀencuninge
uuârum uuordun.   Than uuas thar ên *uuittig* man,
570 frôd endi filuuuis   — forn uuas that giu —,
ûse aldiro ôstar hinan,   — thar ni uuarð sîðor ênig man
sprâkono sô spâhi; —   *he* mahte rekkien spel godes,
huuand im habde forliuuan   liudio hêrro,
that he mahte fon erðu   up gihôrean
575 uualdandes uuord: bithiu uuas is giuuit mikil,
thes thegnes githâhti.   Thô he thanan scolda,
afgeƀen gardos,   gadulingo gimang,
forlâten liudio drôm,   sôkien lioht ôðar,
thô he im is iungron hêt   gangan nâhor,
580 erbiuuardos,   endi is erlun thô

553 brahti *C*.   555 sus *C*.   561 cuman *C*.   564   gitellien *fehlt*
C.   566 ostan te *C*.   567 godspreken *C*.   569 ginuittig *C*.   572
he *fehlt M*.   579 im *fehlt C*.

sagde sôðlîco: — that al sîðor quam,
giuuarð an thesaro uueroldi —:   thô sagda he, that hêr
          scoldi cuman ên uuîscuning
mâri endi mahtig   an thesan middilgard
thes bezton giburdies;   quað that *it* scoldi uuesan barn
                                      godes,
585 quað that he thesero uueroldes   uualdan scoldi
gio te êuuandaga,   erðun endi himiles.
He quað that an them selbon daga,   the ina sâligna
an thesan middilgard   môdar gidrôgi,
sô quað he that ôstana   *ên* scoldi skînan
590 himiltungal huît,   sulic sô uui hêr ne habdin êr
undartuisc *erða* endi himil   ôðar huerigin,
ne sulic barn ne sulic bôcan.   Hêt that thar te bedu fôrin
threa man fon thero thiodu,   hêt sie thenkean uuel,
huan êr sie gisâuuin ôstana   up sîðogean,
595 that godes bôcan gangan,   hêt sie garuuuian sân,
hêt that uui im folgodin,   sô it furi uurði,
uuestar obar thesa *uuerold*.   Nu is it al giuuârod sô,
cuman thurh craft godes: the cuning is gifôdit,
giboran bald endi strang: uui gisâhun is bôcan skînan
600 hêdro fon himiles tunglun,   sô ic uuêt, that it hêlag drohtin
marcoda mahtig selbo.   Uui gisâhun morgno gihuilikes
blîcan thana berhton sterron,   endi uui gengun aftar
                                      them bôcna herod
uuegas endi uualdas huuîlon.   *That uuâri ûs* allaro
                                      uuilleono mêsta,
that uui ina *selbon gisehan môstin,*   uuissin, huar uui
                              ina sôkean scoldin,
605 thana cuning an thesumu kesurdôma.   Saga ûs, undar
          huilicumu he sî thesaro cunneo afôdit.'
Thô uuarð *Erodesa*   innan briostun
harm uuið herta,   bigan *im* is hugi uuallan,
sebo mid sorgun: gihôrde seggean thô,
that he thar *obarhôbdon*   êgan *scoldi,*

————————
584 hie *C.*   589 ên *fehlt M.*   591 erthu *C.*   597 weroldi *C.*
603 wari us that *C.*   604 selban gisauuin *C.* ina] ina selbon *C.*   605
undar.   606 her. *M.*   607 im *fehlt C.*   609 obar hobdon *Müllenh.*
scolda *C.*

610 craftagoron cuning   cunnies gôdes,
     sâligoron undar them gisîðea.   Thô he samnon hêt,
     sô huuat sô an Hierusalem   gôdaro manno
     allaro spâhoston   sprâcono uuârun
     endi an iro brioston   bôkcraftes mêst
615 uuissun te uuârun,   endi he sie mid *uuordun* fragn
     suîðo niudlîco   nîðhugdig man,
     cuning thero liudio,   huar Krist giboran
     an uueroldrîkea   uuerðan scoldi,
     friðugumono bezt.   Thô sprak im eft *that folc* angegin,
620 that uuerod uuârlîco,   quâðun that sie uuissin garo,
     that he scoldi an Bethleem giboran uuerðan: 'sô is
                      an ûsun bôkun giscrîban,
     uuîslîco giuuritan,   sô it uuârsagon,
     suuîðo glauua gumon   bi godes crafta
     filuuuîse man   furn gisprâcun,
625 that scoldi fon Bethleem   burgo hirdi,
     liof landes uuard   an thit lioht cuman,
     rîki râdgeƀo,   the rihtien scal
     Iudeono gumskepi   endi *is geƀa uuesan*
     mildi oƀar middilgard   managun thiodun.'

VIII.

630 Thô gifragn ic that sân aftar thiu   slîðmôd cuning
     thero uuârsagono uuord   them uurekkiun sagda,
     thea thar an *elilendi*   erlos uuârun
     ferran gifarana,   endi he frâgoda aftar thiu,
     huan sie an ôstaruuegun   êrist *gisâhin*
635 thana cuningsterron *cuman,*   cumbal liuhtien
     hêdro fon himile.   Sie ni uueldun is im thô helen *uuiht,*
     ac sagdun it im sôðlîco.   Thô hêt he sie an thana stô
     hêt that sie ira ârundi   al undarfundin   [faran,
     umbi thes kindes cumi,   endi the cuning selƀo gibôd
640 suîðo hardlîco,   hêrro Iudeono,
     them uuîsun mannun,   êr than sie fôrin uuestar forð,

      611 saligro *C.*   615 is uuorðon *C.*   619 that folc *fehlt C.*   624
filouuiso *C.*   628 so *Müllenh.;* uuesan is geba *MC.*   632 elilendie *M.*
634 gisahun *C.*   635 cnman *fehlt C.*   636 eouuiht *C.*

that sie im eft gicûðdin,   huar he thana cuning scoldi
sôkean *an* is *selðon;*   quað that he thar uueldi mid is
                         gisîðun tô,
bedon te them barne.   Than hogda he im te banon uuerðan
645 uuâpnes eggiun.   Than eft uualdand god
thâhte uuid them thinga: *he* mahta *athengean* mêr,
gilêstean an thesum liohte: that is noh lango skîn,
gicûðid craft godes.   Thô gengun eft thiu cumbl forð
uuânum undar *uuolcnun.*   Thô uuârun thea uuîson man
650 fûsa te faranne: giuuitun *im* forð thanan
balda an bodskepi: uueldun that barn godes
selðon sôkean.   Sie ni habdun thanan gisîðeas mêr,
bûtan that sie thrie uuârun: uuissun im thingo giskêd,
uuârun im glauue gumon,   the thea geba lêddun.
655 Than sâhun sie sô uuîslico   undar thana uuolcnes skion,
up te them hôhon himile,   huô fôrun thea huuîton sterron:
antkendun *sie* cumbal godes,   *thiu* uuârun thurh Krista
                               herod
giuuarht te thesero uueroldi.   Thea uueros aftar gengun,
folgodun ferahtlîco   — sie frumide the mahte —
660 antthat *sie* gisâhun,   sîðuuôrige man,
berht bôcan godes   blêc an himile
stillo gistanden.   The sterro liohto skên
huuît oðar them hûse,   thar that hêlage barn
uuonode an uuilleon   endi in that uuîf biheld,
665 thiu thiorne githiudo.   .Thô uuarð *thero* thegno hugî
blîði an iro briostun: bi them bôcna forstôdun,
that sie that friðubarn godes   funden habdun,
hêlagna hebencuning.   Thô sie an that hûs innan
mid iro geðun gengun,   gumon ôstronea,
670 sîðuuôrige man: sân antkendun
thea uueros uualdand Krist.   Thea uurekkion fellun
te them kinde an kneobeda   endi ina an cuninguuîsa
gôdan grôttun   endi im thea geba drôgun,
gold endi uuihrôg   bi godes têcnun

643 at *C.* seldo *M.*   646 endi *C.* githeakean *C.*   649 wolcnun]
thiu uuolcan *C.*   650 im] im eft *C.*   652 selban *C.*   653 neuan *C.*
657 sie that *M,* saa thiu *C.*   660 sia thuo *C.*   665 thero *fehlt C.*

675 endi myrra thar mid.   Thea man stôdun garouua,
    holde for iro hêrron,   thea it mid iro handun sân
    fagaro antfengun. Thô giuuitun im thea ferahton man,
    seggi te seldon   sîðuuôrige,
    gumon an gastseli.   Thar im godes engil
680 slâpandiun an naht   suueƀan gitôgde,
    gidrog an drôme,   al so it drohtin self,
    uualdand uuelde,   that im thâhte that man im mid nuordun
                                gibudi,
    that sie im thanan ôðran uueg   erlos fôrin,
    liðodin sie te lande   endi thana lêðan man,
685 Erodesan   eft ni sôhtin,
    môdagna cuning.   Thô uuarð morgan cuman
    uuânum te thesero uueroldi.   Thô bigunnun thea uuîson
    seggean iro sueƀanos: selƀon antkendun
    uualdandes uuord,   huuand sie giuuit mikil
690 bârun an iro briostun: bâdun alouualdon,
    hêron heƀencuning,   that sie môstin is huldi forð,
    giuuirkean is uuilleon,   quâðun that sea ti im habdin
                                giuuendit hugi,
    iro môd morgno gihuuem.   Thô fôrun eft thie man thanan,
    erlos ôstronie,   al sô im the engil godes
695 uuordun giuuîsde: nâmun im uueg ôðran,
    fulgengun godes lêrun: ni uueldun themu Iudeo cuninge
    umbi thes barnes giburd   bodon ôstronie,
    sîðuuôrige man   seggian niouuiht,
    ac uuendun im eft an iro uuillion.

VIIII.

            Thô uuarð sân aftar thiu uualdandes,
700 godes engil cumen   Iosepe te sprâcun,
    sagde im an suuefne   slâpandium an naht,
    bodo drohtines,   that that barn godes
    slîðmôd cuning   sôkean uuelda,
    âhtean is aldres: 'nu scaltu ine an Aegypteo

---

680 seban C.   681 an] in an M. im an C.   682 welde. That Roe-
diger that im th. streichen Roed., Heyne, Rückert.   692 ti fehlt M.   693
Endi iro C. morgno Roed.] morgan MC. huuem M.   698 giouuiht C.
698 VIIII in C. vor erlos 694.

705 land *antlêdean*   endi undar them liudiun uuesan
      mid thiu godes barnu   endi mid theru gôdan thiornan,
      uunon undar themu uuerode,   untthat thi nuord cume
      hêrron thînes,   that thu that hêlage barn
      eft te thesum landscepi   lêdian môtis,
710 drohtin thînen.'   Thô fon them drôma ansprang
      Ioseph an is gestseli,   endi that godes gibod
      sân antkenda: giuuêt im an than stô thanen
      the thegan mid theru thiornon,   sôhta im thiod ôðra
      oðar brêdan berg: uuelda that barn godes
715 fiundun antfôrian.   Thô gifrang aftar thiu
      Erodes the cuning,   thar he an is rîkea sat,
      that uuârun thea uuîson man   uuestan gihuuorban
      ôstar an iro ôðil   endi fôrun im ôðran uueg:
      uuisse that sie *im* that ârundi   eft ni uueldun
720 seggian an is selðon.   Thô *uuarð* im thes an sorgun hugi,
      môd mornondi,   quað that it im thie man dedin,
      heliðos te hônðun.   Thô he *sô* hriuuig sat,
      balg ina an is briostun,   quað that he is mahti betaron râd,
      ôðran githenkien: 'nu ic is aldar can,
725 uuêt is *uuintergitalu:*   nu ic giuuinnan mag,
      that he *io* oðar thesaro erðu   ald ni uuirðit,
      hêr undar thesum heriscepi.'   Thô he sô hardo gibôd,
      Erodes oðar is rîki,   hêt thô is rinkos faran
      cuning thero liudio,   hêt that sie kinda sô filo
730 thurh iro handmagen   hôðdu binâmin,
      sô manag barn umbi Bethleem,   sô filo sô thar giboran
      an tuêm *gêrun atogan.*   Tionon frumidun   [uurði,
      thes cuninges gisîðos.   Thô scolda thar sô manag kindisc
      sueltan sundiono lôs.   Ni uuarð stô nog êr   [man
735 giâmarlîcara forgang   iungaro manno,
      armlîcara dôð.   Idisi uuiopun,
      môdar managa,   gisâhun iro megi spildian:
      ni mahte siu im *nio* giformon,   thoh siu mid iro faðmon tuêm

---

      705 aledean *C.*   716 Herodes *M.*   717 tha *C.*   719 im *fehlt C.*
720 uuas *C.*   722 sô *fehlt C.*   725 uuintro gitalu *C.*   726 io fehlt *M.*
732 jaro gitogen *C.*   733 thes *fehlt C.*   734 sweltan *fehlt M.*   738 nio
fehlt C.

iro êgan barn   armun bifengi,
740 liof endi luttil,   thoh scolda it *simbla* that lîf *geƀan*,
the magu for theru môdar.   Mênes ni sâhun,
uuîties thie uuamscaðon: uuâpnes eggiun
fremidun firinuuerc mikil.   Fellun managa
maguiunge man.   Thia môdar uuiopun
745 kindiungaro qualm.   Cara uuas an Bethleem,
hofno hlûdost: thoh man *im* iro herton an tuê
sniði mid suerdu,   thoh ni mohta im gio sêrara dâd
uuerðan an thesaro uueroldi,   uuîƀun managun,
brûdiun an Bethleem: gisâhun iro barn biforan,
750 kindiunge man,   qualmu sueltan
blôdag an iro barmun.   Thie banon uuîtnodun
unsculdige scolc: ni biscrîƀun giouuiht
thea man umbi mênuuerk: uueldun mahtigna,
Krist selƀon aquellian.   Than habde ina craftag god
755 *gineridan* uuið iro nîðe,   that inan nahtes thanan
an Aegypteo land   erlos *antlêddun,*
gumon mid Iosepe   an thana grôneon uuang,
an erðono beztun,   thar ên aha fliutid,
Nilstrom mikil   norð te sêuua,
760 flôdo fagorosta.   Thar that friðubarn *godes*
uuonoda an uuilleon,   antthat uurd fornam
Erodes thana cuning,   that he forlêt eldeo barn,
môdag manno drôm.   Thô scolda thero marca giuuald
êgan is erƀiuuard: the uuas Archelaus hêtan,
765 heritogo   helmberandero:
the scolda umbi Hierusalem   Iudeono folkes,
uuerodes giuualdan.   Thô uuarð uuord cuman
thar an Egypti   eðiliun manne,
that *he* thar te Iosepe,   godes engil sprac,
770 bodo drohtines,   hêt ina eft that barn thanan
lêdien te lande.   'nu haƀad thit lioht *afgeƀen*' quað he,
Erodes *the* cuning: he uuelde is âhtien giu,
frêson is ferahas.   Nu maht thu *an friðu* lêdien

---

740 simblon *C.*   ageban *C.*   746 im *fehlt C.*   751 blodagι *C.*
755 ginerid *C.*   756 aleddun *C.*   760 godes *fehlt C.*   769 he *fehlt C.*
771 ageban *C.*   772 so *C.*   773 an fridu *fehlt C.*

that kind undar euua cunni,   nu the cuning ni liƀod,
775 erl oƀarmôdig.'   Al antkende
Iosep godes têcan: geriuuide ina sniumo
the thegan mit thera thiornun,   thô sie thanan uueldun
bêðiu mid thiu barnu: lêstun thiu berhton giscapu,
uualdandes uuillion,   al sô he im *êr* mid is uuordun giƀôd.

X.

780 Giuuitun im thô eft an *Galilealand*   Ioseph endi Maria,
hêlag hîuuiski   heƀencuninges,
uuârun im an Nazarethburg.   Thar the neriondio Krist
uuôhs undar them uuerode,   uuarð giuuitties ful,
an uuas imu anst godes,   he uuas allun liof
785 môdarmâgun: he ni uuas ôðrun mannun gilîh,
the gumo an sînera gôdi.   Thô he gêrtalo
tuuelibi habde,   thô uuarð thiu tîd cuman,
that *sie* thar te Hierusalem,   Iuðeo liudi
iro thiodgode   thionon scoldun,
790 uuirkean is uuilleon.   Thô uuarð thar an thana uuîh
thar te Hierusalem   Iudeono gisamnod
mancraft mikil.   Thar Maria uuas
self an gisîðea   endi iru sunu habda,
godes *êgan* barn.   Thô sie that geld habdun,
795 *erlos an them alaha,   sô it an iro ðuua giƀôd,*
gilêstid te iro landuuîsun,   thô fôrun im eft thie liudi thanan,
uueros an iro uuillion,   endi thar an them uuîha afstôd
mahtig barn godes,   sô ina thiu môdar thar
ni uuissa te uuâron;   ac siu uuânda that he mid them
           uueroda forð,
800 fôri mit iro friundun.   Gifrang aftar thiu
eft *an* ôðrun daga   aðalcunnies nuif,
sâlig thiorna,   that he undar them gisîðia ni uuas.
Uuarð Mariun thô   môd an sorgun,
hriuuig umbi iro herta,   thô siu that hêlaga barn
805 ni fand undar them folca: filu *gornoda*

---

779 than *M.*   780 galileo land *C.*   783 uuas *C.*   786 The *fehlt C.*
788 sie *fehlt C.*   794 enag *M.*   795 *fehlt C.*   801 an *fehlt C.*   805
rornoda *C.*

thiu godes thiorna.   Giuuitun im thô eft te Hierusalem
iro sunu sôkean,   fundun ina sittean thar
an them uuîha innan,   thar the *uuîsa* man,
suuîðo glauuua gumon   *an* godes ôuua
810 lâsun endi lînodun,   huô sie lof scoldin
uuirkean mid iro uuordun   them, the thesa uuerold giscôp.
Thar sat undar middiun   mahtig barn godes,
Krist alouualdo,   sô is thea ni mahtun antkennian uuiht,
the thes uuîhes thar   uuardon scoldun,
815 endi frâgoda sie   firiuuitlîco
uuîsera uuordo.   Sie uundradun alle,
bihuuî gio sô kindisc man   sulica quidi mahti
mid is mûðu gimênean.   Thar ina thiu môdar fand
sittean under them *gisîðea,*   endi iro sunu grôtta,
820 uuîsan under them uueroda,   sprac *im mid* ira uuordun *tô:*
'huuî uueldes thu thînera môdar,   manno lioƀosto,
gisidon sulica sorgo,   that ic thi sô sêragmôd,
idis armhugdig   êscon scolda
undar thesun burgliudiun?'   Thô sprac iru eft that barn
                                                        angegin
825 uuîsun uuordun: 'huuat, thu uuêst garo' *quað he,*
that ic thar girîsu,   thar ic bi rehton scal
uuonon an uuilleon,   thar giuuald haƀad
mîn mahtig fader.'   Thie man ni forstôdun,
thie uueros an them uuîha,   bihuuî he sô that uuord
830 gimênda mid is mûðu: Maria al biheld,   [gisprac,
gibarg an ira breostun,   sô huuat sô siu gihôrda ira barn
                                                        sprecan
uuîsaro uuordo.   Giuuitun im thô eft *thanan*
fon Hierusalem   Ioseph endi Maria,
habdun im te gisîðea   sunu drohtines,
835 allaro barno *bezta,*   thero the io *giboran* uurði
magu fon môdar: habdun im thar minnea tô
thurh hlutran hugi,   endi he sô gihôrig uuas,
godes êgan barn   gadulingmâgun

808 wisun *C*.   809 bi *C*.   815 firowitlico *M*.   817 Huo *C*.
818 gimahlean mid is muðu *C*.   819 gisithon *C*.   820 im thuo mid *C*.
tho *M*.   825 quad he *fehlt C*.   832 thanan *fehlt C*.   835 best *C*.
gibaranero *C*.

thurh is ôdmôdi,   aldron sînun:
840 ni uuelda an is kindiski thô noh   is craft mikil
mannun mârean,   that he sulic megin êhta,
giuuald an thesaro uueroldi,   ac he im an is uuilleon
githiudo undar thero thiodu   thrîtig gêro,   [bêd
êr than he thar têcan ênig   tôgean uueldi,
845 seggean them gisîðea,   that he selbo uuas
an thesaro middilgard   manno drohtin.
Habda im sô bihalden   hêlag barn godes
uuord endi uuîsdom   ende allaro giuuitteo mêst,
tulgo spâhan hugi: ni mahta man is an is sprâcun
werðan;
850 an is uuordun giuuar,   that he sulic giuuit êhta,
thegan sulica githâhti,   ac he im sô githiudo bêd
torhtaro têcno.   Ni uuas noh than thiu tîd cuman,
that he ina obar thesan middilgard   mârean scolda,
lêrian thie liudi,   huuô sie scoldin iro gilôbon haldan,
855 uuirkean uuilleon godes.   Uuissun that thoh managa
liudi aftar them landa,   that he uuas an thit lioht
thoh sie ina cûðlîco   ankennian ni mahtin,   [cuman,
êr than he ina selbo   seggean uuelda.

XI.

Than uuas im Iohannes   fon is iuguðhêdi
860 auuahsan an ênero uuôstunni;   thar ni uuas uuerodes
than mêr,
bûtan that he thar êncora   alouualdon gode,
thegan thionoda: forlêt thioda gimang,
manno gimênðon.   Thar uuarð im mahtig cuman
an thero uuôstunni   uuord fon himila,
865 gôdlîc stemna godes,   endi Iohanne gibôd,
that he Christes cumi   endi is craft mikil
obar thesan middilgard   mârean scoldi;
hêt ina uuârlîco   uuordun seggean,
that uuâri hebanrîki   heliðo barnun
870 an them landscepi,   liudiun ginâhid,

847 im fehlt C. biholonan C.   849 man nach spracun MC, die Um-
stellung nach Sievers. is fehlt C.   850 giuuaro C.   851 Thie thegan C.
853 scoldi C.   854 scoldi C.   861 neuuan C.   865 gode C.

uuelono uunsamost.   Im uuas thô uuilleo mikil,
that *he* fon sulicun sâldun   seggean môsti.
Giuuêt im thô gangan,   al sô Iordan flôt,
uuatar an uuilleon,   endi them uueroda allan dag,
875 aftar them landscepi   them liudiun cûðda,
that sie mid fastunniu   firinuuerc manag,
iro selboro   sundia bôttin,
'that gi uuerðan hrênea' quað he. 'Hebanrîki is ginâhid
manno barnun.   Nu lâtad *eu* an euuan môdsebon
880 *euuar selboro*   sundea hreuuan,
lêð, that gi an thesun liohta *fremidun*,   endi mînun
lêrun hôread,
uuendeat aftar mînun uuordun.   Ic eu an uuatara scal
gidôpean diurlîco,   thoh ic euua dâdi ne mugi,
euuar selbaro   sundea alâtan,
885 that gi thurh mîn handgiuuerc   hluttra uuerðan
lêðaro gilêsto: ac the is an thit lioht cuman
mahtig te mannun   endi undar eu middiun stêd,
— thoh gi ina selbun   gisehan ni *uuillean* —,
the eu *gidôpean* scal   an euues drohtines namon
890 an thana hâlagon gêst.   That is hêrro obar al:
he mag allaro manno gihuuena   mêngithâhteo,
sundeono sicoron,   sô huene sô sô sâlig môt
uuerðen an thesaro uueroldi,   that thes uuilleon habad,
that he sô gilêstea,   sô he thesun liudiun uuili,
895 gibioden barn godes. Ic bium an is *bod*skepi herod
an thesa uuerold cumen   endi scal im thana uueg rûmien,
lêrean thesa liudi,   huuô sea *sculin* iro gilôbon haldan
thurh hluttran hugi,   endi that sie an hellea ni thurbin,
faran an fern that hêta. Thes uuirðid sô fagan an is môde
900 man te sô managaro *stundu*,   sô huue sô that mên forlâtid,
gerno thes gramon anbusni, — sô mag im thes gôdon
giuuirkean
huldi hebencuninges, — sô huue sô habad hluttra treuua
up te them alomahtigon gode.' Erlos managa
bi them lêrun thô,   liudi uuândun,

872 he *fehlt* C.   879 eu *fehlt* MC.   880 iuuuera selban C.   881
₁edas MC. gifruuniduu C.   884 iuuero C.   888 welleat C.   889 do-
pan C.   895 gibod- C.   897 sculun C.   900 stund C.

905 uueros uuârlîco,   that that uualdand Krist
    selƀo uuâri,   huuanda he sô filu sôðes gisprac,
    uuâroro uuordo.   Thô uuarð that sô uuîdo cûð
    oƀar that forgeƀana land   gumono gihuuilicum,
    seggiun *at* iro selƀun: thô quâmun ina sôkean tharod
910 fon Hierusalem   Iudeo *liudio*
    bodon fon theru burg   *endi frâgodun,* ef he uuâri that
                                      barn godes
    'that hêr lango giu' quâðun sie,   'liudi sagdun,
    uueros uuârlîco,   that he scoldi an thesa uuerold cuman'.
    Iohannes thô gimahalde   endi tegegnes sprac
915 them bodun baldlîco: 'ni bium ic' quað he, 'that barn
                                      godes,
    uuâr uualdand Krist,   ac ic scal im thana uueg rûmien,
    hêrron mînumu.'   Thea heliðos frugnun,
    thea thar an them ârundie   erlos uuârun,
    bodon fon *thero burgi:*   'ef thu *nu* ni bist that barn
                                      godes,
920 bist thu than thoh Helias,   the hêr an êrdagun
    uuas uudar thesumu uuerode?   He is uuiscumo
    eft an thesan middilgard.   Saga ûs huuat thu manno sîs!
    Bist thu ênig *thero*   the hêr *êr* uuâri
    uuîsaro uuârsaguno?   Huuat sculun uui them uuerode
                                      fon thi
925 seggean te sôðon?   Neo hêr *êr* sulig ni uuarð
    an *thesun* middilgard   man *ôðar* cuman
    dâdiun sô mâri.   Bihuuî thu hêr dôpisli
    fremis undar thesumu folke,   ef thu tharo forasagono
    ênhuuilic *ni* bist?'   Thô habde eft garo
930 Iohannes the gôðo   glau anduuordi:
    'Ic bium foraboðo   frâon mînes,
    lioƀes hêrron: ic scal thit land recon,
    thit *uuerod* aftar is uuillion.   Ic hebbiu fon is uuorde
                                      mid mi
    stranga stemna,   thoh sie hêr ni uuillie forstandan filo

909 an *C.*   910 liudi *C.*   911 endi frag. *del. Roediger.*   919
Hierusalem *M.* nu *fehlt M.*   923 thero *fehlt M.* êr *fehlt M.*   925 wissaro
C.   925 êr *fehlt C.*   926 thesan *C.* oƀar *C.*   928 frumis *C.*   929
thu *C.*   933 word *C.*

935 uuerodes an thesaro uuôstunni.   Ni bium ic mid uuihti gilih
    drohtine mînumu: he is mid is dâdiun sô strang,
    sô mâri endi sô mahtig: that uuirðid managun cûð
    uuerun aftar thesaro uueroldi,   that ic thes uuirðig ni bium,
    that ic môti an is giscuoha,   thoh ic sî is *scalc êgan*,
940 an sô rîkiumu drohtine   thea reomon antbindan:
    sô mikilu is he betara than ic.   Nis thes *bodo* gimaco
    ênig oðar erðu,   ne nu aftar ni scal
    uuerðan an thesaro uueroldi.   Hebbiad euuan uuillion
                                            tharod,
    liudi euuan gilôðon: than eu lango *scal*
945 *wesan* euua hugi hrômag;   *than* gi *helligithuuing*,
    forlâtad lêðaro drôm   *endi* sôkead eu lioht godes,
    upôdes hêm,   *êwig* rîki,
    hôhan heðenuuang.   Ne lâtad euuan hugi tunîflien!

XII.

    Sô sprac thô iung gumo   bi godes lêrun
950 mannun te mârðu.   Manag samnoda
    thar te Bethania   barn Israheles;
    quâmun thar te Iohannese   cuningo gisîðos,
    liudi te lêrun   endi iro gilôðon antfengun.
    He dôpte sie dago gihuuilikes   endi im iro dâdi lôg,
955 uurêðaro uuillion,   endi loðode im uuord godes,
    hêrron sînes: 'Heðenrîki uuirðid' quað he,
    'garu gumono   sô huuem sô ti gode thenkid
    endi an thana *hêleand* uuili *   hluttro gilôðean,
    lêstean is lêra.'   Thô ni uuas lang *te* thiu,
960 that im fon Galilea giuuêt   godes êgan barn,
    diurlîc drohtines sunu,   dôpi sôkean.
    Was im thô an is wastme,   waldandes barn,
    al sô he mid thero thiodu   thrîtig habdi
    uuintro an is uueroldi.   Thô he an is uuilleon *quam*,
965 thar Iohannes   an *Iordanes* strôme
    allan langan dag   liudi manage

---

939 egan scalc *M.*   941 bodon *M.*   944 scal *fehlt C.*   945 uue-
san scal *C.* that *C.* hellea gith. *C.*   946 endi *fehlt C.*   947 egan *M.*
958 hel. *fehlt C.* * *Hier tritt P ein.*   959 aftar? *P.*   961 u. 62 *fehlen*
M.   964 quam *fehlt C.*   965 iordana *CP.*

dôpte diurlîco.   *Rehto* sô he thô is drohtin gisah,
holden hêrron,   sô uuarð im is hugi blîði,
thes im the uuilleo gistôd,   endi sprac *im thô* mid is
uuordun *tô*,
970 *suuîðo gôd gumo*,   *Iohannes te Kriste*:
'nu cumis thu te mînero dôpi,   drohtin frô mîn,
thiod*gumono bezto*:   sô scolde ic te thînero duan,
huuand thu bist allaro cuningo craftigost.'   Krist selbo
gibôd,
uualdand uuârlîco,   that he ni sprâki thero uuordo than mêr:
975 'uuêst thu, that ûs *sô* girîsid' quað he,   'allaro rehto
te gifulleanne   *for*ðuuardes nu   [gihuuilig
an godes uuilleon.'   Iohannes stôd,
dôpte allan dag   druhtfolc mikil,
uuerod an uuatere   endi ôg uualdand Krist,
980 *hêran* hebencuning   handun sînun
an allaro baðo them bezton   endi im thar te bedu gihnêg
an cneo craftag.   Krist up giuuêt
fagar fon them flôde,   friðubarn godes,
liof liudio uuard.   Sô he thô that land *ofstôp*,
985 sô anthlîdun thô himiles doru,   endi quam the hêlago
fon them alouualdon   obane te Kriste: [gêst
— uuas im an gilîcnissie   *lungres* fugles,
diurlîcara dûbun —,   endi sat im uppan ûses drohtines
ahstu,
uuonoda im obar them uualdandes barne.   Aftar quam
thar uuord fon himile
990 hlûd fon them hôhon radura   en grôtta thane hêleand
selbon,
Krist allaro cuningo bezton,   quað that he ina gicoranan
habdi
selbo fon sînun rîkea,   quað that im the sunu *lîcodi*,
bezt allaro giboranaro manno,   quað that he im uuâri
allaro barno liobost.

---

967 reht *CP.*   969 im tho *fehlt P.*   tô] te im? *P.*   970 *fehlt P.*
972 - gumo best *C.*   975 sô *fehlt C.*   976 for- *C.*   980 Herran *CP.*
984 afstop *MP.*, atstop *Behaghel*, astop *Gallée*.   987 jungres *M.* (*Dabei*
in P übergeschrieben: gitalas).   988 ahslon *P.*   992 licode *C.*

That môste Iohannes *thô,*   al sô it god uuelde,
995 gisehan endi gihôrean.   He gideda it sân aftar thiu
mannun *màri,*   that sie thar mahtigna
hêrron habdun: *'thit* is' quaðhe, 'hebencuninges sunu,
ên alouualdand: thesas uuilleo ic urcundeo
uuesan an thesaro uueroldi,   huuand it sagda mi uuord
godes,
1000 drohtines stemne,   thô he mi dôpean hêt
uueros an uuatare,   sô huuar sô ic gisâhi uuârlîco
thana hêlagon gêst   *fan hebanwange*
an thesan middilgard   ênigan man waron,
cuman mid craftu; that quað, that scoldi Crist wesan,
1005 *diurlîc drohtines suno.   He dôpean scal*
an thana hêlagan gêst   endi hêlean managa
manno mêndâdi.   He habad *maht* fon gode,
that he alâtan mag   liudeo gihuuilicun
saca endi sundea.   Thit is selbo Krist,
1010 godes êgan barn,   gumono bezto,
friðu uuið fiundun.   Uuala that eu thes mag frâhmôd hugi
uuesan an thesaro uueroldi,   thes eu the uuilleo gistôd,
that gi sô *libbeanda*   thana landes uuard
selbon gisâhun.   Nu môt *sliumo* sundeono lôs
1015 manag gêst faran   an godes uuilleon
tionon atômid,   the mid treuuon uuili
uuið is uuini uuirkean   endi an uualdand Krist
fasto gilôbean.   That scal te *frumun* uuerðen
gumono sô huuilicun,   sô that gerno dôt.'

XIII.

1020 Sô gefragn ic that Iohannes thô   gumono gihuuilicun,
loboda them liudiun   lêra Kristes,
hêrron sînes,   endi hebenrîki
te giuuinnanne,   uuelono thane mêston,
sâlig sinlîf.   Thô he *im* selbo giuuêt

---

994 thô *fehlt C.*   996 gimarid *P.*   997 that *C.*   1002b *bis* 1006a
incl. fehlt M.   1003 thesaro *P.*   1004 *das zweite* that *fehlt C.*   1007
tha maht *C.*   1013 libbeandi *C.*   1014 sniumo *C.*   1018 frumi *C.*
1024 im *fehlt C.*

3*

1025 aftar themu dôpislea,   drohtin the gôdo,
    an êna uuôstunnea,   uualdandes sunu;
    uuas im thar an thero ênôdi   erlo drohtin
    lange huuîla;   ne habda liudeo than môr,
    seggeo te gistôun,   al sô he im selbo gicôs:
1030 uuelda is thar lâtan coston   craftiga uuihti,
    selbon Satanasan,   the gio an sundea spenit,
    man an mênuuerk: he consta is môdsebon,
    uurêðan uuilleon,   huuô he thesa uuerold êrist,
    an them anginnea   irminthioda
1035 bisuêc mit sundiun,   thô he thiu sinhîun tuuê,
    Adaman endi Euan,   thurh untreuua
    forlêdda *mid* luginun,   that liudio barn
    aftar iro hinferdi   hellea sôhtun,
    gumono gêstos.   Thô uuelda that god mahtig,
1040 uualdand uuendean   endi uuelda thesum uuerode for-
                                geben
    hôh himilrîki: bethiu he herod hêlagna bodon,
    is sunu senda.   That uuas Satanase
    tulgo harm an is hugi: afonsta hebanrîkies
    mancunnie: uuelda thô mahtigna
1045 mid them selbon sacun   sunu drohtines,
    them he Adaman   an êrdagun
    darnungo bidrôg,   that he uuarð is drohtine lêð,
    bisuuêc ina mid sundiun; —   sô uuelda he thô selban dòn
    hêlandean Krist.   Than habda he is hugi fasto
1050 uuid thana uuamscaðon,   uualdandes barn,
    herte sô giherdid: uuelda hebenrîki
    liudiun gilêstean.   Uuas im the landes uuard
    an *fastunnea*   fiortig nahto,
    manno drohtin.   Sô he thar *males* ni antbêt,
1055 than *langa* ni gidorstun im   dernea uuihti,
    nîðhugdig fiund   nâhor gangan,
    grôtean ina geginuuardan: uuânde that he *god* ênfald
    forûtar mancunnies uuiht   mahtig uuâri,
    hêleg himiles uuard.   Sô he ina thô gehungrean lêt,

    1025 *fehlt* C.   1037 mid is C.   1044 manno cunnea C.   1046
them the C.   1049 suno drohtines hel. C.   1053 fastun M.   1054 muoses
C.   1055 lang C.   1057 god *fehlt* C.

1060 that ina bigan bi thero menniski   môses lustean
aftar them fiuuartig dagun,   the fiund nâhor geng,
mirki mênscaðo: uuânda that he man ênuald
uuâri uuissungo,   sprac im thô mid is uuordun tô,
grôtta ina the gêrfiund: 'ef thu sîs godes sunu' quað he,
1065 behuuî ni hêtis thu than uuerðan,   ef thu giuuald habes,
allaro barno bezt,   brôd af thesun stênun?
Gehêli thînna hungar.'   Thô sprak eft the hêlago Crist:
'ni mugun eldibarn', quað he,   ênfaldes brôdes,
liudi libbien,   ac sie sculun thurh lêra godes
1070 uuesan an thesero uueroldi   endi sculun thiu uuerc
                                                    frummien,
thea thar uuerðad ahlûdid   fon thero hêlogun tungun,
fon them galme godes: that is gumono lîf,
liudeo sô huuilikes,   sô that lêstean uuili,
that fon uualdandes   uuorde gebiudid.'
1075 Thô bigan eft niuson   endi nâhor geng
unhiuri fiund   ôðru sîðu,
fandoda is frôhan.   That friðubarn tholode
uurêðes uuilleon,   endi im giuuald forgaf,
that he umbi is craft mikil   coston môsti.
1080 Lêt ina thô lêdean   thana liudscaðon,
that he ina an Hierusalem   te them godes uuîha,
alles obanuuardan,   up gisetta
an allaro hûso hôhost,   endi hoscuuordun sprac,
the gramo thurh gelp mikil: 'ef thu sîs godes sunu'
                                                    quað he,
1085 'scrîd thi te erðu hinan.   Gescriban uuas it giu lango,
an bôcun geuuriten,   huuô giboden habad
is engilun   alomahtig fader,
that sie thi at uuego gehunem   uuardos sindun,
haldad thi undar iro handun.   Huuat, thu huuargin ni
1090 mid thînun fôtun   an felis bespurnan,   [tharft
an hardan stên.'   Thô sprac eft the hêlago Crist,
allaro barno bezt: 'sô is ôc an bôcun gescriban' quað he,

1062 euuald C.   1067 im eft C.   1068 eldiu barn C.   1073 hui-
licon C.   1076 othar C.   1078 im thia C.   1079 muosta C.   1081
                                                                        ti
ina fehlt C.   1082 uppan C.   1084 guodes C.   1085 ti te M, the C.
1088 wege M.   1091 thô fehlt M.

'that thu te hardo ni scalt   hêrran thînes,
fandon thînes frôhan: that nis thi alloro frumono negên.'
1095 Lêt ina thô an thana thridden sîð   thana thiodscaðon
gibrengen uppan *ênan berg then* hôhon: thar ina the
al oðarsehan   irminthiode,   [balouuîso lêt
uuonotsaman uuelon   endi uueroldrîki
endi al sulic ôdes   sô thius erða *bihaðad*
1100 fagororo frumono,   endi sprac im thô the fiund angegin,
quað that he im that al sô gôdlîc   forgeðen uueldi,
hôha heridômos,   'ef thu uuilt hnîgan te mi,
fallan te mînun fôtun   endi mi *for* frôhan haðas,
bedos te mînun barma.   Than lâtu ic thi brûcan uuel
1105 alles *thes* ôduuelon,   thes ic thi hebbiu giôgit hîr.'
Thô ni uuelda thes lêðan uuord   lengeron huuîle
hôrean the hêlago Crist,   ac he ina *fon* is huldi fordrêf,
Satanasan forsuuêp,   endi sân aftar sprac
allaro barno bezt,   quað that man bedon scoldi
1110 *up* te them alomahtigon gode   endi *im* ênum thionon
suuîðo thiolîco   thegnos managa,
heliðos aftar is huldi: 'thar is thiu helpa gelang
manno gehuuilicun.'   Thô giuuêt im the mênscaðo,
suuîðo sêragmôd   Satanas thanan,
1115 fiund undar *fern*dalu.   Uuarð thar folc mikil
fon them alouualdan   oðana te Criste,
godes engilo cumen,   thie im sîðor iungardôm scoldun,
ambahtscepi   aftar lêstien,
thionon thiolîco: sô *scal* man thiodgode,
1120 hêrron *aftar* huldi,   heðancununge.

XIIII.

Vuas im *an* them sinuueldi   sâlig barn godes
lange huîle,   untthat im thô *lioðora* uuarð,
that he is craft mikil cûðien uuolda
uueroda te uuillion.   Thô forlêt he uualdes hlêo,

1125 ênôdies ard   endi sôhte im eft erlo gemang,
        mâri meginthiode   endi manno drôm,
        geng im thô bi *Iordanes* staðe: thar ina Iohannes antfand
        that friðubarn godes,   frôhan sînan,
        hêlagana heƀencuning,   endi them heliðun sagda
1130 Iohannes is iungurun,   thô he ina gangan gesah:
        'thit is that lamb godes,   that thar lôsean scal
        af thesaro uuîdon uuerold   uurêða sundea,
        mancunneas mên,   mâri drohtin,
        cuningo craftigost.'   Krist im forð giuuêt
1135 an Galileo land,   godes êgan barn,
        fôr im te them friundun,   thar he afôdit uuas,
        tîrlîco atogan,   endi talda mid uuordun
        Krist undar is cunnie,   cuningo rîkeost,
        huuô sie scoldin iro selƀoro   sundea bôtean,
1140 hêt that sie im iro harmuuerc manag   hreuuan lêtin,
        feldin iro firindâdi: 'nu is it al gefullot sô,
        sô hîr alde man   êr huuanna sprâcun,
        gehêtun eu te helpu   heƀenrîki:
        nu is it *giu* ginâhid thurh thes neriandan craft: thes
                môtun gi neotan forð,
1145 sô huue sô gerno uuili   gode theonogean,
        uuirkean aftar is uuilleon.'   Thô uuarð thes uuerodes
                                filu,
        thero liudeo an lustun: uurðun im thea lêra Cristes
        sô suôtea them gisîðea.   He began im samnon thô
        gumono te iungoron,   gôdoro manno,
1150 uuordspâha uueros.   Geng im thô bi ênes uuatares staðe,
        thar *thar* habda Iordan   aneƀan Galileo land
        ênna sê geuuarhtan.   Thar he sittean fand
        Andreas endi Petrus   bi them ahastrôme,
        bêðea thea gebrôðar,   thar sie an brôd uuatar
1155 suuîðo niutlîco   netti thenidun,
        fiscodun im an them flôde.   Thar sie that friðubarn
        bi thes sêes staðe   selƀo *grôtta*,   [godes
        hêt that sie im folgodin,   quað that he *im* sô filu uuoldi

---

1127 iordana *C.*   1141 feldi *C.*   1144 iu *C.*   1146 so filo *C.*
1149 gumon *C.*   1151 thie *C.*   1157 gigruotta *C.*   1158 im *fehlt C.*

godes rîkeas forgeƀen: 'al sô git hîr an Iordanes
1160 fiscos fâhat,   sô sculun git noh firiho barn   [strôme
halon te incun handun,   that sie an heƀenrîki
thurh inca lêra   liðan môtin,
faran folc manag.'   Thô uuard frômôd hugi
beðiun them gibrôðrun: antkendun that barn godes,
1165 lioƀan hêrron: forlêtun al saman
Andreas endi Petrus,   sô huuat sô sie bi theru ahu habdun,
geuunstes bi them uuatare: uuas im uuilleo mikil,
that sie mid them godes barne   gangan môstin
samad an is gisîðea: scoldun sâliglîco
1170 lôn antfâhan: sô dôt liudeo sô huuilic,
sô thes hêrran uuili   huldi githionon,
geuuirkean is uuilleon.   Thô sie bi thes uuatares staðe
furðor quâmun,   thô fundun sie thar ênna frôdan man
sittean bi them sêuua   endi is suni tuuêne,
1175 Iacobus endi Iohannes: uuârun im iunga man.
Sâtun im thâ gesûnfader   an ênumu sande uppen,
brugdun endi bôttun   beðium handun
thiu netti niudlîco,   thea sie habdun nahtes êr
forsliten an them sêuua.   Thar sprac im selƀo tô
1180 sâlig barn godes,   hêt that sie an thana sîð mid im,
Iacobus endi Iohannes,   gengin beðie,
kindiunge man.   Thô uuârun im Kristes uuord
sô uuirdig an thesaro uueroldi,   that sie bi thes uua-
iro aldan fader   ênna forlêtun   [tares staðe
1185 frôdan bi them flôde   endi al that sie thar felias êhtun,
nettiu endi neglitskipu,   gecurun im thana neriandan
hêlagna te hêrron: uuas im is helpono tharf   [Krist
te githiononne: sô is allaro thegno gehuuem,
uuero an thesero uueroldi.   Thô giuuêt im the uual-
                        dandes sunu
1190 mid them fiuuariun forð,   endi im thô thana fîfton gicôs
Krist an ênero côpstedi,   cuninges thegan,
môdspâhana man: Mattheus uuas he hêtan,
uuas im ambahteo   eðilero manno,

1159 al fehlt C. jordana C.   1160 gifahað C.   1165 samod C.
1167 giuunnanes C.   1171 huld C.   1183 giuuirðiga C.   1186 im fehlt
C.   1187 is huldi help. C.   1191 jungoron MC.

scolda thar te is hêrron   handun antfâhan
1195 tins endi *tol*;   treuua habda he gôda,
aðalandbâri: forlêt al *saman*
gold endi silubar   endi geba managa,
diurie mêðmos,   endi uuarð im ûses drohtines man:
côs im the cuninges *thegn*   Crist te hêrran,
1200 milderan *mêðomge*bon,   than êr is *mandrohtin*
uuâri an thesero uueroldi: feng im uuôðera thing,
langsamoron râd.   Thô uuarð it allun them liudiun cûð
fon allaro burgo gihuuem,   huuô that barn godes
samnode gesîðos   endi selbo gesprac
1205 sô manag uuislîc uuord   endi uuâres sô filu,
torhtes gitôgde   endi têcan manag
geuuarhte an thesero uueroldi.   Uuas that an is uuor-
dun scîn
iac an is dâdiun sô same,   that he drohtin uuas,
himilisc hêrro   endi te helpu quam
1210 an thesan middilgard   manno barnun,
liudiun te thesun liohta.   Oft gededa he that an them
lande scîn,
than he thar *torhlico*   sô manag têcan giuuarhte,
thar he hêlde mid is handun   halte endi *blinde*,
lôsde af theru lefhêdi   liudi manage
1215 af sulicun suhtiun,   sô than allaro suâroston
an firiho *barn*   fiund biuurpun,
tulgo langsam leger.

XV.

Thô fôrun thar thie liudi tô
allaro dago gehuuilikes,   thar ûsa drohtin uuas
selbo undar them gisîðie,   untthat thar gesamnod uuarð
1220 meginfolc mikil   managaro thiodo,
thoh sie thar alle be gelîcumu   gelôbon ni quâmin,
uueros thurh ênan uuilleon: sume sôhtun sie that
uualdandes barn,

1195 tolna *C*.   1196 samod *C*.   1199 man *C*.   1200 med- *M*.
1200 *ff*. man uuari drohtin *C*.   1210 *Nach diesem verse in C* XV.   1212
torhtliko *Rückert*] torhlic *MC*.   1213 blindan *C*.   1216 barnun *M*.
1220 alla gilico gebula (geluba *Köne*, lubiga *Rückert*) ni qu. *C*.

armoro manno filu   — uuas *im* âtes tharf —,
that sie im thar *at* theru menigi   mates endi drankes
1225 *thigidin at* theru thiodu;   huuand thar uuas manag
thie ira alamosnie   armun mannun   [thegan sô gôd,
gerno gâðun. Sume uuârun sie im eft Iudeono cunnies,
fêgni folcskepi: uuârun *thar* gefarana te thiu,
that sie ûses drohtines   dâdio endi uuordo
1230 fâron uuoldun,   habdun im *fêgnien* hugi,
uurêðen uuillion: uuoldun uualdand Crist
alêdien them liudiun,   that sie is lêron ni hôrdin,
ne *uuendin* aftar is uuillion.   Suma uuârun sie im eft
                      sô uuîse man,
uuârun *im* glauuue gumon   endi gode uuerðe,
1235 alesane undar them liudiun,   quâmun im *tharod* be
                     them lêron Cristes,
that sie is hêlag uuord   *hôrien* môstin,
lînon endi lêstien: habdun mid iro gelôðon te im
fasto *gefangen*,   habdun im ferhten hugi,
uurðun is thegnos te thiu,   that he sie an thioduuelon
1240 aftar iro êndagon   up gebrâhti
an godes *rîki*. He sô gerno antfeng
mancunnies manag   endi mundburd gihêt
te langaru huîlu,   *endi* mahta sô gilêstien uuel.
Thô uuarð thar megin sô mikil   umbi thana mârion
                     Crist
1245 liudio gesamnod: thô gisahe fon allun landun cuman,
fon allun uuîdun uuegun   uuerod tesamne
lungro liudio: is lof uuas sô uuîdo
managun gemârid.   Thô giuuêt im mahtig self
an ênna berg uppan,   barno rîkiost,
1250 sundar gesittien,   endi im selðo gecôs
tuuelißi getalda,   treuuafta man,
gôdoro gumono,   thea he im te iungoron forð
allaro dago gehuuilikes,   drohtin uuelda
an is gesîðskepea   simblon hebbean.

———————
    1223 im thar *C.*   1224 an *C.*   1225 thigidun an *C.*   1228 im
thar *C.*   1230 freknean *C.*   1233 wendien *C.*   1234 im *fehlt C.*   1235
thar *C.*   1236 herreon *C.*   1238 bifangan *C.*   1241 rikie *C.*   1243
endi hie *C.*   1247 iungaro *M.*

1255 Nemnida sie thô bi naman endi hêt sic *im thô* nàhor
Andreas endi Petrus êrist sâna, [gangan,
gebrôðar tuuêne, endi bêðie mid im
Iacobus endi Iohannes: sie uuârun gode *uuerðe*;
mildi uuas he *im* an is môde; sie uuârun ênes mannes
1260 bêðie bi giburdiun; sie *côs* that barn godes [suni
gode te iungoron endi gumono filu,
màriero manno: Mattheus endi Thomas,
Iudasas tuuêna endi Iacob ôðran,
is selbes suuiri: sie uuârun fon *gisustronion* tuuêm
1265 cnôsles cumana, Krist endi Iacob,
gôde gadulingos. Thô habda thero gumono thar
the neriendo Krist niguni getalde,
treuuafte man: thô hêt he ôc thana tehandon gangan
selbo mid them gisîðun: Simon uuas he hêtan;
1270 hêt ôc Bartholomeus an thana berg uppan
faran *fan* them folke âðrum endi Philippus mid im,
treuuafte man. Thô gengun sie tuuelibi samad,
rincos te theru rûnu, thar the râdand sat,
managoro mundboro, the allumu mancunnie
1275 uuið hellie gethuuing helpan uuelde,
formon uuið them ferne, sô huuem sô frummien uuili
sô lioblîca lêra, sô he them liudiun thar
thurh is giuuit mikil *uuîsean* hogda.

XVI.

Thô umbi thana neriendon Krist nàhor gengun
1280 sulike gesîðos, sô he im selbo gecôs,
uualdand undar them uuerode. Stôdun uuîsa man,
gumon umbi thana godes sunu gerno suuîðo,
uueros an uuilleon: uuas im thero uuordo niut,
thâhtun endi thagodun, huuat im *thesoro* thiodo
1285 uueldi uualdand self uuordun cûðien [drohtin,
thesum liudiun te *liobe*. Than sat im the landes hirdi
geginuuard for them gumun, godes êgan barn:

1255 im thô *fehlt* C. 1258 lioba C. 1259 im *fehlt* C. 1260 gicos
C. 1264 suuestron M. 1269 selbon C. 1271 far M. 1273 hie C. 1278
uuesan C. 1284 thero C. 1286 loba M.

uuelda mid is sprâcun   spâhuuord manag
lêrean thea liudi,   huuô sie lof gode
1290 an thesum uueroldrîkea   uuirkean scoldin.
Sat im thô endi suuîgoda   endi sah sie an lango,
uuas im hold an is hugi   hêlag drohtin,
mildi an is môde,   endi thô is mund antlôc,
uuîsde *mid* uuordun   uualdandes sunu
1295 manag mârlîc thing   endi them mannum sagde
spâhun uuordun,   them the he te theru sprâcu *tharod,*
Krist alouualdo,   gecoran habda,
huuilike uuârin allaro   irminmanno
gode uuerðoston   gumono cunnies;
1300 sagde im thô te *sôðe,*   quað that thie sâlige uuârin,
man an thesoro middil*gard,*   thie hêr an iro môde uuârin
arme thurh ôdmôdi: 'them is that êuuiga rîki,
suuîðo hêlaglîc   an hebanuuange
sinlif fargeben.'   Quað that ôc sâlige uuârin
1305 madmundie man: 'thie môtun thie mârion erðe,
ofsittien that selbe rîki.'   Quað that ôc sâlige uuârin,
thie hîr *uuiopin* iro uuammun dâdi: 'thie môtun eft
uuillion gebîdan,
frôfre an *them selbon* rîkia.   Sâlige sind ôc, the sie
hîr frumono gelustid,
rincos, that *sie* rehto adômien.   Thes môtun sie uuerðan
an them rîkia drohtines
1310 gefullit thurh iro ferhton dâdi: sulicoro môtun sie fru-
mono bicnegan,
thie rincos, thie hîr rehto adômiad,   ne uuilliad an rûnun
besuuîcan
man, thar sie *at* mahle *sittiad.*   Sâlige sind ôc them
hîr mildi uuirðit
hugi an heliðo briostun: them uuirðit the hêlego drohtin
mildi mahtig selbo.   Sâlige sind ôc undar thesaro
managon thiodu,
1315 *thie* hebbiad iro herta gihrênod: thie môtun thane
hebenes uualdand

1294 mid is *C.*   1296 tharod *fehlt M.*   1300 suothen *C.*   1301
-gardun *C.*   1302 euuana *C.*   1307 wiopun *C.*   1308 an iro rik. *M.*
gilustin *C.*   1309 sia hier *C.*   1312 an *C.* sittean *C.*   1315 thie *fehlt C.*

sehan an sînum rîkea.'   Quað that ôc sâlige uuârin,
'thie *the* friðu*samo* uudar thesumu folke libbiod   endi
    ni uuilliad êniga fehta geuuirken,
saca mid iro selboro *dâdiun*:   thie môtun uuesan suni
    drohtines genemnide,
huuande he im uuil genâdig uuerðen;   thes môtun sie
    niotan lango
1320 selbon thes sînes rîkies.'   Quað that ôc sâlige uuârin
thie rincos, the rehto uueldin,   'endi thurh that tholod
    rîkioro manno
heti endi harmquidi: them is ôc an himile *eft*
godes uuang forgeben   endi gêstlîc lîf
aftar te ôuuandage,   sô *is* io endi ni cumit,
1325 *welono wunsamost*.   Sô habde thô uualdand Crist
for them erlon thar   ahto getalda
sâlda gesagda;   mid them scal simbla gihuue
himilrîki *gehalon*,   ef he it hebbien uuili,
ettho he scal te ôuuandaga   aftar tharbon
1330 uuelon endi uuillion,   sîðor he these uuerold agibid,
cröð*lib*giscapu,   endi sòkit im ôðar lioht,
sô liof sô lêð,   sô he mid thesun liudiun hêr
giuuercod an thesoro uueroldi,   al sô it thar thô mid
    is uuordun sagde
Crist alouualdo,   cuningo rîkiost,
1335 godes êgen barn   iungoron sînun:
'Ge uuerdat ôc *sô* salige' quað he,   'thes iu saca biodat
liudi aftar theson lande   endi lêð *sprecat*,
hebbiad iu te hosca   endi harmes filu
geuuirkiad an thesoro uueroldi   endi uuîti gefrummiad,
1340 felgiad iu firinspråka   endi fiundscepi,
lâgniad iuuua lêra,   dôt iu lêðes *sô* filu,
harmes thurh iuuuon hêrron.   Thes lâtad gi euuan
    hugi *simbla,*
lîf an lustun,   huuand iu that lôn stendit
an godes rîkia garu,   gôdo gehuuilikes,

1317 hier *C.* ·sama *C.*   1318 gidadeon *C.*   1322 eft *Rödiger*]
fehlt MC.   1323 goda *C.*   1324 thes *C.*   1325 uuelan uunsames *M.*
1328 halon *C.*   1331 libi- *M.*   1336 sô *fehlt C.*   1337 sprecan *M.*
1341 sô *fehlt C.*   1342 sinnon *C.*

1345 mikil endi managfald: that is iu te mêdu fargeƀen,
     huuand gi hêr êr biforan   arƀid tholodun,
     uuîti an thesoro uueroldi.   Uuirs is them ôðrun,
     — gibîdat grimmora thing —   them the hêr gôd êgun,
     uuîdan uuoroldduuelon: thie forslîtat iro uunnia hêr;
1350 geniudot sie genôges: sculun eft narouuaro thing
     aftar iro hinferdi   heliðos tholoian.
     Than uuôpiat thar uuanscefti,   thie hêr êr an uun-
                                          nion sind,
     libbiad an lustun,   ne uuilliad thes farlatan uuiht,
     mêngithahtio,   thes sie an iro môd spenit,
1355 lêðoro gilêstio.   Than im that lôn cumid,
     uƀil arƀetsam,   than sie is thane endi sculun
     sorgondi gesehan.   Than uuirðid im sêr hugi,
     thes sie thesero uueroldes sô filu   uuillean fulgengun,
     man an iro môdseƀon.   Nu sculun gi im that mên
                                          lahan,
1360 uuerean mid uuordun,   al sô ic giu nu geuuîsean mag,
     seggean sôðlîco,   gesîðos mîne,
     uuârun uuordun,   that gi thesoro uueroldes nu forð
     sculun salt uuesan,   sundigero manno,
     bôtien iro baludâdi,   that sie an betara thing
1365 folc farfâhan   endi forlâtan fiundes giuuerk,
     diuƀules gedâdi,   endi sôkean iro drohtines rîki.
     Sô sculun gi mid iuuuon lêrun   liudfolc manag
     uuendean aftar mînon uuilleon.   Ef iuuuar than auuir-
     farlâtid thea lêra,   thea he lêstean scal,   [ðid huuilic,
1370 than is im sô them salte,   the man bi sêes staðe
     uuîdo teuuirpit: than it te uuihti ni dôg,
     ac it firiho barn   fôtun spurnat,
     gumon an greote.   Sô uuirðid them, the that godes
                                          uuord scal
     mannum mârean: ef he im than lâtid is môd tunehon,
1375 that hi ne uuillea mid hluttro hugi   te heƀenrîkea
     spanen mid is sprâcu   endi seggean spel godes,
     ac uuenkid thero uuordo,   than uuirðid im uualdand gram,

---

mahtig môdag,   endi sô samo manno barn;
uuirðid allun *than*   irminthiodun,
1380 liudiun alêðid,   ef *is* lêra ni *dugun*.'

XVII.

Sô sprac he *thô* spâhlîco   endi sagda spel godes,
lêrde the landes uuard   liudi sîne
mid hluttru hugi.   Heliðos stôdun,
gumon umbi thana godes sunu   gerno suîðo,
1385 uueros an uuilleon: uuas im thero uuordo niut,
thâhtun endi thagodun,   gihôrdun *thesoro* thiodo drohtin
seggean êu godes   eldibarnun;
gihêt im hebenrîki   endi te them heliðun sprac:
'òc mag ic iu seggean,   gesîðos mìna,
1390 uuârun uuordun,   that gi thesoro uueroldes nu forð
sculun lioht uuesan   liudio barnun,
fagar mid firihun   obar folc manag,
uulitig endi uunsam: ni mugun iuuua uuerk mikil
biholan uuerðan,   mid huuilico gi sea hugi cûðeat:
1395 than mêr the thiu burg nî mag,   thiu an berge stâð,
hô holmklibu   biholen uuerðen,
uurisilîc giuuere,   ni mugun iuuua uuord than mêr
an thesoro middilgard   mannum uuerðen,
iuuua dâdi bidernit.   Dôt, sô ic iu lêriu:
1400 lâtad iuuua lioht mikil   liudiun skînan,
manno barnun,   that si farstandan iuuuan môdsebon,
iuuua uuerc endi iuuuan uuilleon,   endi thes uualdand god
mid hluttro hugi   himiliscan fader
lobon an thesumu liohte,   thes he iu sulica lêra fargaf.
1405 Ni scal neoman lioht,   the it habad,   liudiun dernean,
te hardo *behuuelbean*,   ac he it hôho scal
an seli settean,   that thea gesehan mugin
alla *gelîco*,   thea thar inna sind,
heliðos an hallu.   Than halt ni sculun gi iuua hêlag
1410 an thesumu landskepea   liudiun dernien,   [uuord
heliðcunnie farhelan,   ac ge it hôho sculun
brêdean that gibod godes,   that it allaro barno gehuuilic,

1379 them *C*.   1380 hie is *C*. dog *C*.   1381 thô *fehlt C*.   1386
thero *C*.   1406 bihullean *C*.   1408 gihuilica *C*.

oðar *al* thit landscepi   liudi farstanden
endi sô gefrummien,   sô it an forndagun
1415 tulgo uuîse man   nuordun gesprâcun,
than sie thana aldan êuu   erlos heldun,
endi ôc sulicu suuîðor,   sô ic iu nu seggean mag,
alloro gumono gehuuilic   gode thionoian,
than it thar an them aldom   êuua gebeode.
1420 Ni uuâniat gi thes mit unihtiu,   that ic bithiu an thesa
that ic thana aldan êu   irrien uuillie,   [uuerold quâmi,
fellean *undar* thesumu folke,   eftho thero forasagono
uuord uuiðaruuerpen,   thea hêr sô giuuârea man
baralîco gebudun.   Êr scal bêðiu tefaran,
1425 himil endi erðe,   thiu nu bihlidan standat,
êr than thero uuordo   uuiht bilîba
unlêstid an thesumu liohte,   thea sie thesum liudiun hêr
uuârlîco gebudun.   Ni quam ic an thesa uuerold te thiu,
that ic feldi thero forasagono uuord,   ac ic siu fullien
1430 ôkion endi nigean   eldibarnum,   [scal,
thesumu folke te frumu.   That uuas torn gescrîban
an them aldon êo   — ge hôrdun it oft sprecan
uuorduuîse man —:   sô huue sô that an thesoro uue-
that he âthrana   aldru bineote,   [roldi gidôt,
1435 lîðu bilôsie,   them sculun liudio barn
dôd adêlean.   Than uuilleo ic *it* iu diopor nu,
furður bifâhan: sô huue sô ina thurh fiundskepi,
man uuiðar ôðrana   an is môdseðon
bilgit an is breostun,   — huuand sie alle gebrôðar sint,
1440 sâlig folc godes,   sibbeon bitengea,
man mid mâgskepi —   than uuirðit thoh huue ôðrumu an
is môde sô gram,
lîðes uueldi ina *bilôsien*,   of he mahti gilêstien sô:
than is he sân afêhit   endi is thes ferahas scolo,
al sulikes urdêlies   sô the oðar uuas,
1445 the thurh is handmegin   hôðdo bilôsde
erl ôðarna.   Ôc is an them êo gescrîban
uuârun uuordun,   sô gi uuiton alle,

1413 al *fehlt* C.   1419 that C.   1422 an C.   1424 Barlico *M*.
1427 unlestero C.   1428 uuarlic C.   1436 it *fehlt* C.   1442 losien *M*.
1466 thar *M*.   1448 scal niutlico *M*.

that man is nâhiston   *niutħco scal*
minnian an is môdc,   uuesen is mâgun hold,
1450 gadulingun gôd,   *uuesen* is geba mildi,
   frâhon is friunda gehuuane,   endi scal is fiund hatan,
   uuiðerstanden them mid stridu   endi mid starcu hugi,
   uuercan uuiðar uurêðun. Than seggeo ic iu *te uuâron nu,*
   fullîcur for thesumu folke,   that gi iuuua fiund sculun
1455 minncon an iuuuomu môde,   sô samo sô gi iuuua
   an godes namon. Dôt im gôdes filu,   [mâgos dôt,
   tôgeat im hluttran hugi,   holda treuua,
   liof uuiðar ira lêðe. That is langsam râd
   manno *sò huuilicumu,*   sô is môd te thiu
1460 geflîit uuiðar *is* fiunde. Than môtun gi thea fruma êgan,
   that gi môtun hêten   hebencuninges suni,
   is blîði barn. Ne mugun gi iu betaran râd
   geuuinnan an thesoro uueroldi. Than seggio ic iu te
                                uuâron ôc,
   barno gehuilicum,   that gi ne mugun mid gibolgono hugi
1465 iuuuas gôdes uuiht   te godes hûsun
   uualdande fargeban,   that it imu uuirðig sî
   te anttâhanne,   sô lango sô thu fiundskepies *uuiht,*
   uuið ôðran man   inuuid hugis.
   Êr scalt thu thi simbla gesônien   uuið thana sacuualdand,
1470 gemôdi gimahlean: sîðor maht thu mêðmos thîna
   te them godes altere *ageban:*   than sind sie themu
                                 gôdan uuerðe,
   hebencuninge. Mêr sculun gi aftar is huldi thionon,
   godes uuilleon *fulgân,*   than *ôðra* Iudeon duon,
   ef gi uuilleat êgan   êuuan rîki,
1475 sinlif sehan. Ôc scal *ic* iu seggean noh,
   huuô it thar an them aldon   êo gebiudid,
   that ênig erl ôðres   idis ni bisuuîca,
   uuîf mid uuammu. Than seggio ic iu te uuâron ôc,
   that thar man is siuffi mugun   suuîðo farlêdean

1448 scal niutlico *M*.   1450 endi uuesan *C*.   1451 friehan *C*.
1453 nu te uuaron *M*.   1459 gihuilicon *C*.   1460 if *C*.   1464 mid
fehlt C.   1467 uuith *C*.   1468 Wider *M*, *fehlt C*. Oðron manne *C*.
inuuiht *M*.   1471 giban *C*.   1473 fulgangan *C*. ôðra *fehlt C*.   1475
ic *fehlt M*.

1480 an mirki mên,   ef hi *ina lâtid* is môd spaneu,
     that *he* beginna thero girnean,   thiu imu gegangan ni
                                                        scal.
     Than haƀed he an imu selƀon sân   sundea geuuarhta,
     geheftid an is hertan   helliuuîti.
     Ef than thana man is *siun* uuili   ettha is suîðare hand,
1485 farlêdien is lîðo huuilic   an lêðan uueg,
     than is erlo gehuuem   ôðar betara,
     firiho barno,   that he ina fram uuerpa
     endi thana lið lôsie   af is lîchamon
     endi ina âno cuma   up te himile,
1490 than he *sô* mid alluu   te them inferne,
     huuerƀe mid sô hêlun   an helligrund.
     than mênid thiu *lefhêd*,   that ênig liudeo ni scal
     farfolgan is friunde,   ef he ina an firina spanit,
     suâs man an saca: than ne sî he imu eo sô suuîðo
                                   an sibbiun bilang,
1495 *ne* iro mâgskepi sô mikil,   ef he ina an morð spenit,
     bêdid baluuuerco: betera is imu than ôðar,
     that he thana friund fan imu   fer faruuerpa,
     mîðe thes mâges   endi ni hebbea thar êniga minnea tô,
     that he môti êno   up gestîgan
1500 hô himilrîki,   than sie *helligethuing*,
     brêd baluuuîti   bêðea gisôkean,
     uƀil arƀidi.

                         XVIII.
             Ôc is an them êo gescriƀan
     uuârun uuordun,   sô gi uuitun alle,
     that mîðe mênêðos   mancunnies gehuuilic,
1505 ni forsuerie ina selƀon,   *huuand* that is sundie te mikil,
     farlêdid *liudi*   an lêðan uueg.
     Than uuilleo ic iu eft seggean,   that sân ni suerea
     ênigan êðstaf   eldibarno,   [neoman
     ne bi himile themu hôhon,   huuand that is thes hêr-
                                      ron stôl,

     1480 latit ina *C.*   1481 hie hit *C.*   1484 siun uuliti *C.*   1490
sô *fehlt C.*   1492 lefhedi *C.*   1495 nec *C.*   1500 hella githuing *C.*
1505 hwand *fehlt C.*   1506 liudeo te filo *C.*

1510 ne bi erðu thar undar,   huuand that is thes alo-
                                     uualdon
    fagar fôtscamel,   nec ênig firiho barno
    ne suuerea bi is selɓes hôfde,   huuand he ni mag thar
                             ne suuart ne huuît
    ênig hâr geuuirkean,   *bûtan* sô it the hêlago god
    gemarcode mahtig.   Bethiu *sculun* mîdan filu
1515 erlos êðuuordo;   sô huue sô it ofto dôt,
    sô uuirðid is simbla uuirsa,   huuand he *imu* giuuardon
                                  ni mag.
    Bithiu scal ic iu nu te uuârun   uuordun gibeodan,
    that gi neo ne suerien   suuîðoron êðos,
    mêron met mannun,   *bûtan* sô ic iu mid mînun hêr
1520 suuîðo *uuârlico*   uuordun *gebiudu*:
    ef man huuemu saca sôkea,   *bisseggea* that uuâre,
    queðe ia, gef it sî,   gea thes thar uuâr is,
    queðe nên, af it nis,   *lâta* im genôg an thiu;
    sô huat sò is mêr oɓar that   man gefrummiad,
1525 sô cumid it *al* fan uɓile   eldibarnun,
    that erl thurh untreuua   ôðres ni uuili
    uuordo gelôɓian.   Than seggio ic iu te uuâron ôc,
    huuô it thar an them aldon   êo gebiudit:
    sô huue sô ôgon genimid   ôðres mannes,
1530 lôsid af is lîchaman,   ettha is liðo huilican,
    that he it eft mid is selɓes scal   sân antgelden
    mid gelîcun liðion.   Than uuillio ic iu lêrian nu,
    that gi sô ni *uurecan*   uurêða dâdi,
    ac *that* gi thurh ôdmôdi   al gethologian
1535 uuîties endi uuammes,   sô huat sô man iu an thesoro
                                   uueroldi gedôe.
    Dôe alloro *erlo* gehuilic   ôðrom manne
    frume endi gefôri,   sô he uuillie, that im firio barn
    gôdes angegin dôen.   Than uuirðit im god mildi,
    liudio sô huilicun,   sô that lêstien uuili.
1540 Êrod gi *arme man*,   dêliad iuuan ôduuelon

1513 neuuan *C.*   1514 sculun gi *C.*   1516 imu an *M.*   1519 neuan *C.*   1520 uuarlico scal *M.* gebeodan M.   1521 hie seggie *C.* 1523 latan *M.*   1525 al *fehlt M.* huua *M.*   1533 uuerkean *C.*   1534 that *fehlt C.*   1536 manno C.   1540 arman man *C.*

4 *

undar thero thurftigon thiodu;   ne rôkead, huueðar gi
            is ênigan thanc antfâan
eftho lôn an thesoro lêhneon uueroldi,   ac huggeat te
            iuuuomu leoƀon hêrran
thero geƀono te gelde,   that sie iu god lôno,
mahtig mundboro,   sô huuat sô gi is thurh is minnea
1545 Ef thu than geƀogean uuili   gôdun mannun   [gidôt.
fagaro fehoscattos,   thar thu eft frumono hugis
mêr antfâhan,   te huuî haƀas thu thes êniga mêda fon
            gode
ettha lôn an themu is liohte?   huuand that is lêhni feho.
Sô is thes alles gehuuat,   the thu ôðrun geduos
1550 liudeon te leoƀe,   thar thu hugis eft gelîc neman
thero uuordo endi thero uuerco: te huuî uuêt thi thes
            ûsa uualdand thanc,
thes thu thîn sô bifilhis   endi antfâis eft than thu uuili?
Iuuuan ôduuelon   geƀan gi them armun mannun,
the ina iu an thesorô uueroldi ne lônon   endi rômot
            te iuuues uualdandes rîkea.
1555 Te hlûd ni dô thu it,   than thu mid thînun handun bifeleas
thîna alamosna themu armon manne,   ac dô im thurh
            ôdmôdien hugi,
gerno thurh godes thanc: than môst thu eft geld niman,
suuîðo lioflîc lôn,   thar thu is lango bitharft,
fagaroro frumono.   Sô huuat sô thu is sô thurh ferhtan
1560 darno gedêleas, —   sô is ûsumu drohtine uuerð —   [hugi
ne galbô thu far thînun geƀun te suuîðo,   noh ênig
            gumono ne scal,
that siu im thurh that îdale hrôm   eft ni uuerðc
lêðlîco farloren.   Thanna thu scalt lôn nemen
fora godes ôgun   gôdero uuerco.
1565 Ôc scal ic iu gebeodan,   than gi uuilliad te bedu hnîgan
endi uuilliad te iuuuomu hêrron   helpono biddean,
that he iu alâte   lêðes thinges,

1541 thes C.   1544 duat C.   1546 thic eft C.   1548 thesou C.
thit C.   1549 so C.   1550 lithun M.   thu thi C.   1551 ûsa fehlt C.
1553 welon M.   gibat C.   armun Rieger] fehlt M C. 1554 a als 1553 b die Her-
ausgeber und Roediger.   an] a C.   rumeat M, wirkeat Roediger.   1555 ut M.
1556 do fehlt M.   1560 gidelis C.   1563 than C.

+hero sacono endi thero *sundeono,*   thea gi in selbon hîr
nurêða geuuirkead,   that gi it than for ôðrumu nuerode
ni duad:
1570 ni màread it far menigi,   that in *thes* man ni lobon,
ni diurean thero *dàdeo,*   that gi innues drohtines gibed
thurh that îdala hrôm   al ne farleosan.
Ac than *gi* uuillean te innuomo hêrron   helpono biddean,
thiggean theolîco,   — thes in is tharf mikil, —
1575 that in sigidrohtin   sundeono tômea,
than *dòt* gi that sô darno: thoh uuêt it iuuue drohtin
self
hêlag an himile,   huuand inu nis biholan ncouuiht
ne uuordo ne uuerco.   He làtid it than *al* geuuerðan sô,
sô gi ina than biddiad,   than gi te *thero* bedo hnîgad
1580 mid hluttru hugi.'   Heliðos stôdun,
gumon umbi thana godes sunu   gerno suuîðo,
uueros an uuilleon: uuas im thero uuordo niut,
thâhtun endi thagodun,   uuas im tharf mikil,
that sie that eft gehogdin,   *that* im that hêlaga barn
1585 an thana forman sîð   filu mid uuordun
torhtos getalde.   Thô sprac im *eft* ên thero tuuelibio
angegin,
glauuuoro gumono,   te *them* godes barne:

XVIIII.

'Hêrro the gôdo' quað he,   'ûs is thînoro huldi tharf,
te giuuirkenne thînna uuilleon,   endi *òc* thînoro uuordo
sô self,
1590 alloro barno bezt,   that thu ûs bedon lêres,
iûgoron thîne,   sô Iohannes duot,
diurlîc dôperi,   dago gehuuilicas
is uuerod *mid* uuordun,   huuô sie uualdand sculun
gôdan grôtean.   Dô *thînun* iungorun sô self:
1595 gerihti ûs that gerûni'   Thô habda eft the rîkeo garu,
sàn aftar thiu   sunu drohtines

1568 sundea *C.*   1570 these *M.*   1571 dadi *C.*   1573 gi *fehlt M.*
1576 dôt *fehlt C.*   1578 al *fehlt M.*   1579 thero *fehlt C.*   1584 huuat
M.   1586 eft *fehlt C.*   1587 the *M.*   1589 òc *fehlt C.*   1593 mid]
mid is *C.*   1594 thina *C.*

gôd uuord angegin: 'Than gi *god* uuilleau' *quað he,*
'uueros mid iuuuon uuordun   uualdand grôtean,
allaro cuningo craftigostan,   than queðad gi, sò ic iu
1600 *Fadar ûsa*   firího barno,   [lêriu:
thu bist an them hôhon   himila rîkea,
geuuîhid sî thîn namo   *uuordo* gehuuilico.
Cuma thin   *craftag* rîki.
Unerða thin uuilleo   oðar thesa uuerold *alla,*
1605 sô sama an erðo,   sô thar uppa ist
an them hôhon   *himilrîkea.*
Gef ûs dago gehuuilîkes râd,   drohtin the gôdo,
thîna hêlaga *helpa,*   endi alât ûs, heðenes uuard,
managoro mênsculdio,   al sô nue ôðrum mannum dôan.
1610 Ne lât ûs farlêdean   lêða uuihti
sô forð an iro uuilleon,   sô uui uuirðige sind,
ac help ûs uuiðar allun   uðilon dâdiun."
Sô sculun *gi* biddean,   than gi te bede huîgad,
uueros mid iuuuom uuordun,   that iu uualdand god
1615 lêðes alâte   an leutcunnea.
Ef gi than uuilliad alâtan   liudeo gehuuilicun
thero sacono endi thero sundeono,   the sic uuið iu
                                         selðon hîr
uurêða geuuirkeat,   than alâtid iu uualdand god,
fadar alamahtig   firinuuerk mikil,
1620 managoro mênsculdeo.   Ef iu than uuirðid iuuua môd
that gi ne uuilleat ôðrun   erlun alâtan,   [te starc,
uueron uuamdâdi,   than ne uuil iu ôc uualdand god
grimuuere fargeðan,   ac gi sculun is gold niman,
suîðo lêðlic lôn   te languru huuîlu,
1625 alles thes unrehtes,   thes gi ôðrum hîr
gilêstead an thesumu liohte   endi than uuið liudeo barn
thea saca ne *gisônead,*   êr gi an thana sîð faran,
uueros fon thesoro uueroldi.   Ôc scal *ic* iu te uuârun
huuô gi lêstean sculun   lêra mîna: [seggean,
1630 than gi iuuua fastonnea   frummean uuilleau,

1597 god *fehlt C.*   quað he *fehlt M.*   1600 Pater noster fader *C.*   ûsa
Rückert] is usa *MC.*   1601 the is *M.*   1602 uuordu *C.*   1603 craf-
tiga *C.*   1604 al *M.*   1606 himilo rikie *C.*   1608 helpu *C.*   1613
gi *fehlt M.*   1627 suoneat *C.*   1628 ic *fehlt C.*

minson iuuua mêndâdi,　than ni duad gi that te mana-
　　　　　　　　　　　　　　gom cûð,
ac mîðad is far ôðrun mannun:　thoh uuêt mahtig god,
uualdand iuuuan uuillean,　thoh iu uuerod ôðar,
liudio barn ne loƀon.　He gildid is iu lôn aftar thiu,
1535 iuuua hêlag fadar　an himilrîkea,
　　　thes ge im mid sulicum ôdmôdea　erlos theonod,
　　　sô ferhtlîco undar thesumu folke.　Ne uuilleat feho
　　　erlos an unreht,　ac uuirkead up te gode　[uuinnan
　　　man aftar mêdu:　that is mêra thing,
1640 than man hîr an erdu　ôdoc libbea,
　　　uueroldscattes geuuono.　Ef gi uuilliad mînun *uuordun*
　　　　　　　　　　　　　　　　hôrean,
　　　than ne samnod gi hîr sinc mikil　siloƀres ne goldes
　　　an thesoro middilgard,　mêðomhordes,
　　　huuand it rotat hîr an roste,　endi regintheoƀos farstelad,
1645 uurmi auuardiad,　uuirðid that giuuâti farslitan,
　　　tigangid the *golduuelo*.　Lêstead iuuua gôdon uuerc,
　　　samnod iu an himile　hord that mêra,
　　　fagara fehoscattos:　that ni mag iu ênig fiund beniman,
　　　neuuiht anuuendean,　huuand the uuelo standid
1650 garu *iu* tegegnes,　sô *huat* sô gi gôdes tharod,
　　　an that himilrîki　hordes gesamnod
　　　heliðos thurh iuuua handgeƀa,　endi hebbead tharod
　　　　　　　　　　　　　　　　iuuuan hugi fasto;
　　　huuand thar ist alloro manno gihuues　môdgethâhti,
　　　hugi endi herta,　thar is hord ligid,
1655 sinc gesamnod.　Nis eo sô sâlig man,
　　　that mugi an thesoro brêdon uuerold　bêðiu *anthengean,*
　　　ge that hi an thesoro erðo　ôdog libbea,
　　　an allun uueroldlustun uuesa,　ge *thoh* uualdand gode
　　　te thanke getheono:　ac he scal alloro thingo gihuues
1660 simbla ôðar huueðar　ên farlâtan,
　　　ettho lusta thes lîchamon　ettho lîf êuuig.
　　　Bethiu ni gornot gi umbi iuuua gegaruuui,　ac huggead
　　　　　　　　　　　　　　　　te gode fasto,

ne mornont an iuuuomu môde, huuat gi eft an morgan
etan eftho drinkan   ettho an hebbean   [sculin
1665 uneros te geuuêdca: it uuêt al uualdand god,
huues thea bithurbun,   thea im hîr thionod uuel,
folgod iro frôhan uuilleon.   Huuat, gi that bi thesun
                                      fuglun mugun
uuârlîco undaruuitan,   thea hîr an thesoro uueroldi sint,
farad an feðarhamun: sie ni cunnun ênig feho uuinnan,
1670 thoh gibid im drohtin god   dago gehuuilikes
helpa uniðar hungre.   Ôc mugun gi an iuuuom hugi
                                      marcon,
uueros umbi iuuua geuuâdi,   huuô *thie* uurti sint
fagoro gefratoot,   thea hîr an felde stâd,
berhtlîco geblôid: ne mahta the *burges* uuard,
1675 Salomon the cuning,   the habda sinc mikil,
mêðomhordas mêst,   thero the *ênig* man êhti,
uuelono geuunnan   endi allaro geuuâdeo cust, —
thoh ni mohte he an is libe,   thoh he habdi alles theses
                                      landes geuuald,
auuinnan sulic geuuâdi,   sô thiu uurt habad,
1680 thiu hîr an felde stâd   fagoro gegariuuit,
lilli mid sô lioflîcu blômon: ina uuâdit the landes
                                      uualdand
hêr fan hebenes uuange.   Mêr is im thoh umbi thit
                                      heliðo cunni,
liudi sint im lioboron mikilu,   thea he im an *thesumu*
                                      lande geuuarhte,
uualdand an uuilleon sînan.   Bethiu ne thurbon gi umbi
                                      iuuua geuuâdi sorgon,
1685 ne *gornot gi* umbi iuuua gegariuui te suuîðo: god
                                      uuili is alles râdan,
helpan fan hebenes uuange,   ef gi uuilliad aftar is *huldi*
                                      theonon.
Gerot gi simbla êrist thes godes rîkeas,   endi than duat
                                      aftar them is gôdun uuercun,
rômod gi rehtoro thingo: than uuili iu the rîkeo drohtin

---

gebon mid alloro gôdu gehuuilicu,   ef gi im thus ful-
                                    gangan uuillead,
1690 sô ic iu te uuârun hîr   uuordun seggeo.

XX.

Ne sculun gi ênigumu manne   unrehtes uuiht,
derbies adêlean,   huuand the dôm eft cumid
obar thana selbon man,   thar it iu te sorgon scal,
uuerðan them te uuîtea,   the hîr mid is nuordun gesprikid
1695 unreht ôðrum.   Neo that iuuuar ênig ne dua
gumono an thesom gardon   geldes ettho côpes,
that hi unreht gimet   ôðrumu manne
mênful maco,   huuand it simbla môtean scal
erlo gehuuilicomu,   sulic sô he it ôðrumu gedôd,
1700 sô cumid it imu eft tegegnes,   thar he gerno ne uuili
gesehan is sundeon.   Ôc scal ic iu seggean noh,
huuar gi iu uuardon sculun   uuîteo mêsta,
mênuuerc manag: te huuî scalt thu ênigan man be-
                                       sprekan,
brôdar thînan,   that thu undar is brâhon gesehas
1705 halm an is ôgon,   endi gehuggean ni uuili
thana suâran balcon,   the thu an thînoro siuni habas,
hard trio endi hebig.   Lât thi that an thînan hugi fallan,
huuô thu thana êrist alôseas: than skînid thi lioht
                                       beforan,
ôgun uuerðad thi geoponot;   than maht thu aftar thiu
1710 suâses mannes gesiun   sîðor gebôtean,
gehêleau an is hôbde.   Sô mag that an is hugi mêra
an thesoro middilgard   manno gehuuilicumu
uuesan an thesoro uueroldi,   that hi hîr uuammas
than hi ahtogea   ôðres mannes   [geduot,
1715 saca endi sundea,   endi habad im selbo mêr
firinuuerco gefrumid.   Ef hi uuili is fruma lêstean,
than scal hi ina selbon êr   sundeono alômean,
lêðuuerco lôson: sîðor mag hi mid is lêrun uuerðan
heliðun te helpu,   sîðor hi ina hluttran uuêt,

1693 s'u M.   1699 he fehlt M.   1700 im fehlt M.   1702 uuiti C.
1707 trio fehlt M.   1709 thi fehlt C.   1711 an fehlt M.   1714 togea
M.   1717 tuomian C.   1718 Lethero wereo C.

1720 sundeono sicoran.   Ne sculun gi suînum teforan
        iuuua meregrîton macon   ettho mêðmo gestriuni,
        hêlag halsmeni,   huuand siu it an horu spurnat,
        suluuiad an sande: ne uuitun sûðreas geskêd,
        fagaroro fratoo.   Sulic sint hîr folc manag,
1725 the iuuua hêlag uuord   hôrean ne uuillead,
        fulgangan godes lêrun: ne uuitun gôdes geskêd,
        ac sind im *lâri* uuord   leoðoron mikulu,
        umbitharði thing,   thanna theotgodes
        uuerc endi uuilleo.   Ne sind sie uuirðige than,
1730 that sie gehôrean iuuua hêlag uuord,   ef sie is ne uuil-
                    lead an iro hugi thenkean,
        ne lînon ne lêstean.   Them ni seggean gi *iuuuoro* lêron
                                    uuiht,
        that gi *thea* sprâca godes   endi spel managu
        ne *farleosan* an them liudiun,   thea thar ne *uuillean*
                                    gilôðean tô,
        uuâroro uuordo.   Ôc sculun gi iu uuardon filu
1735 listiun undar thesun liudiun,   thar gi aftar thesumu
                    lande farad,
        that iu thea luggeon ne mugin   *lêron* besuîcan
        ni mid uuordun ni mid uuercun.   Sie cumad an sulicom
                                    geuuâdeon te iu,
        fagoron fratoon, —   thoh hebbead sie fêcnan hugi —:
        thea mugun *gi* sân antkennean,   sô gi sie cuman gesead:
1740 sie sprecad uuîslîc uuord,   thoh iro uuerc ne dugin,
        thero thegno gethâhti.   Huuand gi uuitun, that eo an
                                    thorniun ne sculun
        uuînberi uuesan   eftha uuelon eouuiht,
        fagaroro fruhteo,   nec ôc fîgun ne lesad
        heliðos an hiopon.   That mugun gi undarhuggean uuel,
1745 that eo the uðilo bôm,   thar he an erðu stâd,
        gôden uuastum ne gibid,   nec it ôc god ni gescôp,
        that the gôdo bôm   gumono barnun
        bâri bittres uuiht,   ac cumid fan alloro bâmo gehuilicumu

---

        1723 suliuuat *C*, suliad *M*. it an *C*.   1724 fagaro *M*.   1727
laria *C*.   1729 uuilleon *C*.   1731 giuuaro *C*.   1732 thea *fehlt C*.
1733 farliesat *C*. the *C*. uuelleat *C*.   1736 lerand *C*.   1739 gi *fehlt C*.
1746 ôc *fehlt C*.

sulic uuastom te thesero uueroldi,   sô im fan is uurteon
                                             gedregid,
1750 ettha berht ettha bittar.   *That* mênid thoh breosthugi,
managoro môdsebon   mancunnies,
huuô alloro erlo gehuilic   ôgit selbo,
meldod mid is mûðu,   huilican he môd habad,
hugi umbi is herte: thes ni mag he farhelan couuiht,
1755 ac *cumad* fan them ubilan man   inuuitrâdos,
bittara balusprâca,   sulic sô hi an is breostun habad
geheftid umbi is herte: simbla is hugi cûðid,
is uuilleon mid is muordun,   endi *farad* is uuere aftar
                                             thiu.
Sô *cumad* fan themu gôdan manne   glau anduuordi,
1760 nuîslic *fan* is genuittea,   that hi simbla mid is uuordu
                                             gesprikid,
man mid is mûðu,   sulic, sô he an is môde habad
hort umbi is herte.   Thanan cumad thea hêlagan lêra,
suuîðo uunsam uuord,   endi sculun is uuere aftar thiu
theodu gethîhan,   thegnun managun
1765 uuerðan te uuilleon,   al sô it uualdand self
gôdun mannun fargibid,   god alomahtig,
himilisc hêrro,   huand sie âno is helpa ni mugun
ne mid uuordun ne mid uuercun   uuiht athengean
gôdes an thesun gardun.   Bethiu sculun gumono barn
1770 an is ênes craft   alle gilôbean.

XXI.

Ôc scal ic in *uuîsean*,   huuô hîr uuegos tuêna
liggead an thesumu liohte,   thea farad *liudeo barn*,
al irminthiod.   Thero is ôðar sân
uuîd strâta endi brêd,   farid sie uuerodes filu,
1775 mancunnies manag,   huand sie tharod iro môd spenit,
uueroldlusta uueros,   thiu an thea uuirson hand
liudi lêdid,   thar sie te farlora uuerðad,
heliðos an *helliu*,   thar is hêt endi suart,

1750 than *M*.   1751 manno cunneas *C*.   1755 cumit *C*.   1756
bara *M*.   1758 farad] oc *C*.   1759 cumit *C*.   1760 an *M*.   1764
thioda *C*.   1771 uuesan *C*.   1772 liudeo barn *fehlt C*.   1778 hellia *C*.

egislîc an innan: ôði *is* tharod te faranne
1780 eldibarnun,   thoh it im *at* themu endie ni dugi.
Than ligid eft ôðar   engira mikilu
uueg an thesoro uueroldi,   ferid ina uuerodes *lut,*
fâho foleskepi: ni uuilliad ina firiho barn
gerno gangan,   thoh he te godes rîkea,
1785 an that êuniga lîf   erlos lêdea.
Than ninnad gi iu thana engean: thoh he sô ôði ne sî
firihon te faranne,   thoh seal hi te frumu uuerðan
sô *huuemu* sô ina thurhgengid,   sô seal is geld niman,
suuîðo langsam lôn   endi lîf êuuig,
1790 diurlîcan drôm.   Eo gi thes *drohtin sculun,*
uualdand biddien,   that gi thana uueg môtin
fan foran antfâhan   endi forð thurh gigangan
an that godes rîki.   He ist garu simbla
uuiðar thiu te geƀanne,   the man ina gerno bidid,
1795 fergot firiho barn.   Sôkead fadar iuuuan
uppan an themu *êuuigon* rîkea: than môtun gi ina
                 aftar thiu
te iuuuoru frumu fîðan.   Cûðead iuuua fard tharod
at iuuuas drohtines durun: than uuerðad iu andôn
                 aftar thiu,
himilportun anthlidan,   that gi an that hêlage lioht,
1800 an that godes rîki   gangan môtun,
sinlîf sehan.   Ôc seal ic iu seggean noh
far thesumu uuerode allun   uuârlîc biliði,
that alloro liudeo sô huilic,   sô thesa mîna lêra uuili
gehaldan an is herton   endi uuil iro an is hugi *athenkean,*
1805 lêstean sea an thesumu lande,   the gilîco duot
uuîsumu manne,   the giuuit haƀad,
horsca hugiskefti,   endi hûsstedi kiusid
an fastoro foldun   endi an *felisa* uppan
uuêgos uuirkid,   thar im uuind ni mag
1810 ne uuâg ne uuatares strôm   uuihtiu getiunean,
ac mag im thar uuið ungiuuidereon   allun standan
an themu felise uppan,   huand it sô fasto uuarð

1779 is *fehlt* C.   1780 an C.   1782 liut C.   1788 hue C.   1790 sculun drohtin M.   1796 Upp C.   an *fehlt* M, te C.   euuinom C.   1801 Odes C.   1804 thenkian C.   1808 felis C.

gistellit an themu stêne: anthabad it thiu stedi niðana,
uureðid uuiðar uuinde,   that it uuîcan ni mag.
1815 Sô duot eft manno sô huilic,   sô thesun mînun ni uuili
lêrun hôrien   ne thero lêstien uuiht,
sô duot *the* unuuîson   erla gelîco,
ungeuuittigon *uuere*,   *the* im be uuatares staðe
an sande uuili   selihûs uuirkean,
1820 thar it uuestrani uuind   endi *uuâgo* strôm,
sêes ûðeon teslâad;   ne mag im sand endi greot
genuureðien uuið themu uuinde,   ac uuirðid teuuorpan
                                        than,
tefallen an themu flôde,   huand it an fastoro *nis
erðu* getimbrod.   Sô scal allaro *erlo gehues*
1825 uuere gethîhan   uuiðar thiu, *the* hi *thius mîn* uuord
                                        frumid,
haldid hêlag gebod.'   Thô bigunnun an iro hugi uundron
meginfolc mikil: gehôrdun mahtiges godes
lioflîca lêra: ne uuârun an themu lande genuno,
that sie eo fan sulicun êr   seggean gehôrdin
1830 uuordun ettho uuercun.   Farstôdun uuîse man,
that he sô lêrde,   liudeo drohtin,
uuârun uuordun,   sô he genuald habde,
allun them ungelîco,   the thar an êrdagun
undar them liudskepea   *lêreon* uuârun
1835 acoran undar themu cunnie: ne habdun thiu Cristes
                                        uuord
gemacon mid mannun,   the he far thero menigi sprac,
gebôd uppan themu berge.

XXII.

He im thô bêðiu befal
ge te seggennea   sînom uuordun,
huuô man himilrîki   gehalon scoldi,
1840 uuîdbrêdan uuelan,   gia he im geuualt fargaf,

1816 nec *C.*   1817 hie *C.*   1818 weron thea *M.*   1820 That *C.*
uuagos *M.*   1821 Seouthion *C.*   1822 thanan *C.*   1823 Tefeliit *C.*
1823—24 fastaro erðu ni was get. *M.*   1824 erlo *fehlt C.* gihuilikes *C.*
1825 the *fehlt C.* thesa mina *C.*   1826 helith *C.*   1834 lerand *C.*   1836
gisprak *C, danach* XXXVII.   1838 Te giseggeanne *C.*

　　　that sie môstin hêlean　　halte endi blinde,
　　　liudeo lefhêdi,　　legarbed manag,
　　　suâra suhti,　　giac he im selƀo gebôd,
　　　that sie at ênigumu manne　　mêde ne nâmin,
1845 diurie mêðmos:　'gehuggead gi' quað he, — 'huand iu
　　　　　　　　　　　　　is thiu dâd cuman,
　　　that geuuit endi *the* uuîsdôm,　endi iu thea geuuald
　　　　　　　　　　　　　fargiƀid
　　　alloro firiho fadar,　　sô gi sie ni thurƀun mid *ênigo*
　　　　　　　　　　　　feho côpon,
　　　mêdean mid ênigun mêðmun, —　sô uuesat gi iro man-
　　　an iuuuon hugiskeftiun　helpono mildea,　[nun forð,
1850 lêread gi liudio barn　langsamna râd,
　　　fruma forðuuardes;　firinuuerc lahad,
　　　suâra sundeo.　Ne lâtad iu siloƀar *nec* gold
　　　uuihti thes uuirðig,　that it *eo* an iuuua geuuald cuma,
　　　fagara fehoscattos:　it ni mag iu te ênigoro frumu
　　　　　　　　　　　　　　huuergin,
1855 uuerðan te ênigumu uuilleon.　Ne sculun gi geuuâdeas
　　　　　　　　　　　　　than mêr
　　　erlos êgan,　*bûtan* sô gi than an hebbean,
　　　gumon te *gareuuea*,　than gi gangan sculun
　　　an that gimang *innan*.　Neo *gi* umbi iuuuan meti *ni*
　　　　　　　　　　　　　　sorgot,
　　　leng umbi iuuua lîfnare,　huand thene lêreand sculun
1860 fôdean that folcskepi:　*thes sint thea fruma* uuerða,
　　　leoƀlîkes lônes,　the *hi* them liudiun sagad.
　　　Uuirðig is the uurhteo,　that man ina uuel fôdea,
　　　thana man mid môsu,　the sô managoro scal
　　　seola bisorgan　endi an thana sîð spanen,
1865 gêstos an godes uuang.　That is grôtara thing,
　　　that man bisorgon scal　*seolun* managa,
　　　huô man thea *gehalde*　te heƀenrîkea,
　　　than man thene lîchamon　*liudibarno*
　　　môsu bimorna.　Bethiu man *sculun*

　　1846 that *C.*　　1847 enigon *C.*　　1852 ni *C.*　　1853 eo *fehlt C.*
1856 neuuan *C.*　　1857 gigereuue *C.*　　1858 innan *fehlt M.*　gi *fehlt C.*
ni *fehlt M.*　　1860 thes hie im te frumu *C.*　　1861 hi *fehlt C.*　　1866
seola *C.*　　1867 bihalde *C.*　　1868 liudeo b. *C.*　　1869 scal *C.*

1870 haldan thenc holdlico,   the im te heƀenrikea
    thenc uueg uuîsit   endi *sie* uuamscaðun,
    feondun uuitfâhit   endi firinuuerc lahid,
    suâra sundeon.   Nu ic iu sendean scal
    aftar thesumu landskepie   sô lamb undar uulbos:
1875 sô sculun gi undar iuuua fiund faren,   undar filu theodo,
    undar mislîke man.   Hebbead iuuuan môd uuiðar them
    sô glauuan tegegnes,   sô samo *sô* the *gelouua* uurm,
    nâdra thiu fêha,   thar siu iro nîðskepics,
    wrêðes uuânit,   that man iu undar themu uuerode ne
                                            mugi
1880 besuîcan an themu sîðe.   Far thiu gi sorgon sculun,
    that iu thea man ni mugin   môdgethâhti,
    uuillean *auuardien.*   Uuesat iu so *uuara* uuiðar thiu,
    uuið iro *fêcneon dâdiun,*   sô man uuiðar fiundun scal.
    Than uuesat gi eft an iuuuon dâdiun   dûƀon gelîca,
1885 hebbead uuið erlo gehuene   ênfaldan hugi,
    mildean môdseƀon,   that thar man negên
    thurh iuuua *dâdi*   bedrogan ne uuerðe,
    besuîcan thurh iuuua sundea.   *Nu* sculun gi an thana
                                            sîð faran,
    an that ârundi: thar sculun gi arƀidies *sô* filu
1890 getholon undar theru thiod   endi gethuing sô samo,
    manag endi mislîc,   huand gi an mînumu namon
    thea liudi lêreat.   Bethiu sculun gi thar lêðes filu
    fora uueroldcuningun,   uuîteas antfâhan.
    Oft sculun gi thar for rîkea   thurh thîus mîn rehtun
1895 gebundane standen   endi bêðiu gethologean,   [uuord
    ge hosc ge harmquidi: umbi that ne lâtad gi iuuuan
                                            hugi tuîflon,
    seƀon suîcandean: gi ni thurƀun an ênigun sorgun
                                            uuesan
    an *iuuuomu* hugi huergin,   than *man iu* for *thea* heri
    an thene gastseli   gangan hêtid,   [forð

    1871 ina *C.*   1873 Suara suuara *C.*   1877 sô *fehlt C.* glauuo *M.*
1879 Uuitodes *MC.*   1880 gi *fehlt C.*   1882 auuendan *C.* giuuara *C.*
1883 fecnon *C.* dâdiun *fehlt M,* thar *C,* wercon *Roediger.*   1887 gidadi *C.*
1888 ne *M.*   1889 sô *fehlt C.*   1898 iuuuomu *fehlt C.* iu man *C.*
thiu *C.*

1900 huat gi im than tegegnes *sculin*   gôdoro uuordo,
     spâhlîcoro gesprecan,   huand iu thiu *spôt* cumid,
     helpe fon himile,   endi sprikid the hêlogo gêst
     mahtig fon iunnomu munde.   Bethiu ne andrâdad gi iu
                                 thero manno nîð,
     ne forhteat iro fiundskepi: thoh sie hebbean iuuuas
                                   ferahes geuuald,
1905 that sie mugin thene lîchamon   lîbu beneotan,
     aslaan mid suerdu,   thoh sie theru seolun ne mugun
     uuiht auuardean.   Antdrâdad iu uualdand god,
     forhtead fader iuuuan,   frummiad gerno
     is gebodskepi,   huuand hi haƀad bêðies giuuald,
1910 liudio lîƀes   endi ôc iro lîchamon
     gec thero seolon sô self: ef gi iuuua an them sîðe
                                 tharot
     farliosat thurh thesa lêra,   than môtun gi sie eft an
                                   themu liohte godes
     beforan fîðan,   huuand sie fader iuuua,
     haldid hêlag god   an himilrîkea.

XXIII.

1915 Ne cumat thea alle te himile,   thea *the* bîr hrôpat te mi
     manno te mundburd.   Managa sind thero,
     thea uuilliad alloro dago gehuilikes   te drohtine hnîgan,
     hrôpad thar te helpu   endi huggead an ôðar,
     uuirkead uuamdâdi: ne sind im than thiu uuord fruma,
1920 ac thea môtun huerƀan   an that himiles lioht,
     gangan an that godes rîki,   thea thes gerne sint,
     that sie hîr gefrummien   fader alauualdan
     uuerc endi uuilleon.   Thea ni thurƀun mid uuordun sô
     hrôpan te helpu,   huanda the hêlogo god
1925 uuêt alloro manno gehues   môdgethâhti,
     uuord endi uuilleon,   endi gildid im is uuerco lôn.
     Bethiu sculun gi sorgon,   than gi an thene sîð *farad*,
     huô gi that ârundi   *ti* endea *bebrengen*.

1900 sculun *C*.   1901 Spahlico *C*. spahed *C*.   1915 the *fehlt C*.
1916 Mann *C*.   1927 faran *C*.   1928 ti *fehlt MC*. endea] an thia *C*.
bebrengiat *C*.

Than gi liðan sculun   aftar thesumu landskepea,
1930 unîdo aftar thesoro uueroldi,   al sô iu uuegos lêdiad,
brêd strâta te burg,   simbla *sôkiad* gi iu thene
bezton *sân*
man undar theru menegi   endi cûðead imu iuuuan
môðsebon
uuârun uuordun.   Ef sie than thes uuirðige sint,
that sie iuuua gôdun uuere   gerno *gelêstien*
1935 mid hluttru hugi,   *than* gi an themu hûse mid im
uuonod an uuilleon   endi *im* uuel lônod,
geldad im mid gôdu   endi sie te gode selbon
uuordun genuîhad   endi seggead im uuissan friðu,
hêlaga helpa   hebencuninges.
1940 Ef sie than sô sâliga   thurh iro selboro dâd
uuerðan ni môtun,   that sie iuuua uuere frummien,
lêstien iuuua lêra,   than gi fan them liudiun sân,
farad fan themu folke, —   *the iuuua friðu huuirbid*
eft an *iuuuoro* selboro sîð, —   endi lâtad sie mid sun-
diun forð,
1945 mid balu*uuercun* bûan   endi sôkiad iu burg ôðra,
mikil *manuuerot*,   endi ne lâtad thes melmes uuiht
folgan an iuuuom fôtun,   thanan *the* man iu antfâhan
ne uuili,
ac scuddiat it fan iuuuon scôhun,   that it im eft te
scamu uuerðe,
themu uuerode te genuitskepie,   that iro uuillio ne dôg.
1950 Than seggeo ic iu te uuârun,   sô huan sô thius uue-
rold endiad
endi the mâreo dag   obar man farid,
that than Sodomoburg,   thiu hîr thurh sundeon uuarð
an afgrundi eldes craftu,
fiuru bifallen,   *that* thiu than habad friðu mêran
1955 *mildiron* mund*burd,*   *than* thea man êgin,
the iu hîr uniðaruuerpat   endi ne uuilliad iuuua uuord
frummien.

    1931 kiosat *C.* sân *fehlt C.*   1934 That *M.* lestean *C.*   1935
thanne *C.*   1936 imu *M.*   1943b endi the fridu *M.* huuirbid *fehlt M.*
1944 iuuuer *C.*   1945 uuercu *C.*   1946 manno uuerod *C.*   1947 the
fehlt M.   1953 An grundiun *C.*   1954 than *C.*   1955 Mildiran *M C.*
-boron *C.* than *fehlt C.*
    Heliand.   5

Sô hue sô iu *than* antfâhit   thurh ferhtan hugi,
thurh mildean môd,   sô haƀad mînan forð
uuilleon geuuarhten   endi ôc uualdand god
1960 antfangan fader iuuuan,   firiho drohtin,
rîkean râdgeƀon,   thene the al reht bican.
Uuêt uualdand self,   endi uuillean lônot
gumono gehuilicumu,   sô huat sô hi hîr gôdes geduot,
thoh hi thurh minnea godes   manno huilicumu
1965 uuilleandi fargeƀe   uuateres drinkan,
that hi thurftigumu manne   thurst gehêlie,
caldes brunnan.   Thesa quidi uueroðad uuâra,
that eo ne bilîƀid,   ne hi thes lôn sculi,
fora godes ôgun   geld antfâhan,
1970 mêda managfalde,   sô huat sô hi is thurh mîna minnea
Sô hue sô *mîn* than farlôgnid   *liudibarno,*   [geduot.
heliðo for thesoro heriu,   sô dôm ic *is* an himile sô self
thar uppe far them alouualdan fader   endi for allumu
is engilo crafte,
far theru mikilon menigi.   Sô huilic sô than eft manno
barno
1975 an thesoro uueroldi ne uuili   uuordun miðan,
ac giit far gumskepi,   that he mîn iungoro sî,
thene uuilliu ic eft ôgean   far ôgun godes,
fora alloro firiho fader,   thar folc manag
for thene alouualdon   alla gangad
1980 reðinon uuið thene rîkeon.   Thar uuilliu ic imu an
reht uuesan
mildi mundboro,   sô huemu sô mînun hîr
uuordun hôrid   endi thiu uuerc frumid,
thea ic hîr an thesumu berge uppan   geboden hebbiu.'
Habda thô te uuârun   uualdandes sunu
1985 gelêrid thea liudi,   huô sie lof gode
uuirkean scoldin.   Thô lêt hi that uuerod thanan
an alloro *halƀo* gehuilica,   heriskepi manno
sîðon te seldon.   Habdun selƀes *uuord,*
gehôrid heƀencuninges   hêlaga lêra,

1957 than *fehlt* C.   1959 ôc *fehlt* M.   1971 mi C. liudo barno C.
1972 is *fehlt* C.   1977 godes ogun MC.   1987 halƀa MC.   1988 uuord
fehlt C.

1990 sô eo te uueroldi sint   *uuordo endi dâdeo,*
mancunnies manag   oƀar thesan middilgard
sprâcono thiu spâhiron,   sô hue sô thiu spel geîrang,
thea thar an themu berge *gesprac*   barno rîkeast.

XXIIII.

Geuuêt im thô umbi threa naht aftar thiu   thesoro thiodo
drohtin
1995 an *Galileo land,*   thar he te ênum gômun uuarð,
gebedan that barn godes: thar scolda man êna brûd
munalîca magat.   Thar Maria uuas   [geƀan,
mid iro suni selƀo,   sâlig thiorna,
mahtiges môder.   Managoro drohtin
2000 geng imu thô mid is iungoron,   godes êgan barn,
an that hôha hûs,   thar *the* heri dranc,
thea Iudeon an themu gastscli: he im ôc at them
gômun uuas,
giac hi thar gecûôde,   that hi habda craft godes,
helpa fan himilfader,   hêlagna gêst,
2005 uualdandes uuîsdôm.   Uuerod blîðode,
uuârun thar an luston   liudi atsamne,
gumon gladmôdie.   Gengun ambahtman,
skenkeon mid scalun,   drôgun skîrianne uuîn
mid orcun endi mid alofatun;   uuas thar erlo drôm
2010 fagar an flettea,   thô thar folc undar im
an them benkeon sô bezt   blîdsea afhôƀun,
uuârun thar an uunneun.   *Thô* im thes uuînes brast,
them liudiun thes lîðes: is ni uuas farlêƀid uuiht
luuergin an themu hûse,   that for *thene* heri forð
2015 skenkeon drôgin,   ac thiu scapu uuârun
lîðes alârid.   Thô ni uuas lang te thiu,
that it sân antfunda   *frîo* scôniosta,
Cristes môder: geng uuið iro kind sprecan,
uuið iro sunu selƀon,   sagda im mid uuordun,
2020 that thea uuerdos thô mêr   uuînes ne habdun
them gestiun te *gômun.*   Siu thô gerno bad,

1990 uuordon endi dadean *C.*   1992 Spraconon spah. *C.*   1993
sprac *C.*   1995 galilealand *C.*   2001 thiu *C.*   2012 So *C.*   2014
thia *C.*   2017 flrio *C.*   2021 gomu *M.*

that is the hêlogo Crist   helpa geriedi
themu uuerode te uuilleon.   Thô habda *eft* is uuord garu
mahtig barn godes   endi uuið is môder sprac:
2025 'huat ist mi endi thi', quað he,   'umbi thesoro manno lið,
umbi theses uuerodes uuîn?   Te huî sprikis thu thes,
                                   uuîf, sô filu,
manos mi far thesoro menigi?   Ne sint mîna noh
tîdi cumana.'   Than thoh gitrooda *siu uuel*
an iro hugiskeftiun,   hêlag thiorne,
2030 that is aftar them uuordun   uualdandes barn,
hêleandoro bezt   helpan uueldi.
Hêt thô thea ambahtman   idiso scôniost,
skenkeon endi scapuuardos,   thea thar scoldun thero
                                      scolu thionon,
that sie thes ne uuord ne uuerc   uuiht ne farlêtin,
2035 thes sie the hêlogo Crist   hêtan uueldi
lêstean far them liudiun.   Lârea stôdun thar
stênfatu sehsi.   Thô sô stillo gebôd
mahtig barn godes,   sô it thar manno filu
ne uuissa te uuârun,   hnô he it *mil* uuordu gesprac,
2040 he hêt thea skenkeon thô   skîrcas uuatares
thiu fatu fullien,   endi hi thar mid is fingrun thô,
segnade selbo   sînun handun,
uuarhte it te uuîne,   endi hêt is an ên uuêgi hladen,
skeppien mid ênoro scalon,   endi thô te them sken-
                                      keon sprac,
2045 hêt *is* thero gesteo,   the at them gômun uuas
themo hêroston   an hand geban,
ful mid folmun,   themu the thes folkes thar
geuueld aftar themu *uuerde*.   Reht sô *hi* thes uuines
                                      gedranc,
sô ni mahte he bemîðan,   ne hi far theru menigi sprac
2050 te themu brûdigumon,   quað that simbla that bezte lið
alloro erlo gehuilic   êrist scoldi
geban at is gômun: 'undar thiu uuirðid *thero* gumono
auuekid mid uuînu,   that sie uuel blîðod,   [hugi

2023 eft *fehlt C.*   2028 Tida *C.* so uuel *C, del. Rückert.*   2039
mit is *C.*   2045 it *C.*   2048 uuerode *C.* hi thuo *C.*   2052 thesaro *C.*

druncan drômead.   Than mag man thar dragan aftar thiu
2055 *lihtlicora* liŏ: sô ist thesoro liudeo thau.
Than habas thu nu uunderlîco   uuerdskepi thînan
gemarcod far thesoro menigi: hêtis far thit manno folc
alles thînes uuînes   that uuirsiste
thîne ambahtman   êrist brengean,
2060 geban *an* thinun gômun.   Nu sint thîna gesti sade,
sint thine druhtingos   druncane suîŏo,
is thit folc frômôd: nu hêtis thu hîr forŏ dragan
alloro liŏo lofsamost,   thero *the ic eo an thesumu liohte*
                                        gesah
huergin hebbean.   Mid thius scoldis thu ûs hindag êr
2065 gebon endi gômean,   than it alloro gumono gehuilic
gethigedi te thanke.'   Thô uuarŏ thar thegan manag
geunar aftar them uuordun,   sîŏor sie thes uuîues ge-
                                        druncun,
that *thar* the hêlogo Crist   an themu hûse innan
têcan uuarhte: trûodun sie sîŏor
2070 thiu mêr an is mundburd,   that hi *habdi* maht godes,
geuuald an thesoro uueroldi.   Thô uuarŏ that sô uuîdo
obar *Galileo land*   Iudeo liudiun,   [cûŏ
huô thar selbo gededa   sunu drohtines
uuater te uuîne: that uuarŏ thar uundro êrist,
2075 thero *the* hi thar an Galilea   Iudeo *liudeon*
têcno getôgdi.   Ne mag *that* getellean man,
geseggean te sôŏan,   huat thar sîŏor uuarŏ
uundres undar themu uuerode,   thar uualdand Crist
an godes namon   Iudeo liudeon
2080 allan langan dag   lêra sagde,
gihêt im hebenrîki   endi helleo gethuing
uueride mid uuordun,   hêt sie uuara godes,
sinlîf sôkean: thar is seolono lioht,
drôm drohtines   endi dagskîmon,
2085 gôd*licnissea* godes;   thar gêst manag

2055 Lithlicora *C*, *Rieger*, *Grein*.   2060 at *C*.   2063 the *fehlt M*.
ik gio gio sah *C*.   2068 thar *nach* Crist *C*.   2070 habda *C*.   2072
galilealand *C*.   2075 the *fehlt M*. liudeo *M*.   2076 that *fehlt C*.   2085
-licnissi *C*.

uunod an uuillean,   the hîr uuel thenkid,
that he hîr bihalde   heƀencuninges gebod.

XVII.

Geuuêt imu thô mid is iungoron   fan them gômun *forð*
Kristus te Capharnaum,   cuningo rîkeost,
2090 te theru mâreon burg.   Megin samnode,
gumon imu tegegnes,   gôdoro manno
sâlig gesîði: uueldun thiu *is* suôtean nuord
hêlag hôrien.   *Thar* im ên hunno quam,
ên gôd man angegin   endi ina gerno bad
2095 helpan hêlagne,   quað that hi undar is hiuuiskea
ênna lefna *lamon*   lango habdi,
seocan an is selðon: 'sô ina ênig seggeo ne mag
handun gehêlien.   Nu is im thînoro helpono tharf,
frô mîn the gôdo.'   Thô sprac im eft that friðubarn
2100 sân aftar thiu   selƀo tegegnes,   [godes
quað that he thar quâmi   endi that kind *uueldi*
nerean *af* theru nôdi.   Thô im nâhor geng
the man far theru menigi   uuið sô mahtigna
uuordun uuehslan: 'ic thes uuirðig ne bium', quað he,
2105 'hêrro the gôdo,   that thu an mîn hûs cumes,
sôkeas mîna seliða,   huand ic bium sô sundig man
mid uuordun endi mid uuercun.   Ic gelôƀiu that thu
                                    geuuald haƀas,
that thu ina *hinana* maht   hêlan geuuirkean,
uualdand frô min: ef thu it mid *thînun uuordun* ge-
                                    sprikis,
2110 than is sân thiu lefhêd lôsot   endi uuirðid is lichamo
hêl endi hrêni,   ef thu im thîna helpa fargiƀis.
Ic bium mi ambahtman,   hebbiu mi ôdes genôg,
uuelono geuunnen: thoh ic undar geuueldi si
aðalcuninges,   *thoh* hebbiu ic erlo getrôst,
2115 holde heririncos,   thea mi sô gehôriga sint,
that sie thes ne uuord ne uuerc   uuiht ne farlâtad,
thes ic sie an thesumu landskepie   lêstean hête,

2088 forð *fehlt* C.   2092 is *fehlt* M.   2093 than *M.*   2096 man *M.*
2101 weldi *fehlt* C.   2102 after *C.*   2108 hinan *C.*   2109 thinu
wordu *C.*   2114 bethiu *C.*   2117 hetu *C.*

ac sie tarad endi frummiad   endi eft te iro fróhan
                                 cumad,
holde te iro hêrron.   Thoh ic at mînumu hûs êgi
2120 uuîdbrêdene uuelon   endi uuerodes genôg,
heliðos hugiderbie,   thoh ni gidar ic thi sô hêlagne
biddien, barn godes,   that thu an mîn bû gangas,
sôkeas mîna seliða,   huand ic sô sundig bium,
uuêt mîna faruurhti.'   Thô sprac eft uualdand Crist,
2125 the gumo uuið is iungoron,   quað that hi an Iuðeon
undar Israheles   aboron ne fundi   [huergin
gemacon thes mannes,   the io mêr te gode
an themu landskepi   gelôbon habdi
than hluttron te himile: 'nu latu ic iu thar hôrien tô,
2130 thar ic it iu te uuârun hîr   uuordun seggeo,
that noh sculun elitheoda   ôstane endi *uestane*
mancunnies cuman   manag tesamne,
hêlag folc godes   an hebenrîki:
thea môtun thar an Abrahames   endi an Isaakes sô self
2135 endi ôc an Iacobes,   gôdoro manno
barmun restien   endi bêðiu gethologean,
uuelon endi uuilleon   endi uuonotsam lîf,
gôd lioht mid gode.   Than scal *Iudeono* filu,
theses rîkeas suni   berôbode uuerðen,
2140 *bedêlide* sulicoro diurðo,   endi sculun an dalun thiustron
an themu alloro ferristan   ferne liggen.
Thar mag man gehôrien   heliðos quîðean,
thar sie iro torn manag   tandon bîtad;
thar ist *gristgrimmo*   endi grâdag fiur,
2145 hard *helleo gethuing*,   hêt endi thiustri,
suart sinnahti   sundea te lône,
uurêðoro geuurhteo,   sô huemu sô thes uuilleon ne
that he *ina* alôsie,   êr hi thit lioht agebe,   [habad,
uuendie fan thesoro uueroldi.   Nu maht thu thi an
                            thînan uuilleon forð
2150 siðon te selðun;   than findis thu *gesund* at hûs
magoiungan man: môd is imu an luston,

2121 bithiu *C.*   2131 ostan *C.* uuestan *C.*   2133 *fehlt C.*   2135
ôc *fehlt C.*   2138 judeo *C.*   2140 biduelida *C.*   2144 gest grimmag *C.*
2145 helligithuing *C.*   2148 is *M.*   2150 gisundan *C.*

that barn is gehêlid,   sô thu bêdi te mi:
it uuirðid al sô gelêstid,   sô thu gelôƀon haƀas
an thînumu hugi hardo.'   Thô sagde heƀencuninge,
2155 the ambahtman   alouualdon gode
thane for thero thiodo,   thes he imu at sulicun tharƀun
Habda tho giârundid,   al sô he uuelde,   [halp.
sâliglîco: giuuêt imu an thana sîð thanan,
uuende an is uuillean,   thar he uuelon êhte,
2160 bû endi bodlos: fand *that* barn gesund,
kindiungan *man*.   Kristes uuârun thô
uuord gefullot: hi geuuald habda
te *tôgeanna* têcan,   sô that ni mag gitellien man,
geahton oƀar thesoro crôu,   huat he thurh is ênes craft
2165 an *thesaro* middilgard   mâriða gefrumide,
uundres geuuarhte,   huand al an is geuueldi stâd,
himil endi erðe.

XXVI.

Thô geuuêt imu the hêlogo Crist
forðuuardes faren,   *fremide* alomahtig
alloro dago gehuilikes   drohtin the gôdo
2170 liudeo barnun leof,   *lêrde* mid uuordun
godes uuilleon gumun,   habda imu iungorono filu
simbla te gisîðun,   sâlig folc godes,
manno megincraft   managoro theodo,
hêlag heriskepi,   uuas is helpono gôd,
2175 mannun mildi.   Thô hi mid theru menigi quam,
mid thiu brahtmu that barn godes   te burg theru hôhon,
the neriendo te Naim: thar scolde is namo uuerðen
mannun gemârid.   Thô geng mahtig tô
neriendo Crist,   antat he ginâhid uuas,
2180 *hêleandero bezt*:   *thô* sâhun sie thar ên hrêo dragan,
ênan liflôsan lîchamon   thea liudi *fôrien*,
beran an ênaru bâru   ût at *thera* burges dore,
maguiungan man.   Thiu môder aftar geng

2160 thar *M.*   2161 man *fehlt C.*   2163 gitogianne *C.*   2165
thero *M. Nach* gifrumide *in C.*: XXVI.   2168 frumida *C.*   2170 lera *C.*
2180 helandi crist *C.*   so *C.*   2181 Ênan *fehlt C.*   fuorun *C.*   2182 Berun
C.   them *C.*

an iro hugi hriuuig   endi handun slôg,
2185 carode endi cûmde   iro kindes dôd,
    idis armscapan: it uuas ira *ênag* barn;
    siu uuas iru uuidouua,   ne habda uunnea than mêr,
    biûten te themu ênagun sunie   al gelâten,
    uunnea endi uuillean,   anttat ina iru uurð benam,
2190 mâri metodogescapu.   Megin folgode,
    burgliudeo gebrac,   thar man ina an *bâru* drôg,
    iungan man te graƀe.   Thar uuarð imu the godes sunu
    mahtig mildi   endi te theru môder sprac,
    hêt that thiu uuidouua   uuôp farlêti,
2195 cara aftar themu kinde: 'thu scalt *hir craft sehan*,
    uualdandes giuuere: thi scal hîr uuilleo *gestanden*,
    frôfra far thesumu folke: ne tharft thu ferah caron
    barnes thînes.   * Thuo hie ti thero bâron geng
    iac hie ina selƀo anthrên,   suno drohtines,
2200 hêlagon handon,   endi ti them heliðe sprak,
    hiet ina sô alaiungan   upp astandan,
    arîsan fan theru restun.   Thie rinc up asat,
    that barn an thero bârun: uuarð im eft an is briost
                           cuman
    thie gêst thuru godes craft,   endi hie tegegnes sprac,
2205 the man uuið is mâgos.   Thuo ina eft thero muoder
                             bifalah
    hêlandi Crist an hand: hugi uuarð iro te frôƀra,
    thes uuîƀes an uunneon,   huand iro thar sulic uuilleo
                             gistuod.
    Fell siu thô te fuotun Cristes   endi thena folco drohtin
    loƀoda for thero liudeo menigi,   huand hie iro at sô
                           lioƀes ferahe
2210 muudoda uuiðer metodigisceftie: farstuod siu that hie
                     uuas thie mahtigo drohtin,
    thie hêlago, thie himiles giuualdid,   endi that hie mahti
                     gihelpan managon,
    allon irminthiedon.   Thuo bigunnun that ahton managa,
    that uunder, that under them uueroda giburida,   quâðun
                     that uualdand selƀo

2186 egan *M.*   2188 Neuan *C.*   2191 barun *C.*   2195 craft
sehan hir *M.*   2196 gistan *C.*   * 2198 b —2255 incl. *fehlt M.*

mahtig quâmi tharod is menigi uuîson,　endi that hie
　　　　im sô mârean sandi
2215 uuârsagon an thero uuerodes rîki,　thie im thar sulican
　　　　uuillieon frumidi.
Uuarð thar thuo erl manag　egison bifangan,
that folc uuarð an forohton:　gisâhun thena is fera
　　　　êgan,
dages lioht sehan,　thena the êrr dôð fornam,
an suhtbeddeon sualt:　thuo uuas im eft gisund after
　　　　thiu,
2220 kindiung aquicot.　Thuo uuarð that kûð oðar all
aðaron Israheles.　Reht sô thuo âðand quam,
sô uuarð thar all gisamnod　seokora manno,
haltaro endi hâðaro,　sô huat sô thar huergin uuas,
thia leðun under them liudeon,　endi uurðun thar gi-
　　　　lêdit tuo,
2225 cumana te Criste,　thar hie im thuru is craft mikil
halp endi sie hêlda,　endi liet sia eft gihaldana thanan
uuendan an iro uuilleon.　Bethiu scal man is uuerc loðon,
diuran is dâdi,　huand hie is drohtin self,
mahtig mundboro　manno kunnie,
2230 liudeo sô huilicon,　sô thar gilôðit *tuo*
an is uuord endi an is uuerc.

XXVII.

　　　　Thuo uuas thar uuerodes sô filo
allaro elithiodo cuman　te them êron Cristes,
te sô mahtiges mundburd.　Thuo uuelda hie thar êna
　　　　meri lîðan,
thie godes suno mid is iungron　aneðan Galilealand,
2235 uualdand ênna uuâgo strôm.　Thuo hiet hie that uuerod
　　　　ôðar
forthuuerdes faran,　endi hie giuuêt im fâhora sum
an ênna nacon innan,　neriendi Crist,
slâpan stôuuôrig.　Segel upp dâdun
uuederuuîsa uueros,　lietun uuind after

2240 manon oƀar thena meristrôm,   unthat hie te middean
                                              quam,
       uualdand mid is uuerodu.   Thuo bigan thes uuedares
       ûst up stîgan,   ûðiun uuahsan;   [craft,
       suang gisuere an gimang: thie sêu uuarð an hruoru,
       uuan uuind endi uuater;   uueros sorogodun,
2245 thiu meri uuarð sô muodag,   ni uuânda thero manno
       lengron liƀes.   Thuo sia landes uuard   [nigên
       uuekidun mid iro uuordon   endi sagdun im thes uue-
                                              dares craft,
       bâdun that im ginâðig   neriendi Christ
       uurði uuið them uuatare: 'eftha uui sculun hier te
                                              uunderquâlu
2250 sueltan an theson sêuue.'   Self upp arês
       thie guodo godes suno   endi te is iungron sprak,
       hiet that sia im uuedares ginuin   uuiht ni andrêdin:
       'te hui sind gi sô forhta?' quathie.   'Nis iu noh fast
       gilôƀo is iu te luttil.   Nis nu lang te thiu,   [hugi,
2255 that thia strômos sculun   stilrun uuerðan
       gi thit uuedar uunsam.'   Thô hi te *themu* uuinde sprac
       ge te themu sêuua sô self   endi sie smultro hêt
       bêðea gebârean.   Sie gibod lêstun,
       uualdandes uuord: uueder stillodun,
2260 fagar uuarð *an* flôde.   Thô *bigan* that folc undar im
       uuerod uundraian,   endi suma mid *iro* uuordun sprâkun,
       huilic that sô mahtigoro   manno uuâri,
       that imu sô the uuind endi the uuâg   uuordu hôrdin,
       bêðea is gibodskepies.   Thô habda sie that barn godes
2265 ginerid fan theru nôdi: the naco furðor skreid,
       hôh hurnidskip;   heliðos quâmun,
       liudi te lande,   sagdun lof gode,
       mâridun is megincraft.   Quam thar manno filu
       angegin *themu* godes *sunie*;   he sie gerno antfeng,
2270 sô huene sô thar mid hluttru hugi   helpa sôhte;
       lêrde sie iro gilôƀon   endi iro lichamon
       handun hêlde: nio the man sô hardo ni uuas

2256 Gi thit *fehlt M.* themu *fehlt M.*   2258 Bethiu *C.*   2260 an
them *C.* bigan *fehlt C.*   2261 Weroda uundroda *C.* iro *fehlt C.*   2264
bethiu *C.*   2267 Thia liudi *C.*   2269 thena *C.* suno *C.*

gisêrit mid suhtiun: thoh ina Satanases
fêknea iungoron   fiundes craftu
2275 habdin undar handun   endi is hugiskefti,
giuuit auuardid,   that he uuôdiendi
fôri undar themu folke,   thoh im simbla *ferh fargaf*
hêlandeo Crist,   ef he te is handun quam,
drêf thea diublas thanan   drohtines craftu,
2280 uuârun uuordun,   endi im is genuit fargaf;
lêt ina than hêlan,   uuiðer hetteandun
gaf im uuið thie fiund friðu,   endi im forð giuuêt
an sô *huilic* thero lando,   sô im *than* leobost uuas.

XXVIII.

Sô deda the drohtines sunu   dago gehuilikes
2285 gôd uuerk mid is iungeron,   sô neo Iudeon umbi that
an thea is mikilun craft   thiu mêr ne gelôbdun,
that he alouualdo   alles uuâri,
landes endi liudio: thes sie noh lôn nimat,
uuîdana uuracsîð,   thes sie thar that genuin dribun
2290 uuið selban thene *sunu drohtines*.   Thô he *im* mid is
gesîðon giuuêt
eft an Galilæo land,   godes êgan barn,
fôr im te them friundun,   thar he afôdid uuas
endi al undar is cunnie   kindiung auuôhs,
the hêlago hêleand.   Umbi ina heriskepi,
2295 theoda thrungun;   thar uuas thegan manag
sô sâlig undar them gesîðe.   Thar drôgun ênna seo-
can man
erlos an iro armun: uueldun ina for ôgun Kristes,
brengean for that barn godes —   uuas im bôtono tharf,
that ina gehêldi   hebenes uuraldand,
2300 manno mundboro —   the uuas êr sô managan dag
liðuuuastmon bilamod,   ni mahte is lîchamon
uuiht genualdan.   Than uuas thar uuerodes sô filu,
that sie ina fora that barn godes   brengean ni mahtun,
gethringan thurh thea thioda,   that sie *sô* thurftiges

2273 Gisenit *M*.   2275 Geuuiht *M*.   2277 fargab ferh *M*.   2283
huilicon *C*.   than *fehlt M*.   2290 drohtines sunu *M*. im *fehlt C*.   2302
uuihti *C*.   2304 sô *fehlt C*.

2305 sunnea gesagdin.   Thô giuuêt imu an ênna seli innan
    hêleando Crist;   huarf uuarð thar umbi,
    megintheodo gemang.   Thô bigunnun thea man sprekcn,
    the thene lefna lamon   lango fôrdun,
    bârun mid is beddiu,   huô sie ina gedrôgin fora that
                                    barn godes
2310 *an* that uuerod innan,   thar ina uualdand Crist
    selßo gisâuui.   Thô genguu thea gesîðos tô,
    hôßun ina mid iro handun   endi uppan that hûs stigun,
    slitun thene seli oßana   endi *ina* mid sêlun lêtun
    an thene rakud innan,   thar the rîkeo uuas,
2315 cuningo craftigost.   Reht sô he ina *thô* kuman gisah
    thurh thes hûses hrôst,   sô he thô an iro hugi farstôd,
    an thero manno môdseßon,   that sie mikilana te imu
    gelôßon habdun,   thô he for then liudiun sprak,
    quað that he thene siakon man   sundeono tômean
2320 lâtan uueldi.   Thô sprâkun im eft thea liudi angegin,
    gramharde Iudeon,   thea thes godes barnes
    uuord *aftaruuarodun*,   quâðun that that ni mahti gi-
    grimuuere fargeßen,   *biûtan* god êno,   [uuerðen sô,
    uualdand thesaro uueroldes.   Thô habda eft is uuord
                                    garu
2325 mahtig barn godes: 'ik gidôn that', quað he, 'an the-
                            sumu *manne* skîn,
    the hîr sô siak ligid   an thesumu seli innan,
    te uundron giuuêgid,   that ik geuuald hebbiu
    sundea te fargeßanne   endi ôc seocan man
    te gehêleanne,   sô ik ina hrînan ni tharf.'
2330 Manoda ina thô   the mâreo drohtin,
    liggeandean lamon,   hêt ina far them liudiun astandan
    up alohêlan   endi hêt ina an is ahslun niman,
    is bedgiuuâdi te baka;   he that gibod lêste
    sniumo for *themu gisîðea*   endi geng imu eft gesund
                                    thanan,
2335 hêl fan themu hûse.   Thô thes sô manag hêðin man,
    uueros uundradun,   quâðun that imu uualdand self,

2306 helandi *C.*   2309 godes barn *M.*   2310 Ant *C.*   2313 iua
fehlt C.   2315 thoh *M.*   2322 afterfardun *C.*   2323 neuuan *C.*   2325
manno *C.*   2327 Te *fehlt C.*   2334 them gisithon *C.*

god alomahtig fargeƀan habdi
mêron mahti, than elcor ênigumu mannes sunie,
craft endi custi; sie ni uueldun antkennean thoh,
2340 Iudeo liudi, that he god nuâri,
ne gelôƀdun is lêran, ac habdun im lêðan strîd,
uunnun nuiðar is uuordun: thes sie uuerk hlutun,
lêðlîc lôngeld, endi sô noh lango sculun,
thes sie ni uueldun hôrien heƀen*cuninges,*
2345 Cristes lêrun, thea he cûðde oƀar al,
uuîdo aftar thesaro uueroldi, endi lêt sie is uuerk schan,
allaro dago gehuilikes is dâdi scauuon,
hôrien is hêlag uuord, the he te helpu gesprak
manno barnun, endi sô manag mahtiglîc
2350 têcan getôgda, that sie *gitrûodin* thiu bet,
gilôƀdin *an* is *lêra.* He sô managan lîchamon
balusuhteo *antband endi* bôta geskeride,
fargaf fêgiun ferah, them the fûsid uuas
heliô an helsîð: *than gideda ina* hêland self,
2355 Crist thurh is craft mikil quican aftar dôda,
lêt ina an thesaro uueroldi forð uunneono neotan.

XXVIIII.*

Sô hêlde he thea haltun man endi thea hâƀon sô self,
bôtta, them thar blinde uuârun, lêt sie that berhte
sinscôni sean, sundea lôsda, [lioht,
2360 gumono grimuuerk. Ni uuas gio *Iudeono* bethiu,
lêðes liudskepies gilôƀo thiu betara
an thene hêlagon Crist, ac habdun im hardene môd,
suiðo starkan strîd, farstandan ni uueldun,
that sie habdun *forfangan* fiundun an uuillean,
2365 liudi mid iro gelôƀun. Ni uuas gio thiu latoro bethiu
sunu drohtines, ac he sagde mid uuordun,
huô sie scoldin gehalon himiles rîki,
lêrde aftar themu lande, habde imu thero liudio sô filu
giuuenid mit is uuordun, that im uuerod mikil,
2370 folc folgoda, endi he im filu sagda,

2344 -cuninge *M.* 2350 truodin *C.* 2351 an *fehlt C.* lerun *C.*
2352 an hand *C.* endi *fehlt C.* 2354 thena gideda thie *C.* * *In C*
nach 2361. 2360 judeo *C.* 2364 forgangan *M.*

be bilidiun that barn godes,   thes sie ni mahtun an iro
                                              breostun farstandan,
uudarhuggean an iro herton,   êr it im the hêlago Crist
oƀar that erlo folc   oponun uuordun
thurh is selƀes craft   seggean uuelda,
2375 mârean huat he mênde.   Thar ina megin umbi,
thioda thrungun: uuas im tharf mikil
te gihôrienne   heƀencuninges
uuârfastun unord.   He stôd imu thô bi ênes uuatares
                                              staƀe,
ni uuelde thô bi themu gethringe   oƀar that thegno
2380 an themu lande uppan   thea lêra cûƀean,   [folc
ac geng imu thô the gôdo   endi is iungaron mid imu,
friƀubarn godes,   themu flôde nâhor
an ên skip innan,   endi it scalden hêt
lande rûmur,   that ina thea liudi sô filu,
2385 thioda ni thrungi.   Stôd thegan manag,
uuerod bi themu uuatare,   thar uualdand Crist
oƀar that liudio folc   lêra sagde:
'huat, ik iu seggean mag' quaƀ he,   'gesîƀos mîne,
huô imu ên erl bigan   an erƀu *sâian*
2390 hrêncorni mid is handun.   Sum it an *hardan* stên
*oƀan*uuardan fel,   erƀon ni habda,
that it *thar* mahti uuahsan   eftha *uurteo* gifâhan,
kînan eftha biclîƀen,   ac uuarƀ that corn fârloren,
that thar an theru lêian gilag.   Sum it eft an land
2395 an erƀun aƀalcunnies: bigan imu aftar thiu   [bifel,
uuahsen uuânlîco   endi uurteo fâhan,
lôd an lustun: uuas that land sô gôd,
frânisco gifehod.   Sum it eft biuallen uuarƀ
an êna starca strâtun,   thar stôpon gengun,
2400 hrosso hôfslaga   endi heliƀo *trada*;
uuarƀ imu thar an erƀu   endi eft up gigeng,
bigan imu an themu uuege uuahsen;   thô it eft thes
                                              uuerodes farnam,
thes folkes fard mikil   endi fuglos alâsun,

2389 sehan *M.*   2390 herda *C.*   2391 obar - *C.*   2391 thar ni
C. uurti *C.*   2394 Lioblic feldes fruht *C.*   2397 hlod *M.*   2400
strada *C.*   2401 *Der Vers fehlt C.*

that *is* themu êcsan uuiht　　aftar ni môste
2405 uuerðan te uuillean,　thes thar an thene uueg biuel.
Sum uuarð it than bifallen,　thar sô filu stôdun
thicchero thorno　an themu dage;
uuarð imu thar an erðu　endi eft up gigeng,
kên imu thar endi *eliuode*.　Thô *slôgun thar* eft crûd
　　　　　　　　　　　　　an gimang,
2410 uueridun imu thene uuastom:　habda it thes uualdes hlea
forana *oðarfangan*,　that it ni *mahte* te ênigaro frumu
　　　　　　　　　　　　　uuerðen,
ef *it* thea thornos sô　thringan *môstun*.'
Thô sâtun endi suîgodun　gesîðos Cristes,
uuordspâha uueros:　uuas im uundar mikil,
2415 be huilicun biliðiun　that barn godes
sulic sôðlîc spel　seggean bigunni.
Thô bigan is thero erlo　ên frâgoian
holdan hêrron,　hnêg imu tegegnes
tulgo uuerðlîco:　'huat, thu geuuald haðas',　*quað he*,
2420 'ia an *himile ia an erðu,*　hêlag drohtin,
uppa endi niðara:　bist thu alouualdo
gumono gêsto,　endi uui thîne iungaron sind,
an ûsumu hugi holde.　Hêrro the gôdo,
ef it thîn uuilleo sî,　lât ûs thînaro uuordo thar
2425 endi gihôrien,　that uui it aftar thi
oðar al cristinfolc　cûðean môtin.
Uui nitun that thînun uuordun　uuârlîc biliði
forð folgoiad,　endi ûs is firinun tharf,
that uui thîn uuord endi thîn uuerk,　huand *it* fan
　　　　　　　　　　　　　sulicumu geuuittea cumid,
2430 that uui it an thesumu lande at thi　lînon môtin.'

XXX.

Thô im eft tegegnes　gumono bezta
anduuordi gesprak:　'ni mênde ik elcor uuiht',　*quað he*,
'te bidernienne　dâdio mînaro,

　　2404 it *C*.　　2409 bicliboda *C*. sluggun *M*, slungun *Roed*. thar
fehlt C.　　2410 forgangan *M*. muosta *C*.　　2412 it *fehlt C*. mostin *MC*.
2419 quað he *fehlt M*.　　2420 erthu ge an himile *C*.　　2426 obar *fehlt MC*.
2429 it all *C*.　　2432 quað he *fehlt M*.

uuordo eftha uuerco: thit sculun gi *uuitan* alle,
2435 iungaron mîne,   huand in fargeben habad
uualdand thesaro uueroldes,   that gi uuitan môtun
an iuuuom hugiskeftiun   himilise gerûni:
them ôðrun scal man be biliðiun   that gibod godes
uuordun uuîsien.   Nu uuilliu ik in te uuârun hier
2440 mârien, huat ik mênde,   that gi mîna thiu bet
obar al thit landskepi   lêra farstandan.
That sâd, that ik in sagda,   that is selbes uuord,
thiu hêlaga lêra   hebencuninges,
huô man thea mârien scal   obar *thene* middilgard,
2445 uuido aftar thesaro uueroldi.   Uueros sind im gihugide,
man mislîco: sum *sulican* môd dregid,
harda hugiskefti   endi hrêan sebon,
that ina ni geuuerðod,   that he it be iuuuon uuordun due,
that he *thesa* mîna lêra forð   lêstien uuillie,
2450 ac uuerðad thar sô farlorana   lêra mîna,
godes ambusni   endi iuuuaro gumono uuord
an themu ubilon manne,   sô ik iu êr sagda,
that that korn faruuarð,   that thar mid kîðun ni mahte
an themu stêne uppan   stedihaft uuerðan.
2455 Sô uuirðid al farloran   ečilero sprâka,
ârundi godes,   sô huat sô man themu ubilon manne
uuordun geuuîsid,   endi *he* an thea uuirson hand,
undar fiundo folc   fard gekiusid,
an godes unuuillean   endi an gramono hrôm
2460 endi an fiures farm.   Forð scal he hêtean
mid is breosthugi   brêda lôgna.
Nio gi an thesumu lande thiu lês   lêra mîna
uuordun ni uuîsiad: is theses uuerodes sô filu,
erlo aftar thesaro erðun: bistêd thar ôðar man,
2465 the is imu iung endi glau, —   endi habad imu gòdan
                                        môd —,
sprâkono spâhi   endi uuêt iuuuaro spello giskêd,
hugid is than an is herton   endi hôrid thar mid is
suičo niudlîco   endi nâhor stêd,   [ôrun tô
an is breost hledid   that gibod godes,

2434 witun *MC*.   2444 thesan *C*.   2446 suncan *M*.   2449 thia *C*.
2457 he it *MC*.

Heliand.   6

2470 lînod endi lêstid: is is gilôƀo sô gôd,
talod imu, huô he ôðrana eft gihuerƀie
mêndâdigan man, that is môd draga
hluttra treuua te heƀencuninge.

Than brêdid an thes breostun that gibod godes,
2475 thie luƀigo gilôƀo, sô an themu lande duod
that korn mid kîðun, thar it kîngrund haƀad
endi imu thiu uurð bihagod endi uuederes gang,
regin endi sunne, that it is reht haƀad.
Sô duod thiu godes lêra an themu gôdun manne
2480 dages endi nahtes, endi gangid imu diuƀal fer,
uurêða uuihti endi the uuard godes
nâhor mikilu nahtes endi dages,
anttat sie ina brengead, that thar bêðiu uuirðid
ia thiu lêra te frumu liudio barnun,
2485 the fan is môðe cumid, iac uuirðid the man gode;
haƀad sô giuuehslod te thesaro uueroldstundu
mid is hugiskeftiun himilrîkeas gidêl,
uuelono thene mêstan: farid imu an giuuald godes,
tionuno tômig. Treuua sind sô gôda
2490 gumono gehuilicumu, sô nis goldes hord
gelîk sulicumu gilôƀon. Uuesad iuuuaro lêrono forð
mancunnie mildie: sie sind sô mislîka,
heliðos gehugda: sum haƀad iro hardan strîd,
uurêðan uuillean, uuancolna hugi,
2495 is imu fêknes ful endi firinuuerko.
Than biginnid imu thunkean, than he undar theru
endi thar gihôrid oƀar hlust mikil [thiodu stâd
thea godes lêra, than thunkid imu, that he sie gerno
forð
lêstien uuillie; than biginnid imu thiu lêra godes
2500 an is hugi hafton, anttat imu than eft an hand cumid
feho te gifôrea endi fremiði scat.
Than farlêdead ina lêða uuihti,

2476 kingrund Cosijn] gegrund C, gikrund M. 2477b fehlt C.
2480 gangat C. 2482 dages endi nahtes C. 2485 ge oc C. 2486
thesaro fehlt M. 2488 them C. 2489 Tionuno temig C, thanon ato-
mid M. 2490 godes M. 2497 sprecan C. 2498 ford gerno M. 2499
godes lera M. 2500 than fehlt C.

than he imu farfàhid   an fehogiri,
aleskid thene gilôƀon: than uuas imu that luttil fruma,
2505 that he it gio an is hertan *gehugda*,   ef he it halden
                                    ne uuili.
That is sô the uuastom,   the an themu uuege began
liodan an themu lande: *thô* farnam ina eft thero liu-
                                    dio fard.
Sô duot *thea* meginsundeon   an *thes* mannes hugi
thea godes lêra,   ef he is ni gômid uuel;
2510 elcor bifelliad sia ina   ferne te boðme,
an thene hêtan hel,   *thar* he heƀencuninge ni uuirðid
fnrður te frumu,   ac ina fiund seulun
uuîtiu giuuaragean.   Simla gi mid uuordun forð
lêread an thesumu lande: ik can thesaro liudio hugi,
2515 sô mislîcan muodseƀon   manno cunnies,
sô uuanda uuîsa . . . .
Sum haƀit all te thiu is muod gilâtan   endi mêrr sorogot,
huô hie that *hord* bihalde,   *than* huô hie heƀancuninges
uuilleon giuuirkie.   Bethiu thar uuahsan ni mag
2520 that hêlaga gibod godes,   thoh it thar ahafton mugi,
uurtion biuuerpan,   huand it thie uuelo thringit.
Sô samo sô that crûd endi thie thorn   that corn ant-
                                    fàhat,
uueriat im thena uuastom,   sô duot thie uuelo manne:
giheftid is herta,   that hie it gihuggian ni muot,
2525 thie man an is muode,   thes hie mêst bitharf,
huô hie that giuuirkie   than lang thie hie an thesaro
that hie ti ênuondage   after muoti   [uueroldi sî,
heƀbian thuru is hêrren thanc   himiles rîki,
sô endilôsan uuelon,   sô that ni mah ênig man
2530 uuitan an thesaro uueroldi. Nio hie sô uuîdo ni can
te githeukeanne,   thegan au is muode,
that it bihaldan mugi   herta thes mannes,
that hie that ti uuâron uuiti,   huat uualdand god habit
guodes gigereuuid,   that all geginuuerd stêð

2505 gihugdi *Roed.*, gihngid *MC.*   2507 thoh *C.*   2508 sia *C.*
them *C.*   2511 that *C.*   2513 Witoga uuaragean *M.*   2514b--2574
incl. *fehlt M.*   2518 hord *fehlt C.* than *fehlt C.*   2521 *Interpunktion*
nach Roediger.

2535 mann sô huilicon,　　sô ina hier minniot uuel
　　　endi selƀo te thiu　　is seola gihaldit,
　　　that hie an lioht godes　　lîðan muoti.'

XXXI.

　　　Sô uuîsda hie thuo mid uuordon;　　stuod uuerod mikil
　　　umbi that barn godes,　　gihôrdun ina bi biliðon filo
2540 umbi thesaro uueroldes giuuand　　uuordon tellian;
　　　quat that im ôc ên aðales man　　an is acker sâidi
　　　hluttar hrêncorni　　handon sînon:
　　　uuolda im thar sô uunsames　　uuastmes tilian,
　　　fagares fruhtes.　　Thuo geng thar is fiond after
2545 thuru dernian lugi,　　endi it all durðu oƀarseu,
　　　mid uueodo uuirsiston.　　Thuo uuôhsun sia bêðiu,
　　　ge that corn ge that crûd.　　Sô quâmum gangan
　　　is hagastoldos te hûs,　　iro hêrren sagdun,
　　　thegnos iro thiodne　　thrîstion uuordon:
2550 'huat, thu sâidos hluttar corn,　　hêrro thie guodo,
　　　ênfald an thînon accar:　　nu ni gisihit ênig erlo than mêr
　　　uueodes uuahsan.　　Huî mohta that giuuerðan sô?'
　　　Thuo sprak eft thie aðales man　　them erlon tegegnes,
　　　thiodan uuið is thegnos,　　quat that hie it magti undar-
　　　　　　　　　　　　　　　　　　　thenkian uuel,
2555 that im thar unhold man　　after sâida,
　　　fiond fêcni crûd:　　'ne gionsta mi thero fruhtio uuel,
　　　auuerda mi thena uuastom.'　　Thuo thar eft uuini sprâkun,
　　　is iungron tegegnes,　　quâðun that sia thar uueldin
　　　　　　　　　　　　　　　　　　　gangan tuo,
　　　cuman mid craftu　　endi lôsian that crûd thanan,
2560 halon it mid iro handon.　　Thuo sprac im eft iro hêrro
　　　　　　　　　　　　　　　　　　　angegin:
　　　'ne uuelleo ik, that gi it uuiodon' quathie,　　'huand gi
　　　　　　　　　　　　　　　　　　　biuuardon ni mugun,
　　　gigômean an iuuuon gange,　　thoh gi it gerno ni duan,
　　　ni gi thes cornes te filo,　　kîðo auuerdiat,
　　　felliat under iuuua fuoti.　　Lâte man sia forð hinan
2565 bêðiu uuahsan,　　und êr beuuod cume
　　　endi an them felde sind　　fruhti rîpia,

___

aroa an them accare: than faran uni thar alla tuo,
halon it mid ûssan handon   endi that hrêncurni lesan
sûðro tesamne   endi it an mînon seli duoian,
2570 hebbean it thar gihaldan,   that it huergin ni mugi
uuiht auuerdian,   endi that uuiod niman,
bindan it te burðinnion   endi uuerpan it an bitar fiur,
lâton it thar haloian   hêta lôgna,
eld unfuodi.'   Thuo stuod erl manag,
2575 thegnos thagiandi,   huat thiodgomo,
mâri mahtig Crist   mênean uueldi,
bôknien mid thiu biliðiu   barno rîkeost.
Bâdun thô sô gerno   gôdan drohtin
antlûcan thea lêra,   that sie môstin thea liudi forð
2580 hêlaga hôrean.   Thô sprak *im* eft iro hêrro angegin,
mâri mahtig Crist: 'that is' quað he, 'mannes sunu:
ik selbo bium, that thar sâiu,   endi sind thesa sâliga man
that hluttra hrêncorni,   thea mi hêr hôread uuel,
uuirkiad mînan uuillean;   thius uuerold is the akkar,
2585 thit brêda bûland   barno mancunnies;
Satanas selbo   is that thar sâid aftar
sô lêðlîca lêra: habad thesaro liudeo sô filu,
uuerodes auuardid,   that sie uuam *frummiat*,
uuirkead aftar is uuilleon;   thoh sculun sie hêr uuahsen
forð,
2590 thea forgriponon gumon,   sô samo sô thea gôdun man,
anttat mûdspelles megin   oðar man ferid,
endi thesaro uueroldes.   Than is allaro accaro gehuilic
gerîpod an thesumu rîkea: sculun iro regangiscapu
frummien firiho barn.   Than tefarid erða:
2595 that is allaro beuuo brêdost;   than kumid the berhto
drohtin
obana mid is engilo *crafta,*   endi cumad *alle* tesamne
liudi, the io thit lioht gisâun,   endi sculun than lôn
antfâhan
ubiles endi godes.   Than gangad engilos godes,
hêlage hebenuuardos,   endi *lesat* thea hluttron man

2600 sundor tesamne   endi duat sie an sinscôni,
     hôh himiles lioht,   endi thea ôôra an *hellia grund,*
     uuerpad thea faruuarhton   an uuallandi fiur:
     thar sculun sie gibundene   bittra lôgna,
     thráuuerk tholon,   endi thea ôôra thioduuelon
2605 an heƀenrikea,   huîtaro sunnon
     liohtean gelîco.   Sulic lôn nimad
     uueros *uual*dâdeo.   Sô hue sô giuuit êgi,
     gehugdi an is hertan,   ettha gihôrien mugi,
     erl mid is ôrun,   sô lâta imu thit an innan sorga,
2610 an is môôseƀon,   huô he scal an themu mâreon dage
     uuiô thene rîkeon god   an reôiu standen
     uuordo endi uuerko   allaro the he an thesaro uueroldi
     That is egislîcost   allaro thingo,   [giduod.
     forhtlîcost firiho barnun,   that sie sculun uuiô iro
                                   frâhon mahlien,
2615 gumon uuiô thene gôdan drohtin: than uueldi gerno
                                         gehue,
     uuesan allaro manno gehuilic   mênes tômig,
     slîôero sacono.   Aftar thiu scal sorgon êr
     allaro liudeo gehuilic,   êr he thit lioht *afgeƀe,*
     the than êgan uuili   *alungan* tîr,
2620 hôh heƀenriki   endi huldi godes.'

                         XXXII.

     Sô gifragn ik that thô selƀo   sunu drohtines,
     allaro barno bezt   *biliôeo* sagda,
     huilic thero uuâri   an uueroldrîkea
     undar heliôcunnie   himilrîkie gelîch;
2625 quaô that oft luttiles huat   liohtora uurôi,
     sô hôhô afhuoƀi,   sô duot himilrîki:
     that is simla mêra,   than is man ênig
     uuânie an thesaro uueroldi.   Ôk is imu that uuerk gelîch,
     that man an sêo innan   segina uuirpit,
2630 fisknet an flôd   endi fâhit bêôiu
     uƀile endi gôde,   tiuhid up te staôc,
     lîôod sie te lande,   lisit aftar thiu

thea gòdun an grcotc   endi làtid thea òðra eft an
                                    [grund faran,
an uuîdan nuâg.   Sô duod uualdand god
2635 an themu mâreon dage   menniscono barn:
brengid irminthiod,   *alle* tesamne,
lisit imu than thea hluttron   an heðenriki,
làtid thea fargriponon   an grund faren
hellie fiures.   Ni uuêt heliðo man
2640 thes uuîties uuiðarlâga,   thes thar uueros *thiggeat*,
an themu inferne   irminthioda.
Than hald ni mag thera mêdan man   gimacon fîðen,
ni thes *uuelon ni thes* uuilleon,   thes thar uualdand
                                              skerid,
gildid god selbo   gumono sô huilicumu,
2645 sô ina hêr gihaldid,   that he an heðenriki,
an that langsamc lioht   lîðan môti.'
Sô lêrda he thô mid listiun.   Than fôrun thar thea
                                             liudi tô
oðar al Galilæo land   that godes barn sehan:
dâdun it bi themu uundre,   huanen imu *mahti sulic*
                                     uuord cumen,
2650 sô spâhlîco gisprokan,   that he spel godes
gio sô sôðlîco   seggean consti,
sô craftiglîco giqueðen: 'he is theses kunnies hinen',
                                     quâðun sie,
'tho man thurh mâgskepi: hêr is is môder mid ûs,
uuîf undar thesumu uuerode.   Huat, uui the hêr uuitun
                                             alle,
2655 sô kûð is ûs is kuniburd   endi is knôsles *gehuat:*
auuôhs al undar thesumu uuerode: huanen scolde imu
                                       sulic geuuit cuman,
mêron mahti,   than hêr ôðra *man* êgin?'
Sô farmunste ina that manno folc   endi *spràkun* im
                                     gimêdlic uuord,
farhogdun ina sô hêlagna,   hôrien ni uueldun
2660 is *gibodskepies*.   Ni he thar ôk bilîðeo filu

2636 all *C.*   2639 helliñures *C.*   2640 thingiat *C.*   2643 uuelon
ni thes *fehlt C.*   2649 su'ic mahti *M.*   2655 gehuati *M.*   2657 manna *C.*
2658 gispracun *C.*   2690 gibodscipi *C.*

thurh iro ungilôbon   ôgean ni uuelde,
torhtero têcno,   huand he uuisse iro tuîflean hugi,
iro uurêðan uuillean,   that ni uuârun uueros ôðra
sô grimme under Iudeon,   sô uuârun umbi *Galilæo land,*
2665 sô hardo gehugide: sô thar uuas the hêlago Krist,
giboren that barn godes,   sie ni uuelduu is gibodskepi
thoh
antfâhan ferhtlîco,   ac bigan that folc undar im,
rincos râdan,   huô sie thene rîkeon Krist
uuêgdin te uundron.   Hêtun thô iro uuerod cumen,
2670 gesîði tesamne: sundea uueldun
an thene godes sunu   gerno *gitellien*
uurêðes uuilleon: ni uuas im is uuordo niud,
spâharo spello,   *ac* sie bigunnun sprekan undar im,
huô sie ina sô craftagne   *fan* ênumu clibe uurpin,
2675 oðar ênna *berges* uual: uueldun that barn godes
lîbu bilôsien.   Thô he imu mid them liudiun samad
frôlîco fôr: ni uuas imu foraht hugi,
— uuisse that imu ni mahtun   menniscono barn,
bi theru godcundi   Iudeo liudi
2680 êr is tîdiun uuiht   teonon gifrummien,
lêðaro gilêsto —,   ac he imu mid them liudiun samad
stêg uppen thene stênholm,   antthat sie te theru stedi
quâmun,
thar sie ine fan themu uualle niðer   uuerpen hugdun,
fellien te foldu,   that he nurði is ferhes lôs,
2685 is aldres at endie.   Thô uuarð thero erlo hugi,
an themu berge uppen   bittra githâhti
Iuðeono tegangen,   that iro ênig ni habde sô grimmon
seðon
ni sô uurêðen uuilleon, ...

. . . . . . that sie mahtin thene uualdandes sunu
Krist antkennien   — he ni uuas iro cûð ênigumu —
2690 that sie ina thô undaruuissin.   Sô mahte he undar iro
uuerode standen

2663 Iro *fehlt C.*   2664 galilæaland *C.*   2671 tellian *C.*   2672
uurethan *C.*   2673 ac *fehlt C.*   2674 for *C.*   2675 burges *M.*   2686
bittar *M.*   2688b *und* 2689 *fehlt C.*   2689 iro] iro er *M,* er *getilgt von*
Roediger.

endi an iro gimange   middiumu gangen,
faren undar iro folke.   He dede imu thene friðu selbo,
mundburd uuið theru menegi   endi giuuêt imu thurh
                     middi thanan
thes fiundo folkes,   fôr imu thô, thar he uuelde,
2695 an êne uuôstunnie   uualdandes sunu,
cuningo craftigost: habde thero *custes* giuuald,
huar *imu* an themu lande   leobost uuâri
te uuesanne an thesaru uueroldi.

XXXIII.

         Thann fôr imu an uueg ôðran
Iohannes mid is iungarun,   godes ambahtman,
2700 lêrde thea liudi   langsamane râd,
hêt that sie frume fremidin,   firina farlêtin,
mên endi morduuerk.   He uuas thar managumu liof
gôdaro gumono.   He sôhte imu thô thene Iudeono
thene heritogon at hûs,   the hêten uuas   [cuning,
2705 Herodes aftar is eldiron,   oðarmôdig man :
bûide imu be theru brûdi,   thiu êr sînes brôder uuas
idis *an êhti*,   anttat he ellior skôc,
uuerold uueslode.   Thô imu that uuîf ginam
the cuning te quenun;   êr uuârun iro kind ôdan,
2710 barn be is brôder.   Thô *bigan* imu thea brûd lahan
Iohannes the gôdo,   quað that it gode uuâri,
uualdande uuiðermôd,   that it ênig uuero frumidi,
that brôder brûd   an is bed nâmi,
'hebbie sie imu te hîuun.   Ef thu mi hôrien uuili,
2715 gilôbien mînun lêrun,   ni scalt thu sie leng êgan,
ac mið ire an thînumu môde: ni haba *thar* sulica
                        minnea tô,.
ni sundeo thi te suîðo.'   Thô uuarð an sorgun hugi
thes uuîbes aftar them uuordun: andrêd that he thene
                      uueroldcuning
sprâcono gespôni   endi spâhun uuordun,
2720 that he sie farlêti.   Began siu imu thô lêðes filu

---

râden an rûnon,   endi ine rinkos hêt
unsundigane   erlos fàhan
endi *ine an* ênumu karkerea   klûstarbendiun,
liðocospun *bilûcun*:   be them liudiun ne gidorstun
2725 ine ferahu bilôsien,   huand sie uuârun imu friund alle,
uuissun ina sò gôden   endi gode uuerðen,
habdun ina for uuârsagon,   sò sia wela mahtun.
Thô uurðun an themu gêrtale   *Iudeo* cuninges
tîdi cumana,   sò thar gitald habdun
2730 frôde folcuueros,   *thô* he gifôdid uuas,
an lioht cuman.   Sô uuas thero liudio thau,
that that *erlo* gehuilic   ôðean scolde,
Iudeono mid gômun.   Thô uuarð thar an thene gastseli
megincraft mikil   manno gesamnod,
2735 *heritogono* an that hûs,   thar iro hêrro uuas
an is kuningstôle.   Quâmun managa
Iudeon an thene gastseli;   uuarð im thar gladmôd hugi,
blîði an iro breostun: gisàhun iro bâggeðon
uuesen an uunneon.   Drôg man uuîn an flet
2740 skîri mid scalun,   skenkeon huurðun,
gengun mid goldfatun;   gaman uuas thar inne
hlûd an thero hallu,   heliðos drunkun.
Uuas thes an lustun   landes hirdi,
huat he themu uuerode môst   te uunniun *gifremidi*.
2745 Hêt he thô gangen forð   gêla thiornun,
is brôder barn,   thar he an is benki sat
uuînu giuulenkid,   endi thô te themu uuiðe sprac,
grôtte sie fora themu gumskepie   endi gerno bad,
that siu thar fora them gastiun   gaman afhôði
2750 fagar an flettie: 'lât thit folc sehan,
huô thu gelînod habas   liudio menegi
te blîðzeanne *an* benkiun;   ef thu mi thera bede *lugithos*,
mîn uuord for thesumu uuerode,   than uuilliu ik it hêr
te nuârun *gequeðen*
liahto fora thesun liudiun   endi ôk gilestien sò,
2755 that ik thi than aftar thiu   êron uuilliu,

2723 ine an] innan *C*.   2724 bilûcan *fehlt M*.   2727 *fehlt M*.
2728 iudeono *C*.   2730 huo *MC*.   2732 er: *M*.   2735 Heritogo *C*.
2744 gifrumidi *C*.   2752 obar *C*. tuithos *C*. lioht *C*.

sò hues sò thu mi bidis   for thesun mînun bâguuiniun:
thoh thu mi thesaro heridômo   halƀaro fergos,
rikeas mines,   thoh gidôn ik, that it ênig rinko ni mag
uuordun giuuendien,   endi it scal giuuerƀen sò.'

2760 Thô uuarƀ thera magaƀ aftar thiu   môd gihuorƀen,
hugi aftar iro hèrron,   that siu an themu hûse innen,
an themu gastseli   gamen up ahuof,
al sô thero liudio   lauduuîse gidrôg,
thero thiodo thau.   Thiu thiorne spilode

2765 hrôr aftar themu hûse: hugi uuas an lustun,
managaro môdseƀo.   Thô thiu magaƀ habda
githionod te thanke   thiodcuninge
endi allumu themu erlskepie,   the thar inne uuas
gôdaro gumono,   siu uuelde thô ira geƀa êgan,

2770 thiu magaƀ for theru menegi: geng thô uuiƀ iro môdar
endi frâgode sie   firiuuitlîco,   [sprekan
hues siu thene burges uuard   biddien scoldi.
Thô uuîsde siu aftar iro uuilleon,   hêt that siu uuihtes
than êr
ni gerodi for themu gumskepi,   biûtan that man iru

2775 an theru hallu innan   hôƀid gâbi   [Iohannes
alôsid af is lîchamon.   That uuas allun them liudiun harm,
them mannun an iro môde,   thô sie that gihôrdun thea
magaƀ sprekan;
sò uuas it ôk themu kuninge: he ni mahte is quidi
is uuord uuendien: hêt thô is uuêpanberand   [liagan,

2780 gangen fan themu gastseli   endi hêt thene godes man
lîƀu bilôsien.   Thô ni uuas lang te thiu,
that man an thea halla   hôƀid brâhte
thes thiodgumon   endi it thar theru thiornun fargaf,
magaƀ for theru menegi: siu drôg it theru môder forƀ.

2785 Thô uuas êndago   allaro manno
thes uuîsoston,   thero the gio an thesa uuerold quam,
thero the quene ênig   kind giƀâri,
idis fan erle,   lêt man simla then ênon biforan,

2753 quethan C. 2754 lioht C. 2758 that gidôn ik streicht
Wackern. 2766 Thero manno C. 2768 them C, them the Wilhelmy. 2772
berges C. 2774 neuan C. 2776 fan C. 2777 it C. 2786 quami M.
2787 gidruogi C.

the thiu thiorne *gidrôg,*   *the* gio thegnes ni uuarð
2790 uuîs an iro uueroldi,   *biùtan* sô ine uualdand god
     fan hebenuuange   hêlages gêstes
     gimarcode mahtig: the ni habde *ênigan* gimacon huergin
     êr nec aftar.   Erlos huurbun,
     gumon umbi Iohannen,   is iungaron managa,
2795 sâlig gesîði,   endi ine an sande bigrôbun,
     leobes lîchamon: uuissun that he lioht godes,
     diurlîcan drôm   mid is drohtine *samad,*
     upôdas hêm   êgan môste,
     sâlig sôkean.

XXXIIII.

     Thô geuuitun im thea gesîðos thanen
2800 Iohannes giungaron   giâmermôde,
     hêlagferaha: uuas im iro hêrron dôd
     suîðo an sorgun.   Geuuitun im *sôkean thô*
     au theru uuôstunni   uualdandes sunu,
     craftigana Crist   endi imu kûð gidedun
2805 gôdes mannes forgang,   huô habde the Iudeono kuning
     manno thene mârcostan   mâkeas eggiun
     hôbdu bihauuuan: he ni uuelde *is ênigen* harm spreken,
     sunu drohtines: he uuisse that thiu seole uuas
     hêlag gihalden   uuiðer hettiandeon,
2810 an friðe uuiðer fiundun.   Thô *sô* gifrâgi uuarð
     aftar them *landskepiun*   lêreandero bezt
     an theru uuôstunni: uucrod samnode,
     fôr folcun tô: uuas im firiuuit mikil
     uuîsaro uuordo;   imu uuas ôk uuilleo *sô samo,*
2815 *sunie* drohtines,   that he sulic gesîðo folc
     an that lioht godes   ladoian môsti,
     uuennien mid uuilleon.   Uualdand lêrde
     allan langan dag   liudi managa,
     elitheodige man,   anttat an âband sêg
2820 sunne te sedle.   Thô gengun is gesîðos tuelibi,

2789 gibar *C.* thiu *C.*   2790 neuuan *C.*   2792 ênigan *tilgt* **Wackern.**
2797 saman *C.*   * XXXIIII *in C nach* 2798 b.   2802 tho sokean *M.*
2806 Manno thene *fehlt M.*   2807 is thuo *C.* enig *C.*   2810 sô *fehlt C.*
2811 landscipie *C.*   2813 Fuorun *C.*   2814 mikil *C.*   2815 Sunu *M.*

gumon te themu godes barne   endi sagdun iro gôdumu
                                         hèrron,
mid huilicu arbêðiu thar *thea* erlos lebdin,   quâðun
                 that sie is êra bithorftin,
uueros an themu uuôsteon lande: 'sie ni mugun sie
               hêr mid uuihti anthebbien,
heliðos bi hungres gethuinge.   Nu lât thu sie, hèrro
                   the gôdo,
2825 siðon, thar sie selida fîðen.   Nâh sind hêr gesetana burgi
managa mid meginthiodun: thar fîðad sie meti te kôpe,
uueros aftar them uuîkeon.'   Thô sprak eft uualdand Crist,
thioda drohtin,   quað that thes êniga thurufti ni uuârin,
'that sie thurh metilôsi   mîna farlâtan
2830 leoblîca lêra.   Gebad gi thesun liudiun ginôg,
uuenniad sie hêr mid uuilleon.'   Thô habde *eft* is uuord
                      garu
Philippus frôd gumo,   quað that thar sô filu uuâri
manno menigi: 'thoh uui hêr te meti habdin
garu im te gebanne,   sô uui mahtin fargelden mêst,
2835 ef uui hêr gisaldin   siluberscatto
tuê hund samad,   tueho uuâri is noh than,
that iro ênig thar   ênes ginâmi:
sô luttic uuâri that thesun liudiun.'   Thô sprak eft the
endi frâgode sie   firiuuitlîco,   [landes uuard
2840 manno drohtin,   *huat* sie thar te meti habdin
uuisses geuunnan.   Thô sprak imu eft mid is uuordun
                             angegin
Andreas fora them erlun   endi themu alouualdon
selbumu sagde,   that sie an iro gisîðie than mêr
garouues ni habdin,   '*biûtan* girstin brôd
2845 fîbi an ûsaru ferdi   endi fiscos tuêne.
Huat mag that thoh thesaru menigi?'   Thô sprac *eft*
                        mahtig Krist,
the gôdo godes sunu,   endi hêt that gumono folc
skerien endi skêðen   endi hêt thea scola settien
erlos aftar theru erðu,   irminthioda
2850 an grase gruonimu,   endi thô te is iungarun sprak

allaro barno bezt, hêt imu thiu brôd halon
endi thea fiscos forð. That folc stillo bêd,
sat gesîði mikil; undar thiu he thurh is selðes craft,
manno drohtin, thene meti uuîhide,
2855 hêlag heðencuning, *endi* mid is handun brak,
gaf it is iungarun forð, endi *it* sie undar themu gum-
skepie *hêt*
dragan endi dêlien. Sie lêstun iro drohtines uuord,
is geða gerno drôgun gumono gihuemu,
hêlaga helpa. *It* undar iro handun uuôhs,
2860 meti manno gihuemu: theru meginthiodu unarð
lîf an lustun: thea liudi uurðun alle,
sade sâlig folc, sô huat sô thar gisamnod uuas
fan allun uuîdun uuegun. Thô hêt uualdand Krist
gangen is iungaron endi hêt sie gômien uuel,
2865 that thiu lêða thar farloren ni uurði;
hêt sie thô samnon, thô thar sade uuârun
mankunnies manag. Thar môses uuarð,
brôðes te lêðu, that man birilos gilas
tueliðie fulle: that uuas têcan mikil,
2870 grôt craft godes, huand thar uuas gumono gitald
âna uuîf endi kind, *uuerodes* atsamme
fîf thûsundig. That folc al farstôd,
thea man an iro môde, that sie thar mahtigna
hêrron habdun. Thô sie heðencuning,
2875 thea liudi loðodun, quâðun that gio ni uurði an thit
lioht cuman
uuîsaro uuârsago, eftha *that* he giuuald mid gode
an thesaru middilgard mêron habdi,
ênfaldaran hugi. Alle gisprâkun,
that he uuâri uuirðig uuelono gehuilikes,
2880 that he erðrîki êgan môsti,
uuîdene *weroldstôl,* 'nu he sulic genuit haðad,
sô grôte craft mid gode.' Thea gumon alle giuuarð,
that sie ine gihôðin te hêrosten,
gikurin ine te cuninge: that Kriste ni uuas

2885 uuihtes uuirðig,   huand he thit uueroldrîki,
erðe endi uphimil   thurh is ênes craft
selbo giuuarhte   endi siðor *giheld*
land endi *liudskepi*   — thoh thes ênigan gilôbon ni
dedin
uurêðe uuiðersacon —   that al an is giuualde stâd,
2890 cuningrîkeo craft   endi kêsurdômes,
meginthiodo mahal.   Bethiu ni uuelde he thurh thero
manno sprâka
hebbian ênigan hêrdôm,   hêlag drohtin,
uueroldkuninges namon;   ni *he* thô mid nuordun *ni
strîdda*
uuið that folc furður,   ac för imu thô, thar he uuelde,
2895 an ên gebirgi uppan: flôh that barn godes
gêlaro gelpquidi,   endi is iungaron hêt
obar ênne sêo siðon   endi im selbo gibôd,
huar sie im eft tegegnes   gangen scoldin.

XXXV.

Thô telêt that liuduuerod   aftar themu lande allumu,
2900 tefôr folc mikil,   siðor iro frâho giuuêt
an that gebirgi uppan,   barno rîkeost,
uualdand an is uuilleon.   Thô te thes uuatares staðe
samnodun .thea gesîðos Cristes,   the he imu habde
selbo gicorane,
sie tuelibi thurh iro treuua gôda: ni uuas im tueho
nigiên,
2905 nebu sie an *that* godes thionost   gerno uueldin
obar thene sêo siðon.   Thô lêtun *sie suiðean* strom,
hôh hurnidskip   hluttron ûðeon
skêðan *skîr* uuater.   Skrêd lioht dages,
sunne uuarð an sedle;   the sêolîdandean
2910 naht nebulo binuarp;   nâðidun erlos
forðuuardes an flôd: uuarð thiu fiorðe tîd
thera nahtes cuman   — neriendo Crist
uuarode *thea* uuâglîðand —:   thô uuarð uuind mikil,

2887 biheld *C.*   2888 liud *C.*   2893 he *fehlt M.* ni *fehlt MC.*
strîdda *Roediger*] strid *M,* strid ni afhuob *C.*   2905 thia *C.*   2906 sie
an *C.* suide an *str. Müllenhoff-Scherer.*   2908 scirana *C.*   2913 thiu *C.*

hôh uueðer *afhaƀan:* hlamodun ûðeon,
2915 *strôm* an *stamne;* strìdiun feridun
thea uueros uuiðer uuinde: uuas im uurêð hugi,
seƀo sorgono ful: selƀon ni nuândun
laguliðandea an land cumen
thurh thes uuederes genuin. Thô gisâhun sie uualdand
2920 an themu sêe uppan selƀun gangan, [Krist
faran an fâðion: ni mahte an thene flôd innan,
an thene sêo sincan, huand ine is selƀes craft
hêlag anthabde. Hugi uuarð an forhtun,
thero *manno* môdseƀo: andrêdun that it im mahtig
fiund
2925 te *gidroge* dâdi. Thô sprak im iro drohtin tô,
hêlag heƀencuning, endi sagde im that *he* iro hêrro uuas
mâri endi mahtig: 'nu gi môdes sculun
fastes fâhan; ne si iu forht hugi,
gibâriad gi baldlîco: ik bium that barn godes,
2930 is selƀes sunu, the iu uuið thesumu sêe scal,
mundon uuið thesan meristrom.' Thô sprac imu ên
thero manno angegin
oƀar bord skipes, barunirðig gumo,
Petrus *the* gôdo — ni uuelde pîne tholon,
uuatares uuîti —: 'ef thu it uualdand sîs', quað he,
2935 'hêrro the gôdo, sô mi an mînumu hugi thunkit,
hêt mi than tharod gangan te thi oƀar thesen geƀenes
strôm,
drokno oƀar diap uuater, ef thu mîn drohtin sîs,
managoro mundboro.' Thô hêt ine mahtig Crist
gangan imu tegegnes. He uuarð garu sâno,
2940 stôp *af* themu stamne endi strìdiun geng
forð te is frôian. *Thiu* flôd anthabde
thene man thurh maht godes, antat he *imu* an is
môde bigan
andrâden diap uuater, thô he driƀen gisah
thene uuêg mid nuindu: uundun ina *ûðeon,*

2914 ahaban *C.* 2915 storm *M.* stamne] strome *M.* 2924 manno
fehlt C. 2925 gidruogi *C.* 2926 it *C.* 2933 se *C.* 2936 Hiet *C.*
2940 fan *C.* 2941 the *C.* 2942 imu *fehlt C.* 2944 uthiun umbi *M.*

2945 hô strôm umbi hring.   Reht sô he thô an is hugi
                              tuehode,
    sô uuêk imu that uuater under,   endi he an thene
                              uuâg innan,
    sank an thene scostrôm,   endi *he* hriop sân aftar thiu
    gâhom te themu godes sunie   endi gerno bad,
    that he ine thô *generidi,   thô* he an *nôdiun* uuas,
2950 thegan an gethuinge.   Thiodo drohtin
    antfeng ine *mid* is faðmun   endi frâgode sâna,
    te huî he *thô* getuehodi: 'huat, thu *mahtes* getrûoian
    uuiten that te uuârun,   that *thi* uuatares *craft*   [uuel,
    an themu sêe innen   thînes sîðes ni mahte,
2955 lagustrôm *gilettien,*   sô lango sô thu *habdes* gelôhon
                              te mi
    an thînumu *hugi* hardo.   Nu uuilliu ik thi an helpun
                              uuesen,
    nerien thi an thesaru nôdi.   Thô nam ine alomahtig,
    hêlag bi handun: thô uuarð imu eft hlutter uuater,
    fast under fôtun,   endi sie an fâði samad
2960 bêdea gengun,   antat sie oðar bord skipes
    stôpun *fan* themu strôme,   *endi* an themu stamne gesat
    allaro barno bezt.   Thô uuarð brêd uuater,
    strômos gestillid,   endi sie te staðe quâmun,
    laguliðandea   an land *samen*
2965 thurh *thes* uuateres geuuin: *sagdun* uualdande thanc,
    diurdun *drohtin*   dâdiun endi uuordun,
    fellun imu te fôtun   endi filu sprâkun
    uuîsaro uuordo,   quâðun that sie uuissin garo,
    that he uuâri selðo   sunu drohtines
2970 uuâr an thesaru uueroldi   endi geuuald habdi
    oðar middilgard,   endi that he mahti allaro manno gihues
    ferahe giformon,   *al* sô he *im* an themu flôde dede
    uuið thes uuatares geuuin.

2947 he *fehlt C.*   2949 generidi thô *fehlt M.* nodi *C.*   2951 thuo
mid *C.*   2952 thô *fehlt C.* maht es *Müllenhoff.*   2953 the *M.* strom *C.*
2955 gilestian *C.* habis *C.*   2956 hugi *fehlt C.*   2957. Niman *C.*
thi *fehlt C.*   2961 for *C.* endi *fehlt C.*   2964 samad *C.*   2965 thes
fehlt C. sagdun thuo *C,* tho sagdun sie *M.*   2966 iro drohtin *M,*
nsan drohtin *C.*   2972 al *fehlt C.* imu *M.*

Heliand.   7

XXXVI.*

Thô giuuêt imu uualdand Crist
sîðon fan themu sêe, sunu drohtines,
2975 ênag barn godes. *Quam imu elithioda,*
gumon tegegnes: uuârun is gôdun uuerk
ferran gefrâgi, that he sô filu sagde
uuâroro uuordo: *imu uuas* uuillio mikil,
that he sulic folcskepi frummien môsti,
2980 that sie simla gerno gode thionodin,
uuârin gehôrige heƀencuninge
mankunnies manag. Thô giuuêt he imu oƀar thea
marka Iudeono,
sôhte imu Sidono burg, habde *gesîðos* mid imu,
gôde iungaron. Thar imu tegegnes quam
2985 ên idis fan âðrum thiodun; siu uuas iru aðaligeburdeo,
cunnies fan Cananeo lande; siu bad thene craftagan
drohtin
hêlagna, that he iru helpe gerêdi, quað that iru uuâri
harm gistanden,
soroga at iru selƀaru dohter, quað that siu uuâri mid
suhtiun bifangen:
'bedrogan habbiad sie dernea uuihti. Nu is iro dôd
at *hendi,*
2990 thea uurêðon habbiad sie geuuitteu benumane. Nu
biddiu ik thi, uualdand frô mîn,
selƀo sunu Davides, that thu *sie* af sulicum suhtiun
that thu sie sô arma êgrohtfullo [atômies,
uuamscaðon biuueri.' Ni gaf iru thô noh uualdand Crist
ênig anduuordi; siu *imu* aftar geng,
2995 folgode fruokno, antat siu te is fôtun quam,
grôtte ina greatandi. Giungaron Cristes
bâdun iro hêrron, that he an is hugea mildi
uurði themu uuîƀe. Thô habde eft is uuord garu
sunu drohtines endi *te* is gesîðun sprak:
3000 „êrist scal ik Israheles aƀoron uuerðen,

---

* XXXVI *in C nach* 2972. 2975 elithioda quam imu *MC.* 2976
gumono *M.* 2978 uuas im *C.* 2983 gesido *M.* 2987 harmo *M.*
2988 an *C.* 2989 endi *M.* 2991 thu *fehlt M.* 2994 imu *fehlt C.*
2999 te *fehlt C.*

folcskepi te frumu,   that sie ferhtan hugi
hebbian te iro hêrron: im is helpono tharf,
thea liudi sind farlorane,   farlâten habbiad
uualdandes uuord,   that uuerod is getuiflid,
3005 drîbad im dernean hugi,   ne uuilliad iro drohtine hôrien
Israhelo erlskepi,   ungilôbiga sind
heliðos iro hêrron: thoh scal thanen helpe cumen
allun elithiodun.'   Agalêto bad
that uuîf mid iro uuordun,   that iru uualdand Krist
3010 an is môdsebon   mildi uurði,
that siu iro barnes forð   brûkan môsti,
hebbian sie hêle.   Thô sprak iru hêrro angegin,
mâri endi mahtig: 'nis that', quað he, 'mannes reht,
gumono nigênum   gôd te gifrummiene,
3015 that he is barnun   brôðes aftîhe,
uuernie im oðar uuilleon,   lâte sie uuîti tholean,
hungar hetigrimmen,   endi fôdie is hundos mid thiu.'
'Uuâr is that, uualdand',   quað siu,   'that thu mid
thînun uuordun sprikis,
sôðlîco sagis: huat, thoh oft an seli innen
3020 undar iro hêrron diske   huelpos huerbad
brosmono fulle   theru fan themu biode niðer
antfallat iro frôian.'   Thô gihôrde that friðubarn godes
uuillean thes uuîbes   endi sprak iru mid is uuordun tô:
'uuela that thu uuîf habes   uuillean gôden!
3025 Mikil is thîn gilôbo   an thea maht godes,
an thene liudio drohtin.   Al uuirðid gilêstid sô
umbi thînes barnes lîf,   sô thu bâdi te mi.'
Thô uuarð siu sân gihêlid,   sô it the hêlago gesprac
uuordun uuârfastun: that uuif fagonode,
3030 thes siu iro barnes forð   brûkan môste:
habde iru giholpen   hêleando Crist,
habde sie farfangane   fiundo craftu,
uuamscaðun biuuerid.   Thô ginuêt imu uualdand forð,
barno that bezte,   sôhte imu burg ôðre,
3035 thiu sô thicco uuas   mid theru thiodu Iudeono,

3013 endi *fehlt* M.   3016 imu M.   3021 the C, thero the Wil-
helmy.   themu *fehlt* C.   3022 Antfallan M.   3026 giwirðit C.   3031
iro thuo C.   3032 crafte C.

7 *

mid sûðarliudiun giseten.   Thar gifragn ik that he is
gesîðos grôtte,
the iungaron the he imu habde be is gôde gicorane,
that sie mid imu gerno *geuunodun,*
uueros thurh is uuîson sprâka: '*alle* scal ik iu', quað
he, 'mid uuordun frâgon,
iungaron mîne: huat queðat these Iudeo liudi,
3040 mâri meginthioda,   *that* ik manno sî?'
Imu anduuordidun frôlîco   is friund angegin,
iungaron sîne: 'nis thit Iudeono folc,
erlos ênuuordie: sum sagad that thu Elias sis,
uuîs uuârsago,   the hêr *giu uuas lango*
3045 gôd undar thesumu gumskepie,   sum sagad that thu
Iohannes sîs,
diurlîc drohtines bodo,   the hêr dôpte iuu
uuerod an uuatere;   alle sie mid uuordun sprekad,
that thu ênhuilic sîs   eðilero manno,
thero uuârsagono,   the hêr mid uuordun giuu
3050 lêrdun these liudi,   endi that thu sîs eft an thit lioht
cumen
te uuîseanne thesumu uuerode.'   Thô sprak eft uual-
dand Krist:
'hue queðad gi, *that* ik sî', quað he,   'iungaron mine,
lioðon liuduueros?'   Thô te lat ni uuarð
Simon Petrus: sprak sân angegin
3055 êno for im allun   — habde imu ellien gôd,
thrîstea githâhti,   uuas is theodone hold —:

XXXVII.

'thu bist the *uuâro*   uualdandes sunu,
libbiendes godes,   the thit lioht giscôp,
Crist cuning êuuig: sô uuilliad uui queðen alle
3060 iungaron thîne,   that thu sîs god selbo,
hêleandero bezt.'   Thô sprac imu eft is hêrro angegin:
'sâlig bist thu Simon', quað he, 'sunu Ionases;   ni
mahtes thu that selbo gehuggean,

3037 giuuonodin *C.*   3038 all *C.*   3040 huat *MC.*   3044 giu
lango uuas *C,* was giu lango *Rück.*   3052 huat *C.*   quað he *fehlt C.*
3057 uuaro quat petrus *C.*   3062 iohanneses *M.*

gimarcon an thînun môdgithâhtiun,   ne it ni mahte thi
                    mannes tunge
uuordun geuuîsien,   ac dede it thi uualdand selbo,
3065 fader allaro firiho barno,   that thu sô forð gispraki,
    sô diapo bi drohtin thînen.   Diurlico scalt thu thes lôn
                    antfâhen,
    hluttro habas thu an thînan herron gilôbon,   hugiskefti
                    sind thîne stêne gelica,
    sô fast bist thu sô felis the hardo: hêten sculun thi
                    firiho barn
    sancte Peter: obar themu stêne scal man mînen seli
                    uuirkean,
3070 hêlag hûs godes;   thar scal is hîuuiski tô
    sâlig samnon: ni mugun uuið them thînun suîðeun
                    crafte
    anthebbien hellie portun.   Ik fargibu thi himilriceas
    that thu môst aftar mi   allun giuualdan   [slutilas,
    kristinum folke: kumad alle te thi
3075 gumono gêstos;   thu habe grôte giuuald,
    huene thu hêr an erðu   eldibarno
    gebinden uuillies: themu is bêðiu giduan,
    himilrîki biloken,   endi hellie sind imu open,
    brinnandi fiur;   sô huene sô thu eft antbinden uuili,
3080 antheftien is hendi,   themu is himilrîki,
    antloken liohto mêst   endi lîf êuuig,
    grôni godes uuang.   Mid sulicaru ik thi gebu uuilliu
    lônon thînen gilôbon.   Ni uuilliu ik, that gi thesun
                    liudiun noh,
    mârien thesaru menigi,   that ik bium mahtig Crist,
3085 godes êgan barn.   Mi sculun Iudeon noh,
    unsculdigna   erlos binden,
    uuêgean mi te uundrun   -- dôt mi wities filo --
    innan Hierusalem   gêres ordun,
    âhtien mînes aldres   eggiun scarpun,
3090 bilôsien mi libu.   Ik an thesumu liohte scal

3065 sô fehlt C.   3066 diurlic C.   3068 thi fehlt C.   3072 hel-
liportun C.   himiles M.   3073 uualdan C.   3075 grotan C.   3078
opana C.   3085 enag C.   iudeono C.   3087 uuapnes eggiun M.   3090
llohte fehlt C.

thurh ûses drohtines craft   fan dôde astanden
an thriddiumu dage'.   Thô uuarð thegno bezt
suîðo an sorgun,   Simon Petrus,
uuarð imu hugi hriunig,   endi te is hêrron sprak
3095 rink an rûnun: 'ni scal that rîki god', quað he,
'uualdand uuillien,   that thu eo sulic uuîti mikil
githolos undar *thesaru thiod:*   nis thes tharf nigiean,
hêlag drohtin.'   Thô sprak imu eft is hêrro angegin,
mâri mahtig Crist   — uuas imu an is môde hold —:
3100 'huat, thu nu uuiðeruuard bist', quað he,   'uuilleon mînes,
thegno bezto!   Huat, thu thesaro thiodo *canst*
menniscan *sidu:*   thu ni uuêst *the* maht godes,
the ik gifrummien scal.   Ik mag thi filu seggean
uuârun uuordun,   that hêr undar thesumu uuerode
3105 gesîðos mîne,   thea ni môtun suelten ôr,   [*standad*
huerðen an hinenfard   êr sie himiles lioht,
godes rîki sehat.'   Côs imu iungarono thô
sân aftar thiu   Simon Petrus,
Iacob endi Iohannes,   gumon tuêne,
3110 bêðea thea gibrôðer,   endi imu thô uppen thene berg
                                    giuuêt
sunder mid them gesîðun,   sâlig barn godes,
mid them thegnun thrim,   thiodo drohtin,
uualdand thesaro uueroldes: uuelde im thar uundres
têcno tôgean,   that sie *gitrûodin* thiu bet,   [filu,
3115 that he selðo uuas   sunu drohtines,
hêlag heðencuning.   Thô sie *an* hôhan uuall
stigun stên endi berg,   antat sie te theru stedi quâmun,
uueros uuiðer uuolcan,   thar uualdand Krist,
cuningo craftigost   gicoren habde,
3120 that he is godkundi   iungarun sînun
thurh is ênes craft   ôgean uuelde,
berhtlîc biliði.

3092 An them *C.*   3097 theson thioda *C.*   3101 bicanst *C.*   3102
sidon *C.* thia *C.*   3103 Thia *C.*   3104 standan *C.*   3114 truodin *C.*
2116 an thena *C.*

XXXVIII.*

Thô imu thar te bedu gihnêg,
thô uuarð imu thar uppe   ôðarlîcora
uuliti endi giuuâdi: uurðun imu is uuangun liohte,
3125 blîcandi sô *thiu berhte sunne:*   sô skên that barn godes,
liuhte is lîchamo: liomon stôdun
uuânamo fan themu uualdandes barne;   uuarð is
                          geuuâdi sô huît
sô snêu te sehanne.   Thô uuarð thar seldlîc thing
giôgid aftar thiu: Elias endi Moyses
3130 quâmun thar te Criste   uuið sô craftagne
uuordun uuehslean.   Thar uuarð sô uunsam sprâka,
sô gôd uuord undar gumun,   thar the godes sunu
uuið thea mârean man   mahlien uuelde,
sô blîði uuarð uppan themu berge: skên that berhte
3135 uuas thar gard gôdlîc   endi grôni uuang,   [lioht,
paradise gelîc.   Petrus thô gimahalde,
heliô hardmôdig   endi te is hêrron sprac,
grôtte thene godes sunu: 'gôd is it hêr te uuesanne,
ef thu it gikiosan uuili,   Crist alouualdo,
3140 that man thi hêr an thesaru hôhe   ên hûs geuuirkea,
mârlîco gemaco   endi Moysese ôðer
endi Eliase thriddea: thit is ôdas hêm,
uuelono uunsomost.'   Reht sô he thô that uuord gesprak,
sô *tilêt* thiu luft an tuê: lioht uuolcan *skên,*
3145 glîtandi glîmo,   endi thea gôdun man
uulitiscôni beuuarp.   Thô fan themu uuolcne quam
hêlag stemne godes   endi them heliðun thar
selbo sagde,   that that is sunu uuâri,
libbiendero lioðost: 'an themu mi lîcod uuel
3150 an mînun hugiskeftiun.   Themu gi hôrien sculun,
fulgangad imu gerno.'   Thô ni mahtun thea iungaron
thes uuolcnes uuliti   endi uuord godes,
thea is mikilon maht   thea man antstanden,
ac sie bifellun thô forðuuardes: ferhes ni uuândun,
3155 lengiron lîbes.   Thô geng im tô the landes uuard,

---

behrên sie mid is handun   hêleandero bezt,
hêt that sie im ni andrêdin: 'ni scal iu hêr derien
thes gi hêr seldlîkes   giseen habbiad,   [eouniht,
mêriaro thingo.'   Thô eft them mannun uuarð
3160 hugi at iro herton   endi gihêlid môd,
gibade an iro breostun: gisâhun that barn godes
ênna standen: uuas that ôðer thô,
behliden himiles lioht.   Thô giuuêt imu the hêlago Crist
fan themu berge niðer;   gibôd aftar thiu
3165 iungarun sînun,   that sie oðar Iudeono folc
ni sagdin thea gisioni: 'êr than ik selbo *hêr*
suîðo diurlîco   fan dôde astande,
arîse fan theru restu: stôor mugun gi it rekkien forð,
mârien oðar middilgard   managun thiodun
3170 uuîdo aftar thesaru uueroldi.'

XXXVIIII.*

Thô giuuêt imu uualdand Crist
ett an Galileo land,   sôhte is gadulingos,
mahtig is mâgo hêm,   sagde thar manages huat
berhtero biliðeo,   endi that barn godes
them is sâligun gestôun   sorgspell ni forhal,
3175 ac he im openlîco   allun sagde,
them is gôdun iungarun,   huô ine scolde that Iudeono
                                                      folc
uuêgean te uundrun.   Thes uurðun thar uuîse man
suuîðo an sorgun,   uuarð im sêr hugi,
hriuuig umbi iro herte: gihôrdun *iro hêrron* thô,
3180 uualdandes sunu   uuordun tellien,
huat he undar *theru* thiodu   tholoian scolde,
uuilliendi undar themu uuerode.   Thô giuuêt imu
                                                      uualdand Crist,
gumo fan Galilea,   sôhte imu Iudeono burg,
quâmun im te Cafarnaum.   Thar fundun sie ênan
                                                      kuninges thegn

---

3185 uulankan undar themu uuerode: quað that he uuâri
giuueldig bodo
aðalkêsures; he grôtte aftar thiu
Simon Petrusen, quað that he uuâri gisendid tharod,
that he thar gimanodi manno gehuiliken
thero hôƀidscatto, the sie te themu hoƀe scoldin,
3190 tinsi gelden: 'nis thes tueho ênig
guunono nigiênumu, ne sie *ina fargelden* sân
mêðmo kusteon, *biûten* iuuue mêster êno
haƀad it farlâten. Ni scal that lîcon uuel
mînumu hêrron, sô man it imu at is hoƀe kûðid,
3195 aðalkêsure.' Thô geng aftar thiu
Simon Petrus: uuelde it seggian thô
hêrron sînumu: he uuas is an is hugi iu than,
giuuaro uualdand Crist: — imu ni mahte uuord ênig
biholen uuerðen, he uuisse hugiskefti
3200 manno gehuilikes —: hêt thô thene is mârean thegan,
Simon Petrus an thene sêo innen
angul uuerpen: '*suliken* sô thu thar êrist *mugis*
fisk gifâhen', quað *he*, 'sô teoh thu thene fan themu
flôde te thi,
antklemmi imu thea kinni: thar maht thu undar them
kaflon nimen
3205 guldine scattos, that thu fargelden maht
themu manne te gimôdea mînen endi thînen
tinseo sô huilican, sô he ûs tô sôkid.'
He *ni* dorfte imu thô aftar thiu ôðaru uuordu
furður gibioden: geng fiscari gôd,
3210 Simon Petrus, uuarp an thene sêo innen
angul an ûðeon endi up gitôh
fisk an flôde mid is folmun tuêm,
teklôf imu thea kinni endi *undar* them kaflun nam
guldine scattos: dede al, sô imu the godes sunu
3215 uuordun genuîsde. Thar uuas thô uualdandes
megincraft gimârid, huô scal *manno* gehuilic
suîðo uuilliendi is uueroldhêrron

3191 ina *fehlt* C. forguldin C. 3192 neban C. enn C. 3193 He
habad *M.* 3202 succan C. mugi C. 3203 quað he *fehlt* C. 3208
im ni C. 3213 an C. 3216 allaro manno C.

sculdi endi scattos,   thea imu giskeride sind,
gerno gelden: ni scal ine fargûmon eouuiht,
3220 ni farmuni ine an is môde,   ac uuese imu *mildi an is*
hugi,
thiono imu thiolîco: an thiu mag he thiodgodes
uuillean geuuirkean   endi ôk is uueroldhêrron
huldi habbien.

XL.

Sô lêrde the hêlago Crist
thea is gôdon iungaron: 'ef ênig gumono uuið iu',
quað he,
3225 'sundea geuuirkea,   than nim thu ina sundar te thi,
thene rink an rûna   endi imu is *râd* saga,
uuîsi imu mid uuordun.   Ef imu *than* thes *uuerð* ne sî,
that he thi gihôrie,   hala *thi* thar *ôðaran* tô
gôdaro gumono   endi lah imu is grimmun uuerc,
3230 sak ina sôðuuordun.   Ef imu than is sundea aftar thiu,
lôsuuerc ni lêðon,   *giduo* it ôðrun liudiun cûð,
mâri it than for menegi   endi lât manno filu
uuiten is faruurhti: ôðo *beginnad* imu than is uuerk
tregan,
an *is* hugi hreuuen,   than *it* gihôrid heliðo filu,
3235 ahtod eldibarn,   endi imu is uðilon dâd
uueread mid uuordun.   Ef he than ôk uuendien ne uuili,
ac farmôdat sulica menegi,   than lât thu thene man
faren,
haba ina than far hêðinen   endi lât ina thi an thînumu
hugi lêðen,
mið is an thînumu môde,   ne sî that imu eft mildi god,
3240 hêr heðencuning   helpe farlîhe,
fader allaro firiho barno.'   Thô frâgode Petrus,
allaro thegno bezt   theodan sînan:
'huô oft scal ik them mannun,   the uuið mi habbiad
lêðuuerk giduan,   leoðo drohtin,
3245 scal ik im siðun sîðun   iro sundea *alâten*,

3220 an is huge mildi *C*.   3226 rada *C*.   3227 than *fehlt C*. wir-
dig *C*.   3228 thi *fehlt M*. odara *M*.   3231 Lethuuerc *C*. than giduo *C*.
3233 beginnid *C*.   3234 is *fehlt C*. he it *MC*.   3245 latan *C*.

uurêðaro uuerko,   êr *than* ik is êniga *uurâka* frummie,
lêðes te lône?'   Thô sprak eft the landes uuard,
angegin the godes sunu   gôdumu thegne:
'ni seggiu ik thi fan siðuniun,   sô thu selbo sprikis,
3250 mahlis mid thînu mûðu: ik duom thi mêra thar tô:
siðun siðun siðuntig   sô scalt thu sundea gehuemu,
lêðes alâten: sô uuilliu ik thi te lêrun geben
uuordun uuârfastun.   Nu ik thi sulica giuuald fargaf,
that thu mînes hîuuiskes   hêrost uuâris,
3255 manages mannkunnies,   nu scalt thu im mildi uuesan,
liudiun liði.'   Thô thar te themu lêreande quam
ên iung man angegin   endi frâgode *Iesu* Crist:
'mêster the gôdo', quað he,   'huat scal ik *manages
an thiu the ik* hebenriki   *gehalan* môti?'   [duan,
3260 Habde imu ôduuelon   allen geuunnen,
mêðomhord manag,   thoh he mildean hugi
bâri an is breostun.   Thô sprak imu that barn godes:
'huat quiðis thu umbi *gôdon?*   nis that gumono ênig
biûtan the êno,   the thar al gescôp,
3265 uuerold endi uunnea.   Ef thu is uuillean habas,
that thu an lioht godes   liðan môtis,
than scalt thu bihalden   thea hêlagon lêra,
the thar an themu aldon   êuua gebiudid,
that thu man ni slah,   ni thu mênes ni sueri,
3270 farlegarnessi farlât   endi luggi geuuitskepi,
strîd endi stulina;   ne uuis thu te stark an hugi,
ne niðin ne hatul,   ni nôdrôf ni *fremi;*
abunst alla farlât;   uuis thînun eldirun gôd,
fader endi moder,   endi thînun *friundun* hold,
3275 them nâhistun ginâðig.   Than thu *thi* giniodon môst
himilrîkeas,   ef thu it bihalden uuili,
fulgangan godes lêrun.'   Thô sprak eft the iungo man:
'al hebbiu ik sô gilêstid', quað he,   'sô thu mi lêris nu,
uuordun uuîsis,   sô ik is eo uuiht ni farlêt
3280 fan mînero kindiski.'   Thô bigan ina Crist sehan
an mid is ôgun: 'ên is thar noh nu', quað he,

3246 than *fehlt* C. wreka M.   3257 iesum C, theue iesu M.   3258 mines C.   3259 That ik C. hebbean C.   3263 godi C.   3272 frumi C.   3274 friund C.   3275 thi *fehlt* M.   3276 Himilo rikies C.

'uuan thero uuerko: ef thu is uuilleon haƀas,
that thu *thurhfremid* thionon môtis
hêrron thînumu, than scalt thu that thîn hord nimen,
3285 scalt thînan ôduuelon allan farcôpien,
diurie mêðmos, endi dêlien hêt
armun mannun: than haƀas *thu* aftar thiu
hord an himile; cum thi than gihalden te mi,
folgo thi mînaro ferdi: than haƀas thu friðu sîður.'
3290 Thô uurðun Kristes *uuord* kindiungumu manne
suîðo an sorgun, uuas imu sêr hugi,
môd umbi herte — habde mêðmo filu,
uuelono geuunnen —: uuende imu eft thanen,
uuas imu unôðo *innan* breostun,
3295 an is seƀon suâro. Sah imu aftar thô
Krist alouualdo, quað it thô, thar he uuelde,
te them *is* iungarun geginuuardun, that uuâri an godes
unôði ôdagumu manne up te cumanne: [rîki
'ôður mag man olbundeon, thoh he sî unmet grôt,
3300 thurh nâðlan gat, thoh *it* sî naru suîðo,
sâftur thurhslôpien, than mugi cuman thiu siole te hi-
thes *ôdagan* mannes, the hêr al haƀad [mile
giuuendid an thene uueroldscat uuilleon sînen,
môdgithâhti, endi ni hugid umbi thie maht godes.'

XLI.

3305 Imu *anduuordiade* êrthuungan gumo,
Simon Petrus endi seggean bad
leoƀan hêrron: 'huat sculun uui thes te lône nimen',
quað he,
gôdes te gelde, thes uui thurh thîn iungardôm
êgan endi erƀi al farlêtun,
3310 hoƀos endi kiuniski endi thi te hêrron gicurun,
folgodun thînaru ferdi: huat scal ûs *thes* te frumu
langes te lône?' Liudeo drohtin [uuerðen,
sagde im thô *selƀo:* than ik sittien kumu', quað he,
'an thie mikilan maht an themu mârean dage,

3283 thionon thiodne *C.* 3287 thi *C.* 3290 word *fehlt M.*
3294 innan] an is *M.* 3297 is godun *M.* 3300 hie *C.* 3302 odages
C. 3305 anuuordeda thuo *C.* 3311 thes *fehlt C.* 3313 selbo suno
drohtines *C.*

3315 thar ik allun scal   irminthiodun
    dômos adêlien,   than môtun gi mid iuuuomu drohtine
                                thar
    selbon sittien   endi môtun thera saca uualdan:
    môtun gi Israhelo   eðilifolcun
    adêlien aftar iro dâdiun: sô môtun gi thar gidiuride
                                  uuesen.
3320 Than seggiu ik iu te uuâran: sô hue sô that an
                    thesaru uueroldi giduot,
    that he thurh mîna minnea   mâgo gesidli
    liof farlêtid,   thes scal hi hêr lôn niman
    tehan sîðun tehinfald,   ef he it mid treuuon duot,
    mid hluttru hugi.   Oðar that habad he ôk himiles lioht,
3325 open êuuig lif.'   Bigan imu thô aftar thiu
    allaro barno bezt   ên biliði seggian,
    qnað that thar ên ôdag man   an êrdagun
    uuâri undar themu uuerode: '*the* habde uuelono genôg,
    sinkas gisamnod   endi imu simlun uuas
3330 garu mid goldu   endi mid godouuebbiu,
    fagarun fratahun   endi imu so filu habde
    gôdes an is gardun   endi imu *at* gômun sat
    allaro dago gehuilikes: habde imu diurlîc lif.
    blîtzea an is benkiun.   Than uuas thar eft ên biddiendi
                                 man,
3335 gileboð an is lîchamon: Lazarus uuas he hêten,
    lag imu dago gehuilikes   at them durun foren,
    thar he thene ôdagan man   inne uuisse
    an is gestseli   gôme thiggean,
    sittien *at* sumble,   endi he simlun bêd
3340 giarmod thar ûte: ni môste thar in cuman,
    ne he ni mahte gebiddien,   that man imu thes brôdes
                                 tharod
    gidragan uueldi,   thes thar fan themu diske niðer
    antfel undar iro fôti: ni mahte imu thar ênig *frumu*
                                uuerðen
    fan themu hêroston, *the* thes hûses giuueld,   biûtan
            that thar gengun *is hundos tô,*

3316 Domes *M.*   3328 hie *C.*   3332 at is *C.*   3339 at i: *C.*
3342 fruma *C.*   3344 them *C,* them the *Wilhelmy.* to is hundos *M.*

3345 likkodun is lîkuundon,   thar he liggiandi
hungar tholode: ni quam imu thar te helpu uuiht
fan themu rîkeon manne.   Thô gifragn ik that inn is
                              reganogiscapu,
thene armon man   is êndago
gimanoda mahtiun suîð,   that he manno drôm
3350 ageben scolde.   Godes engilos
antfengun is ferh   endi lêddun ine forð thanen,
that sie an Abrahames barm   thes armon mannes
siole gisettun: thar môste he siunlun forð
uuesen an uunniun.   Thô quâmun ôk uurdegiscapu,
3355 themu ôdagan man   orlaghuîle,
that he thit lioht farlêt: lêða uuihti
besinkodun is siole   an thene suarton hel,
an that fern innen   fiundun te uuillean,
begrôbun ine an gramono hêm.   Thanen mahte he
                              thene gôdan scauuon,
3360 Abraham gesehen,   thar he uppe uuas
lîbes an lustun,   endi Lazarus sat
blîði an is barme: berht lôn antfeng
allaro is armôdio,   endi lag the ôdago man
hêto an theru helliu,   hriop up thanen:
3365 'fader Abraham', quað he,   'mi is firinun tharf,
that thu mi an thînumu môdsebon   mildi uuerðes,
lîði an thesaru lognu: sendi mi Lazarus herod,
that he mi gefôrea   an thit fern innan
caldes uuateres.   Ik hêr quic brinnu
3370 hêto an thesaru helliu: nu is mi thînaro helpono tharf,
that he mi aleskie   mid is lutticon fingru
tungon mîne,   nu siu têkan habad,
ubil arbedi.   Inuuidrâdo,
lêðaro sprâka,   alles is mi nu thes lôn cumen.'
3375 Imu *anduuordiade* thô Abraham   — that uuas ald-
                              fader —:
'gehugi thu an thînumu herton', quað he,   'huat thu
                              habdes iu

---

uuelono an uueroldi.   Huat, thu thar alle thine uuunea
                                   farsliti,
gôdes an gardun,   sô huat sô thi gibiðig forð
uuerðen *scolde*.   Uuîti tholode
3380 Lazarus an themu liohte,   habde thar lêðes filu,
uuîteas an uueroldi.   Bethiu scal he nu *uuelon* êgan,
libbien an lustun: thu scalt thea logna tholan,
brinnendi fiur: ni mag is thi ênig bôte kumen
hinana te helliu: it habad the hêlago god
3385 sô *gifastnod* mid is faðmun: ni mag thar faren ênig
thegno thurh that thiustri: it is hêr sô thikki undar
Thô sprac eft Abrahame   the erl tegegnes   [ûs.
fan theru hêtan hell   endi helpono bad,
that he Lazarus   an liudio drôm
3390 selbon sandi: 'that he giseggea thar
brôðarun mînun,   huô ik hêr brinnendi
thrâuuerk tholon: sie *thar* undar theru thiod sind,
sie fîbi undar themu folke: ik an forhtun bium,
that sie im thar faruuirkien,   that sie sculin ôk an thit
                               uuîti te mi,
3395 an sô grâdag fiur.'   Thô imu eft tegegnes sprak
Abraham aldfader,   quað that sie thar êo godes
an themu landskepi,   liudi habdin
Moyseses gibôd   endi thar managaro tô
uuârsaguno uuord: „ef sie is uuillige sind,
3400 that sie that bihalden,   than ni thurbun sie an thea
                               hell innen,
an that fern faren,   ef sie *gefrumniad* sô,
sô thea gebiodad,   *the thea* bôk lesat
them liudiun te *lêrun*.   Ef sie thes than ni uuilliad
                               lêstien uuiht,
thanne ni hôriad sie ôk   themu the *hinan* astâd
3405 man fan dôde.   Lâte man sie an iro môdsebon
selbon keosen,   hueðer im suôtiera thunkie
te giuuinnanne,   sô lango sô sie an thesaru uueroldi
that sie eft ubil ettha gôd   aftar habbien.'   [sind,

3379 scoldi *C*.   3381 uuelono *C*.   3385 fastnot *C*.   3392 thar *fehlt C*.   3401 gefrummien *M*, frummian *C*.   3402 the thea *Wilhelmy u. M*, thia the *C*.   3403 leru *C*.   3404 hinan *fehlt M*.

XLII.

Sô lêrde he thô thea liudi   liohton uuordon,
3410 allaro barno bezt,   endi biliði sagde
manag mankunnie   mahtig drohtin,
quað that imu *ên* sâlig gumo   samnon bigunni
man an morgen,   „endi im mêda gihêt,
the hêrosto thes hîuuiskeas,   suiðo *holdlîc lôn*",
3415 quat that hie iro allaro gihuem   ênna gâbi
silofrinna scat. „Thuo samnodun managa
uueros an is uuîngardon,   — endi hie im uuerc bifalah —
adro an ûhtan.   Sum quam thar ôc an undorn tuo,
sum quam thar an middian dag   man te them uuerke,
3420 sum quam thar te nônu,   thuo uuas thiu niguða tîd
sumarlanges dages;   sum thar ôc sîðor quam
an thia elliftun tîd.   Thuo geng thar âðand tuo,
sunna ti sedle.   Thuo hie selðo gibôd
is ambahtion,   erlo drohtin,
3425 that man thero *manno* gihuem   is meoda forguldi,
them erlon arbiðlôn;   hiet thiem at êrist geðan,
thia *thar* lezt uuârun   liudi cumana,
uueros te them *uuerke,*   endi mid is uuordon gibôd,
that man them mannon   iro mieda forguldi
3430 alles at aftan,   them thar quâmun at êrist tuo
uuillendi te them uuerke.   Uuândun sia suîðo,
that man im mêra lôn   *gimacod* habdi
uuið iro araðedie: than man im allon gaf,
them lindeon gilîco.   Lêð uuas that suîðo,
3435 allon them ando,   them thar quâmun at êrist tuo:·
'uui quâmun hier an moragan', quâðun sia,   'endi
               tholodun hier manag te dage
arabiðuuerco,   huîlon unmet hêt,
scînandia sunna: nu ni gibis thu ûs scattes than mêr,
thie thu them ôðron duos,   thia hier êna huîla
3440 uuâron an thînon uuerke.'   Thuo habda eft is uuord garo
thie hêrrosto thes hîuuiskes,   quat *that* hie im ni habdi
               gihêtan than mêr

3412 ên *fehlt C.*   3414 holdlîc lôn *fehlt M.*   3415—3490 a *incl.*
fehlt M.   3425 mannes *C.*   3427 thar *Roed.*] that *C.*   3428 uuirke *C.*
3432 gimacon *C.*   3441 that *fehlt C.*

uuerc̃es uuiðˀ iro uuerke:　'huat, ik giuuald hebbiu',
　　　　　　　　　　quathie,
that ik iu allon gilîco muot　lôn forgeldan,
iuues uuerkes uuerðˀ.'　Than uualdandi Crist
3445 mênda im thoh mêra thing,　thoh hie oƀar that manno
fan them uuîngardon sô　uuordon sprâki,　　[folc
huô thar unefno　erlos quâmun,
uueros te them uuerke.　Sô sculun fan thero uueroldi
manncunnies barn　an that mârio lioht,　　[duon
3450 gumon an godes uuang:　sum biginnit ina girinuan sân
an is kindiski:　habit im *gicoran an* muod
uuillion guodan,　uueroldsaca mîðˀit,
farlâtit is lusta:　ni mag ina is lîkhamo
an unspuod forspanan:　spâhiðˀa lînot,
3455 godes êu,　gramono forlâtit,
uurêðˀaro uuillion,　duot im sô te is uueroldi forðˀ,
lêstit sô an theson liohte　ant*that* im is liƀes cumit,
aldres âƀand:　giuuîtit im than *uppuuegos*:
thar uuirðˀit im is araƀedi　all gilônot,
3460 fargoldan mid guodu　an godes rîkie.
That mêndun thia uuuruhteon,　thia an them uuîngardon
adro an ûhta　arƀidlîco
uuere bigunnun　endi thurnuuonodon forðˀ,
erlos unt âƀand.　Sum thar ôc an undern quam,
3465 habda thuo farmerrid,　*thia* moraganstunda
thes daguuerkes forduolon:　sô duot doloro filo,
gimêdaro manno:　driƀit im mislîc thing
gerno an is iuguðˀi,　habit im gelpquidi
lêðˀa *gilînot*　endi lôsuuord manag,
3470 antthat is kindiski　farcuman uuirdit,
that ina after is iuguðˀi　godes anst manot
blîðˀi an is brioston:　fâhit im te beteron than
uuordon endi uuercon,　lêdit im is uuerold mid thiu,
is aldar ant thena endi:　cumit im alles lôn
3475 an godes rîkie,　gôdaro uuerko.
Sum mann thann midfiri　mên farlâtid,

3451 gicoranan m. *C.*　3457 that *fehlt C.*　3453 uppuuege *C.*
3459 Thar *Sievers*] that *C.*　3465 thi *C.*　3469 gilonot *C.*
Heliand.　　　　　　　　8 ·

suâra sundiun, fâhit im an sâlig thing,
biginnit im thuru godes craft guodaro uuerco,
buotit balosprâka, lâtit im is *bittrun* dâd
3480 an is hugie hreuuan: cumit im thiu helpa fon gode,
that im gilêstid thie gilôƀo, sô lango sô im is lîf
uuarod;
farit im forð mid thiu, antfâhit is mieda,
guod lôn at gode: ni sindun êniga geƀa beteran.

Snm biginnit thann ôc furðor, than hie ist fruodot mêr,
3485 is aldares afheldit, — than biginnat im is uƀilon uuerc
lêðon an theson liohte, than ina lêra godes
gimanod an is muode: uuirðit im mildera hugi,
thurugengit im mid guodu endi geld nimit,
hôh himilrîki, than hie hinan uuendit,
3490 uuirðit im is mieda sô sama, *sô them man*nun uuarð,
thea thar te nônu dages, an thea nigunda tîd,
an thene uuîngardon uuirkean quâmun.

Sum uuirðid than sô suîðo gefrôdot, sô he ni uuili is
sundea bôtien,
ac he ôkid sie mid uƀilu gehuilicu, antat imu is âƀand
nâhid,
3495 is *uuerold* endi is uunnea farslîtid: than beginnid he
imu *uuîti andrêden,*
is sundeon uuerðad imu sorga an môde: gehugid huat
he selƀo gefrumide
grimmes than *lango*, the he môste is *iuguðeo* neoten;
ni mag than mid ôðru gôdu gibôtien
thea dâdi, thea he sô derƀea gefrumide, ac he slehit
allaro dago gehuilikes
an is breost mid bêðiun handun endi uuôpit sie mid
bittrun trahnun,
3500 hlûdo he sie mid hofnu kûmid, bidid thene hêlagon
drohtin,
mahtigne, that he imu mildi uuerðe: ni lâtid *imu* sîðor
is môd gituîflien.

3479 bettrun *C.* 3490 sô them man- *fehlt noch M.* 3495 aldres *C.*
witi andrêden *fehlt C.* 3496 Is s. w. imu *fehlt C.* 3497 lang *C.* iu-
guthi *C.* 3501 imu *fehlt C.*

Sô êgrohtful is, the thar alles geuueldid: he ni uuili
ênigumu irmin*manne*
faruuernien uuillean sînes: fargibid imu uualdand selbo
hêlag *himilrîki*: than is imu giholpen sîður.
3505 Alle sculun sie thar êra antfâhen, thoh sie tharod te
ênaru tîdi
ni kumen, that *kunni manno*, thoh uuili imu the craf-
tigo drohtin
gilônon allaro liudio sô huilicumu, sô hêr is gilôbon
ên himilrîki gibid he allun theodun, [antfâhit:
mannun te mêdu. That mênde mahtig Krist,
3510 barno that bezte, thô he that biliði sprak,
huð thar te them uuîngardun uurhteon quâmin,
man mislîco: thoh nam is mêde gehue
fulle te *is* frôian. Sô sculun firiho barn
at gode selbumu geld antfâhen,
3515 suîðo leoblic lôn, thoh sie sume *sô* late uuerðan.

XLIII.

Hêt imu thô thea is gôdan iungaron nâhor
tuelibi gangan — thea uuârun imu triuuuiston
man obar erðu —, sagde im mahtig *selbo*
ôðersîðu, huilic imu thar arbedi
3520 tôunard uuârun: 'thes ni mag ênig tueho uuerðen',
quað he.
Quað that sie thô te Hierusalem an that Iudeono folc
lîðan scoldin: 'thar uuirðid all gilêstid sô,
gefrumid undar themu folke, sô it an furndagun
uuîse man be mi uuordun gesprâkun.
3525 Thar sculun mi farcôpon undar thea craftigon thiod
heliðos te theru heri; thar nuerðat mîna hendi *gebun-
dana,*
faðmos uuerðad mi thar gefastnod; filu scal ik thar gi-
hoskes gihôrien endi harmquidi, [tholoian,
bismersprâka endi bihêtuuord manag;
3530 sie uuêgeat mi te uundron uuâpnes egginn,

3502 -manno *C.* 3504 himilo riki *C.* 3506 mancunni *C.* 3508
Endi *C.* 3513 is *fehlt C.* 3515 sô *fehlt C.* 3518 self *C.* 3520
Der Punkt nach Roediger. 3526 gibunden *C.*

bilôsiad mi liƀu: ik te thesumu liohte scal
thurh drohtines craft   fan dôde astanden
an thriddeon dage.   Ni quam ik undar thesa theoda herod
te thiu, that mîn eldibarn   arƀed habdin,
3535 that mi thionodi thius thiod: ni uuilliu ik is sie thig-
gien nu,
fergon thit foleskepi,   ac ik scal imu te frumu uuerðen,
theonon imu theolîco   endi for alla thesa theoda geƀen
seolo mîne.   Ik uuilliu sie selƀo nu
lôsien mid mînu liƀu,   thea hêr lango bidun,
3540 mankunnies manag,   mînara helpa.'
Fôr imu thô forðuuardes   — habde imu *fasten* hugi,
blîðean an is breostun   barn drohtines —
uuelda im te Hierusalem   Iudeo folkes
uuilleon uuîsan: he conste thes uuerodes sô garo
3545 hetigrimmen hugi   endi hardan strîd,
uurêðan uuilleon.   Uuerod sîðode
furi Hierichoburg;   uuas the godes sunu
mahtig undar thero menigi.   Thar sâtun tuêne man bi
uuege,
blinde uuârun sie bêðie: uuas im bôtono tharf,
3550 that sie gehêldi   heƀenes uualdand,
huand sie sô lango   liohtes tholodun,
managa huîla.   Sie gihôrdon thô that megin faren
endi frâgodun sân   firiuuitlîco
reginblindun,   huilic thar rîki man
3555 undar themu foleskepi   furista uuâri,
hêrost an hôƀid.   Thô sprac im ên helið angegin,
quað that thar Hiesu Crist   fan *Galilealande,*
hêleandero bezt   hêrost uuâri,
fôri mid is folcu.   Thô uuarð frâhmôd hugi
3560 bêðiun them blindun mannun,   thô sie that barn godes
uuissun undar themu uuerode: hreopun im thô mid
iro uuordun tô,
hlûdo te themu hêlagon Criste,   bâdun that he im helpe
gerêdi:
'drohtin Davides sunu: uuis ûs mid thînun dâdiun
mildi,

neri ûs af thesaru nôdi,   sô thu ginôge dôs
3565 manno kunnies: thu bist managun gôd,
hilpis endi hêlis.'   Thô bigan im that heliðo folc
uuerien mid uuordun,   that sie an uualdand Krist
sô hlûdo ni hriopin.   Sie ni uueldun *im* hôrien te thiu,
ac sie simla mêr endi mêr   oðar that manno folc
3570 hlûdo hreopun.   Hêleand gestôd,
allaro barno bezt,   hêt sie *thô* brengien te imu,
lêdien thurh thea liudi,   sprak im listiun tô
mildlîco for theru menegi: 'huat uuilliad *git* mînaro
hêr', quað he,
'helpono *habbien*?'   Sie bâdun ina hêlagna,
3575 that he im ira ôgon   opana gidâdi,
farliuui theses liohtes,   that sie liudio drôm,
suikle sunnun scîn   gisehen môstin,
uulitiscônie uuerold.   Uualdand frumide,
hrên sie thô mid is handun,   dede is helpe thar tô,
3580 that them blindun thô   bêðium uurðun
ôgon gioponod,   that sie erðe endi himil
thurh craft godes   antkiennien mahtun,
lioht endi liudi.   Thô sagdun sie lof gode,
diurdun *âsan drohtin*,   thes sie dages liohtes
3585 brûcan môstun: geuuitun im bêðie mid imu,
folgodun is ferdi: uuas im thiu fruma gibiðig,
endi ôk uualdandes uuerk   uuîdo gekûðid,
managun gimârid.

XLIIII.*

Thar uuas sô mahtiglîc
biliði gibôknid,   thar the blindon man
3590 bi themu uuege sâtun,   uuîti tholodun
liohtes lôse: that mênid thoh liudio barn,
al mancunni,   huô sie mahtig god
an themu anaginne   thurh is ênes craft,
sinhîun tuê   selbo giuuarhte,
3595 Adam endi Evan: fargaf im upuuegos,

3568 is im *C.*   3571 thô *fehlt C.*   3573 Mildo *C.* gi *C.*   3574
biddean *C.*   3577 lioht *M.*   3584 is dadi *C,*   * XLIIII *in C nach* 3587.

himilrìki;   ac thô uuarð im the hatola te nâh,
fiund mid fêknu   endi mid firinuuerkun,
bisuêk sie mid sundiun,   that sie sinscôni,
lioht farlêtun: uurðun an lêðaron stedi,
3600 an thesen middilgard   man faruuorpen,
tholodun hêr an thiustriu   *thiodarðedi,*
uunnun uuracsîðos,   uuelon tharðodun:
fargâtun godes rîkies,   gramon theonodun,
fiundo barnun: sie guldun is im mid *fiurc* lôn
3605 an thero hêton helliu.   Bethiu uuârun siu an iro hugi
an thesaru middilgard,   menniscono barn,   [blinda
huand siu *ine* ni antkiendun,   craftagne god,
himilisken hêrron,   thene *the* sie mid is handun giscôp,
giuuarhte an is uuillion.   Thius uuerold uuas thô sô
                                        farhuerðid,
3610 bithuungen an thiustrie   an thiodarðidi,
an dôðes dalu: sâtun im thô bi theru drohtines strâtun
iâmarmôde,   godes helpe bidun:
siu ni mahte im *thô* êr uuerðen,   êr than uualdand god
an thesan middilgard,   mahtig drohtin,
3615 is selðes sunu   sendien *uueldi,*
that he lioht antluki   liudio barnun,
oponodi im êuuig lîf,   that sie thene alouualdon mahtin
antkennien uuel,   craftagna *god.*
Ôk mag ik ġiu *gitellien,*   of gi thar tô uuilliad
3620 huggien endi hôrien,   that gi thes hêliandes mugun
craft antkennien,   huô is kumi uurðun
an thesaru middilgard   managun te *helpu,*
ia huat he mid them dâdiun   drohtin selðo
manages mênde,   ia behuiu thiu mârie burg
3625 Hiericho hêtid,   thiu thar an Iudeon stâd
gimacod mid mûrun: thiu is aftar themu mânen *gi-*
                                        nemnid,
aftar themu *torhten* tungle: he ni mag is tidi bemîðen,
ac he dago gehuilikes   duod *ôðerhueðer,*

3596 Himilo riki *C.*   3601b man arb. *M.*   3604 fiuru *C.*   3607
ine *fehlt C.*   3608 the *fehlt C.*   3613 thoh *C.*   3615 uuelda.   3618
god *fehlt C.*   3619 tellian *C.*   3622 helpon *C.*   3626 ginamod *C.*
3627 torhten *fehlt C.*   3628 endihueðar *C.*

uuanod ohtho uuahsid.   Sô dôd an thesaru uueroldi hêr,
3630 an thesaru middilgard   menniscono barn:
farad endi folgod,   frôde sterbad,
uuerðad eft iunga   aftar kumane,
uueros auuahsane,   unttat si eft uurð farnimid.

That mênde that barn godes,   thô he fon theru burgi fôr,
3635 the gôdo fan Hiericho,   that ni mahte êr uuerðen gu-
                                   mono barnun
thiu blindia gibôtid,   that sie that berhte lioht,
gisâhin sinscôni,   êr than he selbo hêr
an thesaru middilgard   menniski antfeng,
flêsk endi lîchamon.   Thô uurðun thes firiho barn
3640 *giuuar* an thesaru uueroldi,   the hêr an uuîtie êr,
sâtun an sundiun   gisiunies lôse,
tholodun an thiustrie: sie afsôbun that uuas *thesaru*
                                   thiod kuman
hêleand te helpu   fan hebenrîkie,
Crist allaro cuningo best;   sie mahtun is antkennien sân,
3645 gifôlien is fardio.   Thô sie *sô* filu hriopun,
the man te themu mahtigon gode,   that im mildi aftar
uualdand uurði.   Than uueridun *im* suiðo   [thiu
thia suârun sundeon,   the sie im êr *selbon* gidâdun,
lettun sie thes gilôbon.   Sie ni mahtun them liudiun *thoh*
3650 biuuerien iro uuilleon,   ac sie *an* uualdand god
hlûdo hriopun,   antat he im iro hêli fargaf,
that sie sinlîf   gisehen *môstin,*
open êuuig lioht   endi an faren
an thiu berhtun bû.   That mêndun thea blindun man,
3655 the thar bi Hierichoburg   te themu godes barne
hlûdo hriopun,   that he im iro hêli farlihi,
liohtes an thesumu lîbe: than *im thea liudi* sô filu
uueridun mid uuordun,   thea thar an themu uuege fôrun
biforen endi bihinden: sô dôt thea firinsundeon
3660 an thesaru middilgard   *mankunnie.*

Hôriad nu huô thie blindun,   sîður im gibôtid uuarð,

3639 an *M.*   3640 Giuuaro *C.*   3643 thero *C.* thieda *C.*   3645
sô *fehlt C.*   3647 im *fehlt M.*   3648 selbo *C.*   3649 Lietun *C.* tho *M.*
3650 an *fehlt C.*   3652 muostun *C.*   3657 im liudeo *C.*   3660 manno
eunnie *C.*

that sie sunnun lioht   gesehen môstun,
huô sie thô dâðun: geuuitun im *mid* drohtine samad,
folgodun is ferdi,   sprâkun filu uuordo
3665 themu landes hirdie te loƀe: sô dôd im noh liudio barn
uuîdo aftar thesaru uueroldi,   sîður im uualdand *Crist*
geliuhte mid is lêrun   endi im lîf êuuig,
godes rîki *fargaf*   gôdun mannun,
hôh himiles lioht   endi is helpe thar tô,
3670 sô huemu sô that giuuerkod,   that he môti themu is
uuege folgon.

XLV.

Thô nâhide   neriendo Crist
the gôdo te Hierusalem.   Quam imu thar tegegnes filu
uuerodes an uuilleon,   uuel huggendies,
antfengun ina fagaro   endi imu biforen *streidun*
3675 thene uueg mid iro giuuâdiun   endi mid uurtiun sô same,
mid berhtun blômun   endi mid bômo tôgun,
that feld mid fagaron palmun,   al sô is fard geburide,
that the godes sunu   gangan uuelde
te theru mârean burg.   Huarf ina megin umbi
3680 *liudio* an lustun,   endi lofsang *ahôf*
that uuerod an uuilleon: sagdun uualdande thank,
thes thar selƀo quam   sunu Davides
uuîson thes uuerodes.   Thô gesah uualdand Krist
the gôdo te Hierusalem,   gumono bezta
3685 blîcan thene *burges* uual   endi bû Iudeono,
hôha horn*seli*   endi ôk that hûs godes,
allaro uuîho *uunsamost*.   Thô uuel imu an innen
hugi *uuið* is herte: thô ni mahte that hêlage barn
uuôpu auuîsien,   sprak thô uuordo filu
3690 hriuuiglîco   — uuas imu is hugi sêreg —:
'uuê uuarð thi, Hierusalem', quað he,   'thes thu te
uuârun ni uuêst
thea *uurðegiskefti*,   the thi noh giuuerðen sculun,

3663 mid iro *M*, mid uson *C*.   3666 god *M*.   3668 gaf *C*.   3674
stroidun *C*.   3680 Liudi *C*.   hof *M*.   3685 berges *C*.   3686 -sellos
C.   3687 uunsamoste *M*.   3688 um *C*.   3692 nuurðgiscapu *C*.

huô thu noh uuirðis behabd　heries craftu
endi thi bisittiad　sliðmôde man,
3695 fiund mid folcun.　Than ni habas thu friðu huergin,
mundburd mid mannun:　lêdiad thi hêr manage tô
ordos endi eggia,　orlegas uuord,
farfioth thîn folcskepi　fiures liomon,
these *uuîki* auuôstiad,　uuallos hôha
3700 felliad *te foldun*:　ni afstâd is felis nigiean,
stên oƀar ôðrumu,　ak uuerðad thesa stedi uuôstia
umbi Hierusalem　Iudeo liudeo,
huand sie ni antkenniad,　that im kumana sind
iro tîdi tôuuardes,　ac sie habbiad im tuîflien hugi,
3705 ni uuitun that iro uuîsad　uualdandes craft.'
Giuuêt im thô mid theru menegi　manno drohtin
an thea berhton burg.　Sô thô that barn godes
innan Hierusalem　mid thiu gumono folcu
sêg mid thiu gesîðu,　thô uuarð *thar* allaro sango mêst,
3710 hlûd stemnie *afhaƀen*　hêlagun uuordun,
loƀodun thene landes uuard　liudio menegi,
barno that bezte;　thiu burg uuarð an hrôru,
that folc uuarð an forhtun　endi frâgodun sân,
hue that uuâri,　that thar mid *themu uuerode* quam,
3715 mid theru mikilon menegi.　Thô sprak im ên man an-
gegin,
quað that thar Hiesu Crist　fan Galileo lande,
fan Nazarethburg　neriand quâmi,
uuitig uuârsago　themu uuerode te helpu.
Thô uuas them Iudiun,　the imu êr grame uuârun,
3720 unholde an hugi,　harm an môde,
that imu thea liudi sô filu　lofsang uuarhtun,
diurdun iro drohtin.　Thô gengun dolmôde,
that sie uuið uualdand Crist　uuordun sprâkun,
bâdun that he that gesîði　suîgon hêti,
3725 letti thea liudi,　that sie imu lof sô filu
uuordun ni uuarhtin:　'it is thesumu uuerode lêð',
quâðun sie,

3696 Munburd *C.*　3699 uuik *M.*　3700 te *fehlt M.* foldu *C.*
3709 steg *Woeste.* thar *fehlt C.*　3710 ahaban *C.*　3714 thiu uuerodu *C.*

'thesun burgliudiun.'   Thô sprak eft that barn godes:
'ef gi sie ammerriad', quað he,   'that hêr ni môtin
               manno barn
uualdandes craft   uuordun diurien,
3730 than sculun it hrôpen thoh   harde stênos
for thesumu foleskepi,   felisos starka,
êr than it eo belîðe,   neðo man is lof *spreke*
uuîdo aftar thesaru uuerold.'   Thô he an thene uuîh
                 \ innen,
geng an that godes hûs: fand thar Iudeono filu,
3735 mislîke man   manage atsamne,
thea im thar côpstedi   gikoran habdun,
mangodun im thar mid manages huî: muniterias sâtun
an themu uuîhe innan,   habdun iro uuesl gidago
garu te geðanne.   That uuas themu godes barne
3740 al an andun: drêf sie ut thanen
rûmo fan themu rakude,   quað that uuâri rehtara dâd,
that thar te bedu fôrin   barn Israheles
'endi an thesumu mînumu hûse   helpono *biddean,*
that sia sigidrohtin   sundiono tômie,
3745 than hêr theoðas an   thingstedi halden,
thea faruuarhton uueros   uuchsal driðan,
unreht ênfald.   Ne gi êniga êra ni unitun
theses godes hûses,   Iudeo liudi.'
Sô rumde he thô endi rekode,   rîki drohtin,
3750 that hêlaga hûs   endi an helpun uuas
managumu mankunnie,   them the is mikilion craft
ferrene gefrugnun   endi thar gifaran quâmun
oðar langan uueg.   Uuarð thar lef so manag,
halt gihêlid   endi hâf sô same,
3755 blindun giôôtid.   Sô dede that barn godes
uuilliendi *themu* uuerode,   huand al an is giuueldi stêd
umbi thesaro liudio lîf   endi ôk umbi thit land sô same.

XLVI.

Stôd imu thô fora themu uuîhe   uualdandeo Crist,
liof landes uuard,   endi imu thero liudio hugi,

3760 iro uuilleon aftaruuarode: gisah uuerod mikil
an that mârie hûs   mêðmos fôrien,
geƀon mid goldu   endi mid goduuuebbiu,
diuriun fratahun.   That al drohtin Crist
uuarode uuîslîco.   Thô quam thar ôk ên uuidouua tô,
3765 idis armscapen,   endi te themu alaha gong
endi siu an that tresurhûs   tuène legde
êrine scattos: uuas iru ênfald hugi,
uuillean gôdes.   Thô sprak uualdand Crist,
the *gumo* uuið is giungaron,   quað *that* siu thar geƀa
3770 mèron mikilu   than elcor ênig mannes sunu: [brâhti
'ef hêr ôdaga man', quað he,   'êru brâhtun,
mêðomhord manag,   sie lêtun im *mêr* at hûs
uuelono geuunnen.   Ni dede thius uuidouua sô,
ac siu te thesumu alahe gaf,   al that siu habde
3775 uuelono geuunnen,   sô *siu* iru uuiht ni *farlêt*
gôdes an iro gardun.   Bethiu sind ira geƀa mèron,
uualdande uuerða,   huand siu it mid sulicumu *uuilleon*
dede
te thesumu godes hûse.   Thes scal siu geld niman,
suîðo langsam lôn,   thes siu sulican gilôƀon habad.'
3780 Sô gifragn ik that thar an themu uuihe   uualdandeo
allaro dago gehuilikes,   drohtin manno,   [Crist
uuisde mid uuordun.   Stôd ine uuerod umbi,
grôt folc Iudeono,   gihôrdun is gôdan uuord,
suôtea seggian.   Sum sô sâlig uuarð
3785 manno undar theru menegi,   that it bigan an is môd
hladen;
linodun im thea lêra,   the the landes uuard
al be biliðiun *sprak,*   barn drohtines.
Sumun uuârun eft sô lêða   lêra Cristes,
uualdandes uuord: uuas im uuiðermôd hugi
3790 allun them, the an themu heriskepi   hêrost uuârun,
furiston an themu folke: fâres hugdun
uurêða mid iro uuordun,   habdun im uuiðersakon
gihaloden te helpu,   thes hêroston man,

Herodeses thegan, the thar anduuard stôd
3795 uurêðes uuillean, that he iro uuord oðarhôrdi,
ef sie ina forfengin, that sie ina than feteros an,
thea liudi liðobendi leggien môstin,
sundea lôsan. Thô gengun im thea gesîðos tô
bittra gihugde, that sie uuið that barn godes
3800 uurêða uuiðersakon uuordun sprâkun:
'huat, thu bist êosago', quâðun sie, 'allun thiodun,
uuîsis uuâres sô filu: nis thi uuerð eouuiht
te bimîðanne manno niênumu
umbi is rîkidôm, neðo thu simlun that reht sprikis
3805 endi an thene godes uueg gumono gesîði
lêdis mid thînun lêrun: ni mag thi laster man
fîdan undar thesumu folke. Nu uui thi frâgon sculun,
rîki thiodan, huilic reht haðad
the kêsur fan Rûmu, the imu te thesumu kunnie herod
3810 tinsi sôkid endi gitald haðad,
huat uui imu gelden sculin gêro gehuilikes
hôðidscatto. Saga huat thi thes an thînumu hugi
is it reht the nis? Râd for thînun [thunkea:
landmêgun uuel: ûs is thînaro lêrono tharf.'
3815 Sie uueldun that he it antquâði: than mahte he thoh
antkennien uuel
iro uurêðon uuilleon: 'te huî gi uuârlogon', quað he,
'fandot mîn sô frôkno? Ni scal iu that te frumu
that gi dreogerias darnungo nu [uuerðen,
uuilliad mi farfâhen.' Hêt he thô forð dragan
3820 te scauuonne the scattos, 'the gi sculdige sind
an that geld geðen.' Iudeon drôgun
ênna siluðrinna forð: sâhun manage tô,
huô he uuas gemunitod: uuas an middien skîn
thes kêsures biliði, — that mahtun sie antkennien
uuel —,
3825 iro hêrron hôðidmâl. Thô frâgode sie the hêlago Crist,
aftar huemu thiu gelîcnessi gilegid uuâri.

Sie quâðun that it uuâri   uueroldkêsures
fan Rûmuburg,   'thes the alles theses rîkes haðad
geuuald an thesaru uueroldi.'   'Than uuilliu ik iu te
uuârun *hêr*', quað he,
3830 '*selƀo* seggian,   that gi imu sîn geðad,
uueroldhêrron is geuunst,   endi uualdand gode
selliad, that thar sîn ist: that sculun inuua seoloa
uuesen,
gumono gêstos.'   Thô uuarð thero Iudeono hugi
geminsod an themu mahle: ni mahtun the mênscaðon
3835 uuordun geuuinnen,   sô iro uuilleo geng,
that sie ina farfengin,   huand imu that friðubarn godes
uuardode uuið the uurêðon   endi im uuâr angegin,
sôðspel sagde,   thoh sie ni uuârin sô sâlige te thiu,
that sie it sô *farfengin,*   sô it iro fruma uuâri.

XLVII.

3840 Sie ni uueldun it thoh farlâten,   ac hêtun thar lêdien
forð
ên uuîf for themu uuerode,   thiu habde uuam gefrumid,
unreht ênfald: thiu idis uuas bifangen
an farlegarnessi,   uuas iro lîƀes scolo,
that sie firiho barn   ferahu binâmin,
3845 êhtin iro aldres: sô uuas an iro êu gescriƀen.
Sie bigunnun ina thô frâgon,   fruokne liudi,
uuarêða mid iro uuordun,   huat sie scoldin themu uuîƀe
hueðer sie sie quelidin,   the sie sie quica lêtin,   [duan,
the huat he umbi sulica dâdi   adêlien uueldi:
3850 'thu uuêst huô thesaru menegi', quâðun sie,   'Moyses
uuârun uuordun,   that allaro uuîƀo gehuilic   [giƀôd
an farlegarnessi   lîƀes faruuarhti
endi that sie than auurpin   uueros mid handun,
starkun stênun: nu maht thu sie sehan standen hêr
3855 an sundiun bifangan: saga huat thu *is* uuillies.'
Uueldun ine *thea* uuiðersakon   uuordun fárfâhen,
ef he that giquâði,   that sie sie quica lêtin,

3828 thes *fehlt M.*   3829 hèr *fehlt MC.*   3830 Selbon *C.*   3839
fargengin *M.*   3849 eftha *C.*   3855 thes *C.*   3856 thea *fehlt M.*

friðodi ira ferahe,   than *uueldi* that folc Iudeono
queðen, that he iro aldiron   êo uuiðersagdi,
3860 thero liudio landreht;   ef he sie than hêti lîƀu binimen,
thea magað fur theru menegi,   than *uueldin* sie queðen,
            that he sô mildiene hugi
ni bâri an is breostun,   sô scoldi habbien barn godes:
uueldun sie sô hueðeres   hêlagne Crist
thero uuordo geuuîtnon,   *sô* he thar for themu uuerode
3865 adêldi te dôme. Than uuisse drohtin Krist   [gespráki,
thero manno sô garo   môdgithâhti,
iro uurêðon nuilleon;   thô he te themu uuerode sprak,
te allun them erlun: 'sô huilik sô iuunar âno sî',
'*slîðeu sundeon,*   sô *ganga* iru selƀo tô   [quað he,
3870 endi sie at êrist   erl mid is handun
stên ana uuerpe.'   Sô stôdun Iudeon,
thâhtun endi thagodun: ni mahte thegan nigiean
uuið them uuordquidi   *uuiðersaca* finden:
gehugde manno gehuilic   mêngithâhti,
3875 is selƀes sundea: ni uuas iro sô sikur ênig,
that he bi *themu uuorde*   themu uuîƀe gedorsti
stên an uuerpen,   ac lêtun sie standen thar
ênan thar inne   endi im ût thanen
gengun gramharde   Iudeo liudi,
3880 ên aftar ôðrumu,   antat iro thar ênig ni uuas
thes fiundo folkes,   the iro ferhes *tô,*
thero idis aldarlâgo   âhtien uueldi.
Thô gifragn ik that sie frâgode   friðubarn godes,
allaro gumono *bezt:*   'huar *quam thit* Iudeono folc',
            quað he,
3885 'thîne uuiðersakon,   thea thi hêr uurôgdun te mi?
Ne sie thi hiudu uuiht   harmes ne gidedun,
thea liudi lêðes,   the thi uueldun lîƀu beniman,
uuêgean te uundrun?'   Thô sprak imu eft that uuîf
            angegin,
quað that iru thar nioman   thurh thes neriandan

3858 weldi bis 3861 than *incl. fehlt C.*   3861 uueldun *C.*   3864 thie *C.*
3869 Slidearo *M.* gangan *C.*   3871 Sten auuerpe *C.*   3873 uidarsac *M.*
3876 them uuordon *C.*   3878 Ena *C.*   3881 thuo *C.*   3884 besta *C.*
quamun *C.* that *C.*

3890 hêlaga helpa   harm ne gifrumidi
uuammes te lône.   Thô sprak eft uualdand Crist,
drohtin manno: 'ne ik *thi ni* deriu neouuiht', quað he,
'ac gang thi hêl hinen,   lât thi an thînumu hugi sorga,
that thu nio sîð aftar thius   *sundig* ni uuerðes.'
3895 Habde iru thô giholpen   hêlag barn godes,
gefriðod iro ferahe.   Than stôd that folc Iudeono
ubiles anmôd   sô fan êristan,
uurêðes uuillean,   huô sie uuordheti
uuið that friðubarn godes   frummien môstin.
3900 Habdun thea liudi an tuê   mid iro gilôbon gifangan:
uuas thiu smale thiod   sînes uuillean
gernora mikilu,   thes godes barnes
uuord the gefrummienno,   sô im iro frâho gibôd:
rômodun te rehta   bet than thie rîkeon man,
3905 habdun ina far *iro* hêrron   ia far hebencuning,
fulgengun imu gerno.   Thô giuuêt imu the godes sunu
an thene uuîh innan: huarf ina uuerod umbi,
meginthiodo gimang.   He an middien stôd,
lêrde thea liudi   liohtun uuordun,
3910 hlûdero stemnun: uuas hlust mikil,
thagode thegan manag,   endi he theru thiod gibôd,
sô hue sô thar mid thurstu   bithuungan uuâri,
'sô ganga imu herod drincan te mi', quað he,   'dago
gehuilikes
suôties brunnan.   Ik mag *seggian iu*:
3915 sô hue sô hêr gilôbid te mi   liudio barno
fasto undar thesumu folke,   that imu than flioten sculun
fan is lîchamon   libbiendi flôd,
irnandi uuater,   ahospring mikil,
kumad thanen quica brunnon.   Thesa quidi uuerðad
uuâra,
3920 liudiun gilêstid,   sô huemu sô hêr gilôbid te mi.'
Than mênde mid thiu uuataru   uualdandeo Crist,
hêr hebencuning   hêlagna gêst,

3892 thi geth *MC*. ni *fehlt C*.   3894 so sundig *C*.   3904 Ruo-
muod *C*. te *fehlt MC*.   3905 iro *fehlt C*.   3906 Folgodun *C*.   3914
Suotian *C*. iu seggean filo *C*.   3918 Irnandi *Grein]* rinnandi *MC*

huô thene firiho barn   antfâhen scoldin,
lioht endi *listi   endi* lîf êuuig,
3925 *hôh heŏenrîki*   endi huldi godes.

XLVIII

Vurŏun thô thea liudi   umbi thea lêra Cristes,
umbi thiu uuord an geuuinne: stôdun uulanca man,
gêlmôdc Iudeon,   sprâkun gelp mikil,
habdun it im te hosca,   quâŏun that sie mahtin gihôrien
3930 that imu mahliŏin fram   môdaga uuihti,   [uuel,
unholde ût: 'nu he an *aŏu* lêrid', quâŏun sie,
'uuordu gehuilicu.'   Thô sprak eft that uuerod ôŏar:
'ni thurŏun gi thene lêriand lahan', quâŏun sie: 'ku-
mad liŏes uuord
mahtig fan is mûŏe;   he *uuirkid* manages huat,
3935 uundres an thesaru uueroldi: nis that uurêŏaro dâd,
fiundo craftes: nio it than te sulicaru frumu *ni uurŏi,*
ac it gegnungo   fan gode alouualdon
kumid fan is crafte.   That mugun gi antkennien uuel
an them is unârun uuordun,   that he giuuald haŏad
3940 alles oŏar erŏu.'   Thô uueldun ina the andsacon thar
an stedi fâhen   eftha stên ana uuerpen,
ef sie im thero manno   menigi ni andrêdin,
ni forhtodin that folcskepi.   Thô sprak that friŏubarn
godes:
'ik tôiu iu gôdes sô filu', quaŏ he,   'fan gode selŏumu,
3945 uuordo endi uuerko: nu uuilliad gi mi uuîtnon hêr
thurh iuuuan starkan hugi,   stên ana uuerpen,
bilôsien mi liŏu.'   Thô sprâkun imu eft thea liudi an-
gegin,
uurêŏa uuiŏersakon: 'ne uui it be thînun uuerkun ni
duat', *quâŏun sie,*
'that uui thi aldres tô   âhtien uuilliad,
3950 ac uui duat it be thînun uuordun,   huand thu sulik
uuâh sprikis,
huand thu thic sô mâris   endi sulic mên sagis,

3924 listi endi *fehlt M.*   3925 Hohan hebanuuang *C.*   3933 uuoh *C.*
3934 Mahtiga *C.* sprikit *C.*   3936 ni *fehlt M.* uuirthi *C.*   3948 quâŏun
sie *fehlt M.*   3951—4016 *incl. fehlt M.*

gihis for theson Iudeon,   that thu sis god selbo,
mahtig drohtin,   endi bist thi thoh man sô uui,
cuman fan theson cunnie.'   Crist alouualdo
3955 ne uuolda thero Iudeono thuo leng   gelpes hôrian,
uurêðaro uuillion,   ac hie im af them uuîhe fuor
obar Iordanes strôm;   habda iungron mid im,
thia is sâligun gisîðos,   thia im simlon mid im
uuillion uuonodun: suohta uuerod ôðer,
3960 deda thar sô hie giuunoda,   drohtin selbo,
lêrda thia liudi: gilôbda thie uuolda
an is hêlagun uuord.   That scolda *sinnon uuell* (?)
manno sô huilicon,   sô that an is muod ginam.
Thuo gifrang ik that thar te Criste   cumana uurðun
3965 bodon fan Bethaniu   endi sagdun them barne godes,
that sia an that ârundi tharod   idisi sendin,
Maria endi Martha,   magað frîlîca,
suîðo uunsama uuîf   — thia uuissa hie bêðia:
uuârun im gisuester tuâ,   thia hie selbo êr
3970 minnioda an is muode   thuru iro mildian hugi,
thiu uuîf thuru iro uuillion guodan —.   *Sia im te*
uuâron thuo
anbudun fon Bethaniu,   that iro bruoðer uuas
Lazarus legarfast   endi that sia is lîbes ni uuândun;
bâdun that tharod quâmi   Crist alouualdo
3975 hêlag te helpu.   Reht sô hie sia gihôrda thuo
seggian fan sô siecon,   sô sprak hie sân angegin,
quað that Lazaruses   legar ni uuâri
giduan im te dôðe,   'ac thar scal drohtines lof', quathie,
'gifrumid uuerðan: nis it im te ôðron frêson giduan.'
3980 Uuas im thar thuo selbo   suno drohtines
tuâ naht endi dagas.   Thiu tîd uuas thuo genâhit,
that hie eft te Hierusalem   Iudeo liudeo
uuîson uuelda,   sô hie giuuald habda.
Sagda thuo is gisîðon   suno drohtines,
3985 that hie eft obar Iordan   Iudeo liudi
suokean uuelda.   Thuo sprâcun im sân angegin

3962 helpan sinnon well *Grein*, helpan sinnon *Sievers*.   3971 Thuo
sia im te uuaron *C*.

iungron sîna: 'te hui *bist* thu sô gern tharod', quâðun
'frô mîn, te faranne?   Ni that nu furn ni uuas,   [sia,
that sia thik thînero uuordo   uuîtnon hogdun,
3990 uueldun thi mid stênon starcan auuerpan?   nu thu eft
undar thia strîdigun thioda
fundos te faranne,   thar is fiondo ginuog,
erlos oðarmuoda'?   Thuo *ên thero tuelibio*,
Thuomas gimâlda   — uuas im githungan mann,
diurlîc drohtines thegan —:   'ne sculun uui im thia
dâd lahan', quathie,
3995 'ni uuernian uui im thes uuillien,   ac uuita im uuo-
nian mid,
thuoloian mid *ûsson* thiodne: that ist thegnes cust,
that hie mid is frâhon samad   fasto gistande,
dôie *mid* im thar an duome.   Duan ûs alla sô,
folgon im te thero ferdi: ni lâtan ûse fera uuið thiu
4000 uuihtes uuirðig,   neða uui an them uuerode mid im,
dôian mid ûson drohtine.   Than lêbot ûs thoh duom
after,
guod uuord for gumon.'   Sô uurðun thuo iungron
Cristes,
erlos aðalborana   an ênuualden hugie,
hêrren *te* uuillien.   Thuo sagda hêlag Crist
4005 selbo is gisîðon,   that aslâpan uuas
Lazarus fan them legare,   'habit thit lioht ageban,
ansuebit ist an selmon.   Nu uui an thena sîð faran
endi ina auuekkian,   that hie muoti eft thesa uuerold
sehan,
libbiandi lioht: thann uuirðit iuuua gilôbo after thiu
4010 forðuuerd gifestid.'   Thuo giuuêt hie im oðar thia fluod
thanan,
thie guodo godes suno,   anthat hie mid is iungron quam
thar te Bithaniu,   barn drohtines
selbo mid is gisîðon,   thar thia gisuester tuâ,
Maria endi Martha   an muodkaron
4015 sêraga sâtun.   Unas thar gisamnot filo

3987 bist *fehlt* C.   3992 thero tuelifio en C.   3996 usses C.   3998 mid *fehlt* C.   4004 te *fehlt* C.

fan Hierusalem   ludeo liudo,
thia thiu nuît uueldun   uuordun íruobrean,
that sie sô ni *karodin*   kindiungas dôd,
Lazaruses farlust.   Sô thô the landes uuard
4020 geng an thiu gardos,   sô uurðun thes *godes* barnes
kumi thar gikûðid,   that he sô craftig uuas
bi theru burg ûten.   Thô im bêðiun uuas,
them uuîbun sulik uuillio,   that sie im uualdand *tô*,
that friðubarn godes,   farandien uuissun.

XLVIIII.

4025 Thô them uuîbun uuas   uuilleono mêsta
cumi drohtines   endi Cristes uuord
te gihôrienne.   Heobandi geng
Martha môdkarag   uuið sô mahtigne
uuordun unehslan   endi uuið uualdand sprak
4030 an iro hugi hriuuig: 'thar thu mi, hêrro mîn', quað siu,
'neriendero bezt,   nâhor uuâris,
hêleand the gôdo,   than ni thorfti ik *nu* sulic harm
tholon,
bittra breostkara,   than ni uuâri nu mîn brôder dôd,
Lazarus fan thesumu liohte,   ac he *imu mahti* libbien
4035 ferahes gefullid.   Ik thoh, frô mîn, te thi   [forð
liohto gilôbiu,   lêriandero bezt,
sô hues sô thu biddien uuili   berhton drohtin,
that he it thi sân fargibid,   god alomahtig,
giuuerðot thînan uuillean.'   Thô sprak eft uualdand Krist
4040 theru idis *anduuordi*:   'ni lât thu thi an innan thes',
'thînan sebon suerkan: ik thi seggian mag   [quað he,
uuârun uuordun,   that thes nis giuuand ênig,
nebu thîn brôðer scal   thurh gibod godes,
thurh drohtines craft   fan dôde astanden
4045 an is lîchamon.'   'All hebbiu ik gilôbon sô', quað siu,
'that it sô giuuerðen scal,   sô huan sô thius uuerold
endi the màreo dag   obar man ferid,   [endiod
that he than fan erðu scal   up astanden

4017 Thia thiu *fehlt noch M*.   4018 karodun *C*.   4020 godes
fehlt C.   4023 krist to *MC*.   4032 nu *fehlt M*.   4034 mahti im *C*.
4040 anduuirdi *C*.   4043 Ne *C*.

an themu *dômes* daga,   than uuerðad fan dôde quica
4050 thurh maht godes   mankunnies gehuilic,
arisad fan restu.'   Thô sagde *rîkeo* Krist
theru idis alomahtig   oponun uuordun,
that he selƀo uuas   sunu drohtines,
bêðiu ia lîf ia lioht   liudio *barnon*
4055 te astandanne: 'nio the *sterƀen* ni scal,
lîf farliosen,   the hêr gilôƀid te mi:
thoh ina eldibarn   erðu bithekkien,
diapo bidelƀen,   nis he dôd thiu mêr:
that flêsk is bifolhen,   that ferah is gihalden,
4060 is thiu siola gisund.'   Thô sprak imu eft sân angegin
that uuîf mid iro uuordun: 'ik gilôƀiu that thu the
uuâro bist', quað siu,
'*Krist godes sunu*:   that mag man antkennien uuel,
uuiten an thînun uuordun,   that thu giuuald haƀes
thurh thiu hêlagon giscapu   himiles endi erðun.'
4065 Thô gefragn ik that *thar thero idisio* quam   ôðar gangan
Maria modkarag: gengun iro managa aftar
Iudeo *liudi*.   Thô siu themu godes barne
sagde sêragmôd,   huat iru te sorgun gistôd
an iro hugi harmes: hofnu kûmde
4070 Lazaruses farlust,   liaƀes mannes,
griat gornundi,   antat themu godes barno
hugi uuarð gihrôrid: hête trahni
uuôpu *auuellun*,   endi thô te them uuiƀun sprac,
hêt ina thô lêdien,   thar Lazarus uuas
4075 foldu bifolhen.   Lag thar ên felis bioƀan,
hard stên behliden.   Thô hêt the hêlago Crist
antlûcan thea leia,   that he môsti that lik sehan,
hrêo scauuoien.   Thô ni mahte *an* iro hugi mîðan
Martha for theru menegi,   uuið mahtigne sprak:
4080 'frô mîn the gôdo', quað siu,   'ef man thene felis nimid,
thene stên antlûkid,   than uuâniu ik that thanen stank
unsuôti suek,   huand ik thi seggian mag   [kume,

4049 domos *M.*   4051 riki *C.*   4054 barno *M.*   4055 astereban *C.*
4062 uualdandes suno, crist alouualdo *C.*   4065 thar *fehlt C.* theru idi-
siu *M.*   4067 liudio *C.*   4073 anuuillun *C.*   4078 an *fehlt C.*
4979 Marthun *C.*

uuârun uuordun,   that thes nis giuuand ênig,
that he thar nu bifolhen uuas   fiuuuar naht endi dagos
4085 an themu erôgrabe.'   Anduuordi gaf
  uualdand themu uuîbe: 'huat, *ni* sagde ik thi te
           uuârun *êr'*, quað he,
'ef thu gilôbien uuili,   than nis nu lang te thiu,
that thu hêr antkennien scalt   craft drohtines,
the mikilon maht godes?   Thô gengun manage tô,
4090 afhôbun harden stên.   Thô sah the hêlago Crist
up mid is ôgun,   ôlat sagde
  themu, the these uuerold giscôp,   'thes thu mîn uuord
           gihôris', quað he,
'sigidrohtin selbo;   ik uuêt that thu sô simlun duos,
ac ik duom it be thesumu grôton   Iudeono folke,
4095 that sie that te uuârun uuitin,   that thu mi an *these*
           uuerold sendes
thesun liudiun te lêrun.'   Thô he te Lazaruse hriop
starkaru stemniu   endi hêt ina *standen up*
ia fan themu grabe gangan.   Thô uuarð the gêst kumen
an thene lîchamon: *he* bigan is liði hrôrien,
4100 antuuarp undar themu giuuêdie: uuas imo *sô* beuunden
           thô noh,
an hrêobeddion bihelid.   Hêt imu helpen thô
uualdandeo Krist.   Uueros gengun tô,
antuundun that geuuâdi.   *Uuânum* up arês
Lazarus te thesumu liohte: uuas imu is lîf fargeben,
4105 that he is *aldarlagu*   êgan *môsti,*
friðu forðuuardes.   Thô fagonadun bêðea,
Maria endi Martha: ni mag that man ôðrumu
giseggian te sôðe,   huô thea gesuester tuô
mendiodun an iro môde.   Maneg uundrode
4110 Iudeo liudio,   thô sie ina fan themu grabe sâhun
sîðon gesunden,   thene the êr suht farnam
endi sie bidulbun   diapo undar *erðu*
lîbes lôsen: thô môste imu libbien forð

————
  4084 Thar *C.* 4086 ni *fehlt MC.* êr *fehlt C.*   4088 Huat *C.*
4095 thesaro *C.* 4097 upp standan *C.* 4099 he *fehlt C.*   4100 sô
fehlt C. 4103 uuanu *M.* 4105 aldargilagu *C.* muosta *C.*   4109
Menndun *C.* 4112 erthun *C.*

hêl an hêmun.   Sô mag heƀenkuninges,
4115 thiu mikile maht godes   manno gehuilikes
ferahe giformon   endi *uuiđ* fiundo nîd
hêlag helpen,   sô huemu sô he is huldi fargiƀid.

L.

Thô uuarđ thar sô managumu manne   môd aftar Kriste,
gihuorƀen hugiskefti,   sîđor sie is hêlagon uuerk
4120 selƀon gisâhun,   huand eo ôr sulic ni uuarđ
uunder an uueroldi.   Than uuas eft thes uuerodes sô filu,
sô môdstarke man: ni uueldun the maht godes
antkennien kûđlîco,   ac sie uuiđ is craft mikil
uunnun mid iro uuordun: uuârun im uualdandes
4125 lêra so lêđa: sôhtun *im* liudi ôđra
an Hierusalem,   thar Iudeono uuas,
heri handmahal   endi hôƀidstedi,
grôt gumskepi   grimmaro thioda.
Sie kûđdun im *thô* Kristes uuerk,   quâđun that sie
quican sâhin
4130 thene erl mid iro ôgun,   the an erđu uuas,
foldu bifolhen   fiuuuar naht endi dagos,
dôd bidolƀen,   antat he ina mid is dâdiun selƀo,
mid is uuordun auuekide,   that he *môsti* these uuerold
sehan.
Thô uuas that sô *uuiđeruuord*   uulankun mannun,
4135 Iudeo liudiun: hôtun iro gumskepi thô,
uuerod samnoian   endi huuarƀos fâhen,
meginthioda gimang,   an mahtigna Krist,
riedun an *rûnun*:   'nis that râd ônig', quâđun sie,
'that uui that githoloian: uuili thesaro thioda te filu
4140 gilôƀien aftar is lêrun.   Than ûs *liudi* farad
an eoridfolc,   uuerđat ûs oƀarhôƀdun
rinkos fan Rûmu.   Than uui theses rîkies sculun
lôse libbien   eftha uui sculun ûses lîƀes tholon,
heliđos ûsaro hôƀdo.'   Thô sprak thar ên *giheѓod* man
4145 *oƀar huarf uuero*,   the uuas thes uuerodes thô

―――――――――
    4116 uuiđ *fehlt C.*   4122 Sô *fehlt C.*   4125 im *fehlt M.*   4127
Hereo endi *M.*   4129 thô *fehlt M.*   quica *C.*   4133 muosta *C.*   4134
uuidarmuod *C.*   4133 runu *C.*   4140 liudio *M.*   4144 gierod *M.*

an *theru burg innan*   biscop thero liudio
— Kaiphas uuas he hêten;   habdun ina gicoranen te
an *theru gêrtalu*   Iudeo liudi,   [thiu
that he thes godes hûses   gômien *scoldi,*
4150 uuardon thes unîhes —:   'mi thunkid uunder mikil',
                                   quað he,
'mâri rhioda,   — gi kunnun manages giskêd —
huî gi that te uuârun ni uuitin,   uuerod Iudeono,
that hêr is betera râd   barno gehuilicumu,
that man hêr ênne man   aldru bilôsie
4155 endi that he thurh iuuua dâdi   drôreg sterbe,
for *thesumu* folcskepi   ferah farlâte,
than al thit liudunerod   farloren uuerðe.'
Ni uuas it thoh is nuillean,   that he sô uuâr gesprak
sô forð for themu folke,   frume mankunnies
4160 gimênde for theru menegi,   ac it quam imu fan theru
                                   maht godes
thurh is hêlagan hêd,   huand he that hûs godes
thar an Hierusalem   bigangan scolde,
uuardon thes unîhes: bethiu he sô uuâr gisprak,
biscop thero liudio,   huô scoldi that barn *godes*
4165 alla irminthiod   mid is ênes *ferhe,*
mid is libu alôsien: that uuas allaro thesaro liudio rad,
huand he gihalode mid thiu   *heðina liudi,*
uueros an is uuilleon   uualdandio Crist.
Thô uurðun ênuuordie   obarmôdie man,
4170 uuerod Iudeono,   endi an iro huarbe gisprâkun,
mâri thioda,   that sie im ni lêtin iro môd tuehon:
sô hue sô ina undar themu folke   finden mahti,
that *ina* sân gifengi   endi forð brâhti
an thero rhiodo thing;   quâðun that sie ni mahtin gi-
                                   tholoian *leng,*
4175 that sie the êno man   sô *alla uueldi,*
uuerod farnuinnen.   Than uuisse uualdand Krist
thero manno sô garo   môdgithâhti,

————————
4145 Oboruuard *M.*   4146a *fehlt C.*   4148 them iartale *C.*   4149
scolda *C.*   4156 thitt *C.*   4164 godes *fehlt C.*   4165 ferhu *C.*   4167
hie theoda *C.*   4168 uuerod *C.*   4173 he ina *C.*   4174 leng *fehlt M.*
4175 uueldi alla *C.*

hetigrimmon hugi, huand ima ni uuas biholen eouuiht
an thesaru middilgard: he ni uuelde thô an thie *menigi*
innen
4180 sîður openlîco, under that erlo folc,
gangan under thea Iudeon: bêd the godes sunu
thero torohteon *tîd*, the imu tôuuard uuas,
that he far thesa thioda tholoian uuelde,
far thit uuerod uuîti: uuisse imu selbo
4185 that dagthingi garo. Thô giuuêt imu ûse drohtin forð
endi imu thô an Effrem alouualdo Krist
an theru hôhon burg hêlag drohtin
uunode *under themu* uuerode, antat he an is uuillean
eft the Bethania brahtmu thiu mikilun, [huarf
4190 mid thiu is gôdum gumscepi. Iudeon *that bisprâkun* thô
uuordu gehuilicu, thô sie imu sulic uuerod mikil
folgon gisâhun: 'nis frume ênig', quâðun sie,
'ûses rîkies girâdi, thoh uui reht sprekan,
ni thîit ûses thinges uuiht: *thius* thiod uuili
4195 uuendien after is uuillean; imu all thius uuerold folgot,
liudi bi them is lêrun, that uui imu lêðes uuiht
for thesumu folcscepi *gifrummien* ni môtun.'

LI.

Giuuêt imu thô that barn godes innan Bethania
sehs nahtun êr, than thiu samnunga
4200 thar an Hierusalem Iudeo liudio
an them uuîhdagun uuerðen *scolde,*
that sie scoldun *haldan* thea hêlagon tîdi,
Iudeono pascha. Bêd the godes sunu
mahtig under theru menegi: uuas thar manno craft,
4205 uuerodes bi them is uuordun. Thar gengun *ina* tuê
Maria endi Martha, mid mildiu hugi, [uuîf umbi,
thionodun imu theolico. Thiodo drohtin
gaf im langsam lôn: *lêt* sea lêðes gihues,
sundeono sikora, endi selbo gibôd,

4179 megin *M.* 4182 tidio *M.* 4188 mid is *C.* 4190 bisprakun
that *CM.* That tho judeon bispr. *Ries.* 4194 thiu *C.* 4197 Bi *C.* frum-
mian *C.* 4201 scoldi *C.* 4202 haldan *fehlt M.* 4205 ina *fehlt M.*
4208 alet *M.*

4210 that sea an friðe förin   uuiðer fiundo nîd,
    thea idisa mid is orloƀu gôdu: habdun iro ambahtscepi
    biuuendid an is uuilleon.   Thô giuuêt imu uualdand
    forð mid thiu folcu,   firiho drohtin,   [Krist
    innan Hierusalem,   thar Iudeono uuas
4215 hetelic hardburi,   thar sie thea hêlagon tîd
    uuarodun *at* themu uuîhe.   Uuas thar uuerodes sô filu,
    craftigaro kunnio,   thie ni uueldun Cristes *uuord*
    gerno *hôrien*   ni te themu godes barne
    an iro môdseƀon   minnie *ni* habdun,
4220 ac uuârun im sô uurêða   uulanka thioda,
    môdeg mankunni,   habdun im morðhugi,
    inuuid an innan: an aƀuh farfengun
    Kristes lêre,   uueldun ina craftigna
    uuîtnon thero uuordo;   ac uuas thar uuerodes sô filu
4225 umbi crîscepi   antlangana dag:
    habde ine thiu smale thiod   thurh is suôtiun uuord
    uuerodu biuuorpen,   that ine thie uuiðersakon
    under themu folcscepi   fâhen ne gidorstun,
    ac miðun is bi theru menegi.   Than stôd mahtig Krist
4230 an themu uuîhe innan,   sagde uuord manag
    firiho barnun te frumu.   Uuas thar folc umbi
    allan langan dag,   antat *thiu liohte* giuuêt
    sunne te sedle.   Thô te seliðun fôr
    mancunnies manag.   Than uuas thar ên mâri berg
4235 bi theru burg ûten,   the uuas brêd endi hôh,
    grôni endi scôni: hêtun ina Iudeo *liudi*
    Oliveti bi namon.   Thar imu up giuuêt
    neriendeo Krist,   sô *ina* thiu naht bifeng,
    uuas imu thar mid is iungarun,   sô ine thar Iudeono *ênig*
4240 ni uuisse ti uuârun,   huand he an themu uuîhe stôd,
    liudio drohtin,   sô lioht ôstene quam,
    antfeng that folcscepi   endi *im* filu sagde
    uuâroro uuordo,   sô nis an thesaru uueroldi ênig,
    an thesaru *middilgard*   manno sô spâhi,

4216 an *C.*   4217 uuord *fehlt C.*   4218 gihorian *C.*   4219 imi *fehlt C.*   4232 hie liohto *C.*   4236 barn *C.*   4238 ina *fehlt MC,* ergänzt *von Wackern.*   4239 negen *C.*   4242 im *fehlt C.*   4244 middilgard *fehlt C.*

4245 liudio barno nigên,   that thero lêrono mugi
     endi gitellien   the *he* thar *an themu* alahe gisprak,
     uualdand an themu uuîhe,   endi simlun mid is uuordun
     that sie *sie* gereuuidin   te godes rîkie,   [*gibôd*.
     allaro manno gehuilic,   that sie môstin an themu mâreon
4250 iro drohtines   diuriða antfâhen.   [daga
     Sagde im huat sie ti sundiun frumidun   endi simlun
     that sie thea *aleskidin*;   hêt sie lioht godes   [gibôd,
     minnion an iro môde,   mên farlâten,
     aboh oðarhugdi,   ôdmôdi niman,
4255 hlaðen that an iro *hertan*;   quað that im than uuâri
                                        heðenrîki
     garu gôdo *mêst*.   Thô uuarð thar gumono sô filu
     giuuendid aftar is uuillion,   sîður sie that uuord godes
     hêlag gihôrdun   heðencuninges,
     antkendun craft mikil,   kumi drohtines,
4260 hêrron helpe,   ia that heðenrîki uuas,
     neriendi ginâhid   endi nâða godes
     manno barnun.   Sum sô môdeg uuas
     Iudeo folkes,   habdun grimman hugi,
     sliðmôden seðon . . . .,
4265 ni uueldun is uuorde *gilôbien*,   ac habdun im genuin
     uuið thea Cristes craft: *kumen ni môstun*   [mikil
     thea liudi thurh lêden strîd,   that sie gilôðon te imu
     fasto gifengin: ni uuas im thiu frume gibiðig,
     that sie heðenrîki   habbien môstin.
4270 Geng imu thô *the* godes sunu   endi is iungaron mid imu,
     uualdand fan themu uuîhe,   all sô is uuillio geng,
     iac imu uppen thene berg gistêg   barn drohtines:
     sat imu thar mid is gesîðun   endi im sagde filu
     uuâroro uuordo.   Sie bigunnun im thô umbi thene uuih
                                          sprekan,
4275 thie *gumon* umbi that godes hûs,   quâðun that ni uuâri
     alah oðar erðu   *thurh* erlo hand,   [gôdlîcora

4246 he *fehlt C*. an themu *fehlt C*.   4247 gibod *fehlt C*.   4248
sie *fehlt C* (*radirt*).   4252 leskidin *M*.   4255 herta *C*.   4256 mesta *C*.
4261 Neriand *C*.   4264b ni sorgodun umbi is lera *ergänzt Roed*.   4265 gi-
horian *C*.   4266 ni uueldun thar tuo cuman *C*.   4270 he *C*.   4275
gumo *C*.   4276 thie io thuru *C*.

thurh mannes giuuerk mid megin*craft*
rakud arihtid. Thô the rîkio sprak,
hêr hebencuning — hôrdun the ôðra —:
4280 'ik mag iu *gitellien*', quað he, 'that noh uuirðid thiu tîd
that is afstanden ni scal stên oðar ôðrumu, [kumen,
ac it fallid ti foldu endi *it* fiur nimid,
grâdag logna, thoh it nu sô gôdlîc sî,
sô uuîslîco giuuarht, endi sô dôd all thesaro uucroldes
giscapu,
4285 teglîdid grôni wang.' Thô gengun imu is iungaron tô,
frâgodun ina sô stillo: 'huô lango scal standen noh',
quâðun sie,
'thius uuerold an uunniun, êr than that giuuand kume,
that the lasto dag liohtes skîne
thurh uuolcanskion, eftho huan is *thin eft* uuân kumen
4290 an *thenne* middilgard, *mankunnie*
te adêlienne, dôdun endi quikun?
frô mîn the gôdo, ûs is thes firiuuit mikil,
uualdandeo Krist, huan *that* giuuerðen sculi.'

LII.

Thô im anduuordi alouualdo Krist
4295 *gôdlîc* fargaf them gumun selbo:
'that habad sô bidernid', quað he, 'drohtin the gôdo
iac sô hardo farholen himilrikies fader,
uualdand thesaro uucroldes, sô that uuiten ni mag
ênig *mannisc barn*, huan thiu mârie tîd
4300 giuuirðid an thesaro uueroldi, ne it ôk te uuâran ni
godes engilos, thie for imu geginuuarde [kunnun
simlun sindun: sie *it* ôk *giseggian* ni mugun
te uuâran mid iro uuordun, *huan that* giuuerðen sculi,
that he uuillie an thesan middilgard, mahtig drohtin,
4305 firiho fandon. Fader uuêt *it* êno
hêlag *fan* himile: elcur is it biholen allun,

4277 -craftu *C.* 4280 tellian *C.* 4282 it *fehlt C.* 4283 gang *M.*
4289 eft thin *M.* 4290 thesan *C.* mankunni *M,* mauno cunnie *C.*
4291 adomienne *M.* 4293 than *C.* 4295 Guodlîco *C.* 4299 mannes
suno *C.* 4302 it *fehlt C.* seggian *C.* 4303 huand it *C.* 4305 im *C.*
4306 an *C.*

quikun endi dôdun,   huan is kumi uuerðad.

Ik mag iu thoh gitellien,   huilic *hêr* têcan biforan
giuuerðad uunderlîc,   êr *than* he an these uuerold kume
4310 an themu mâreon daga: that uuirðid hêr êr an themu
mânon skîn

iac an theru sunnon sô same: gisuerkad siu bêðiu,
mid finistre uuerðad bifangan;   fallad sterron,
huît he*ben*tungal,   endi hrisid erðe,
biðod *thius* brêde uuerold   — uuirðid sulicaro bôkno
filu —:

4315 grimmid the grôto sêo,   uuirkid thie geðenes strom
egison mid is ûðiun   erðbûandiun.

Than *thorrot* thiu thiod   thurh that gethuing mikil,
folc thurh thea forhta;   than nis friðu huergin,
ac uuirðid uuîg sô maneg   oðar these uuerold alla
4320 hetilîc *afhaðen*,   endi heri lêdid,
kunni oðar ôðar: uuirðid kuningo giuuin,
meginfard mikil: uuirðid managoro qualm,
open urlagi: — that is egislîc thing,
that io sulik morð sculun   man afhebbien —:

4325 uuirðid uuôl sô mikil   oðar these uuerold alle,
mansterðono mêst,   *thero* the gio an thesaru middilgard
suulti thurh suhti: liggiad seoka man,
driosat endi dôiat   *endi* iro dag endiad,
fulliad mid iro ferahu;   ferid unmet grôt

4330 hungar hetigrim   oðar heliðo barn,
metigêdeono mêst: nis that minniste
thero uuîteo an thesaru uueroldi,   the *hêr* giuuerðen
sculun

êr *dômes* dage.   Sô huan sô gi thea dâdi gisean
giuuerðen an thesaru uueroldi,   sô mugun gi *than* te
uuâran farstanden,

4335 that than the lazto dag   liudiun nâhid
mâri te mannun   endi maht godes,
himilcraftes *hrôri*   endi thes hêlagon kumi

4308 err *C.*   4309 than *fehlt M.*   4313 -tunglas *C.*   4314 thiu *C.*
4317 tharod *C.*   4320 ahaban *C.*   4226 thero *fehlt C.*   4328 endi
fehlt C.   4332 err *C.* scal *C.*   4333 domos *M.*   4334 than *fehlt C.*
4337 hruora *C.*

drohtines mid is diuriðun.   Huat, gi thesaro dádeo
bi thesun bômun   biliði antkennien: [mugun
4340 than sia brustiad endi blôiat   endi bladu tôgeat,
lôf *antlûkad,*   than uuitun liudio barn,
that than is sân aftar thiu   sumer ginâhid
uuarm endi uunsam   endi uueder scôni.
Sô *uuitin* gi ôk bi thesun têknun,   the ik iu talde hêr,
4345 huan the lazto dag   liudiun nâhid.
Than seggio ik iu te uuâran,   that êr thit nuerod ni môt,
tefaran thit folcscepi,   êr than *uuerðe* gefullid sô,
mînu uuord giuuârod.   Noh giuuand kumid
himiles endi erðun,   endi steid mîn hêlag uuord
4350 fast *forðuuardes*   endi uuirðid al gefullod sô,
gilêstid an thesumu liohte,   sô ik for thesun liudiun
Uuacot gi uuârlico: iu is uuiscumo   [gespriku.
duomdag the mâreo   endi inues drohtines craft,
thiu mikilo meginstrengiu   endi thiu mârie tîd,
4355 giuuand thesaro uueroldes.   Fora thiu gi uuardon sculun,
that he iu slâpandie   an suefrestu
fârungo ni bifâhe   an firinnuercun,
mênes fulle.   Mûtspelli cumit
an thiustrea naht,   al sô thiof ferid
4360 darno mid is dâdiun,   sô kumid the dag mannun,
the lazto theses liohtes,   sô it êr these liudi ni uuitun,
sô samo sô thiu flôd deda   an furndagun,
the thar mid lagustrômun   liudi farteride
bi Noeas tîdiun,   *biûtan* that ina neride god
4365 mid is hîuuiskea,   hêlag drohtin
uuið thes flôdes farm: sô uuarð ôk that fiur kuman
hêt fan himile,   that thea hôhon burgi
umbi *Sodomo land*   suart logna bifeng
grim endi grâdag,   that thar *nênig gumono* ni ginas
4370 biûtan Loth êno: ina antlêddun thanen
drohtines engilos   endi is dohter tuâ
an ênan berg uppen: that ôðar *al* brinnandi fiur
ia land ia liudi   logna farteride:

4341 antlûkad *Sievers]* antlukid *MC.*   4344 uuitun *M.*   4347 uuirðit *C.*
4350 foruuardes *C.*   4353 Duomes dag *C.*   4364 neuan *C.*   4368 so-
domaland *C.*   4369 enig *C.* gumo *C.*   4372 obar *C.* al *fehlt C.*

sô fârungo uuarð that fiur kumen,   sô uuarð êr *the*
                  flôd sô samo:
4375 sô uuirðid the lazto dag.   For thiu scal allaro liudio
                  gehuilic
thenkean fnra themu thinge: — thes is tharf mikil
manno gehuilicumu —:   bethiu lâtad *iu* an iuuuan mod
                  sorga.

LIII.

Huand sô huan sô that geuuirðid,   that uualdand Krist,
mâri mannes sunu   mid theru maht godes,
4380 kumit mid thiu craftu   kuningo rîkeost
sittean an is selbes maht   endi samod mid imu
alle thea engilos,   the thar uppa sind
hêlaga an himile,   than sculun tharod heliðo barn,
elitheoda kuman   alla tesamne
4385 libbeandero liudio,   sô *huat sô* io an thesumu liohte
firiho afôdid.   Thar he themu folke scal,   [uuarð
allumu mankunnie   mâri drohtin
adêlien aftar iro dâdiun.   Than skêðid he thea far-
                  duanan man,
thea faruuarhton uueros   an thea uuinistron hand:
4390 sô duot he ôk thea sâligon   an thea suîðeron half;
grôtid he than thea gôdun   endi im tegegnes sprikid:
'kumad gi', quiðid he, 'the thar gikorene sindun   endi
                  antfâhad thit craftiga rîki,
that gôde, that *thar* gigereuuid stendid,   that thar
                  uuarð gumono barnun
giuuarht fan thesaro uueroldes endie: iu habad geuuî-
                  hid selbo
4395 fader allaro firiho barno: gi môtun *thesaro frumono*
                  neotan,
geuualdon theses uuîdon rîkeas,   huand gi oft mînan
                  uuilleon frumidun,
fulgengun mi gerno   endi uuârun mi iuuaro gebo mil-
than ik bithuungan uuas   thurstu endi hungru,   [die,

4374 thiu *C.*   4376 Gethenkean *C.*   4377 iu *fehlt C.*   4385
huat sô *fehlt C.*   4391 Gruote *C.*   4393 Thit *C.* hierr *C.*   4395
thera fruma *C.*

frostu bifangan   eftho *an* feteron lag,
4400 biklemmid an karkare: oft uurðun mi *kumana* tharod
helpa fan iuuun handun: gi nuârun mi an inuuomu
hugi mildie,
uuîsodun mîn uuerðlico.'   Than sprikid imu eft that
uuerod angegin:
'frô mîn the gôdo', queðat sie,   'huan uuâri thu bifan-
gan sô,
bethuungan an sulicun tharabun,   sô thu fora thesaru
thiod telis,
4405 mahtig mênis?   Huan gisah thi man ênig
bethuungen an sulicun tharabun?   Huat, thu habes
allaro thiodo ginuald
iac sô samo thero mêðmo,   thero the io manno barn
geuunnun an thesaro uueroldi.'   Than sprikid im eft
uualdand god:
'sô huat sô gi dâdun', quiðit he,   'an iuuues drohtines
namon,
4410 gôdes fargâðun   an godes êra
them mannun, the hêr minniston sindun,   *thero* nu
undar thesaru menegi *standad*
endi thurh ôdmôdi   arme uuârun
uueros, huand sie mînan uuilleon *fremidun* —   sô huat
sô gi im iuuuaro uuelono fargâbun,
gidâdun thurh *diuriða*,   that antfeng iuuua drohtin
selbo,
4415 thiu helpe quam te hebencunninge.   Bethiu uuili in
the hêlago drohtin
lônon *iuuuan* gilôbon: gibid iuu lîf êuuig.'
Uuendid ina than uualdand   an thea uuinistron hand,
drohtin te them farduanun mannun,   sagad im that
sie sculin thea dâd antgelden,
thea man iro *mêngiuuerk:*   'nu gi fan *mi* sculun', quiðit
4420 'faran sô forflôcane   an that fiur êuuig,   [he,
that thar gigareuuid uuarð   godes andsacun,
fiundo folke   be firinuuerkun,

4399 ik an *C.*   4400 kumana *fehlt C.*   4411 thia *C.* standid *M.*
4413 frumidun *C.*   4414 diurida mina *C.*   4416 iuuuomu *M.*   4418
The drohtin *M.*   4419 menuuerc *C.* minun *M.*

huand gi mi ni hulpun, than mi hunger endi thurst
uuêgde te uundrun eftha ik geuuâdies lôs
4425 geng iâmermôd, uuas mi grôtun tharf:
than ni habde ik thar ênige helpe, than ik geheftid
uuas,
an liðokospun bilokan, eftha mi legar bifeng,
suâra suhti: than ni uneldun gi mîn siokes thar
uuîson mid uuihti: ni uuas iu uuerð couniht,
4430 that gi mîn gehugdin. Bethiu gi an hellie sculun
tholon an thiustre.' Than sprikid imu eft thiu thiod
angegin:
'uuola, uualdand god', queðad sie, 'huî uuilt thu sô
uuið thit uuerod sprekan,
mahlien uuið these menegi? Huan uuas thi *io* manno
tharf,
gumono gôdes? Huat, sie it al be thînun geƀun *êgun,*
4435 *uuelon an thesaro* uueroldi. Than sprikid eft uual-
dand god:
'than gi thea armostun', quiðid he, 'eldibarno,
manno thea minniston an iuuuomu môdseƀon
heliðos farhugdun, lêtun sea iu an iuuuomu hugi lêče,
bedêldun sie iuuuaro diurða, than dâdun gi *iuuuomu*
drohtine sô sama,
4440 *giuuernidun imu* iuuuaro uuelono: bethiu ni uuili iu
uualdand god,
antfâhen fader iuuua, ac gi an that fiur sculun,
an thene diopun dôd, diuƀlun thionon,
uureðun uuiðersakun, huand gi sô *uuarhtun* biforan.'
Than aftar them unordun *skêðit* that uuerod an tuê,
4445 thea gôdun endi thea uƀilon: farad thea fargriponon
an thea hêtan hel hriuuigmôde, [man
thea faruuarhton uueros, uuîti antfâhat,
uƀil endilôs. Lêdid up thanen
hêr heƀencuning thea hluttaron theoda
4450 an that langsame lioht: thar is lîf êuuig,
gigareuuid godes rîki gôdaro thiado.'

4424 Wegdun *C.* 4433 io *fehlt C.* 4434 ehtun *M.* 4435 uue-
lono *C.* an thero *M.* 4439 iuuuana drohtin *C.* 4440 Gi wern. *Rieger*
Wackern. mi *C.* 4443 giuuarahtun *C.* 4444 tefarid *C.*

LIIII. PASSIO.

Sô gefragn ik that them rinkun thô   riki drohtin
umbi thesaro uueroldes giuuand   uuordun talde,
huô thiu forð ferid,   than lango the sie firiho barn
4455 ardon môtun,   ia huô siu an themu endie scal
teglîden endi tegangen.   He sagde ôk is iungarun thar
uuârun uuordun: 'huat, gi uuitun alle', quað he,
'that nu oðar tuâ naht sind   tidi kumana,
Giudeono pascha,   that sie sculun iro gode thionon,
4460 uueros an themu uuîhe.   Thes nis geuuand ênig,
that thar uuirðid mannes sunu   te theru meginthiodu
craftag farkôpot   endi an crûce *aslagan,*
tholod thiadquâla.'   Thô uuarð thar thegan manag
slîðmôd gisamnod,   *suðarliudio,*
4465 Iudeono gumscepi,   thar sie scoldun iro gode thionon.
Uurðun êosagon   alle kumane,
an huuarf uueros,   the sie thô uuîsostun
undar theru menegi   manno *taldun,*
craftag kuniburd.   Thar Caiphas uuas,
4470 biscop thero liudio.   Sie rêdun thô an that barn godes,
huô sie ina asluogin   sundea lôsan,
quaðun that sie ina an themu hêlagon daga   hrînen ni
scoldin
undar thero manno menegi,   'that ni uuerðe thius
meginthioda,
heliðos an hrôru,   huand ina thit heriscepi uuili
4475 farstanden mid strîdu.   Uui sô stillo sculun
frêson is ferahes,   that *thit* folc Iudeono
an thesun uuîhdagun   uurôht ni afhebbien.'
Thô geng imu thar Iudas forð,   iungaro Kristes,
ên thero tuelibio,   *thar* that aðali sat,
4480 Iudeono gumscepi;   quað that he is im gôdan râd
seggian mahti: 'huat uuilliad gi mi sellien hêr', quað
'mêðmo te mêdu,   ef ik iu thene man giðu   [he,
âno uuîg endi âno uurôht?'   Thô uuarð thes uuerodes
hugi,

4461 That *fehlt C.*   4462 gislagan *C.*   4462 sudarliudi *M.*   4468
gitaldun *C.*   4472 Quad *M.*   4476 that *C.*   4479 that *C.*

Heliand.   10

thero liudio an lustun: 'ef thu uuili gilêstien sô', qua
                                                    ðun sie,
4485 'thîn uuord giuuâron,   than thu giuuald habes,
huat thu at thesaru thiodu   thiggean uuillies
gôdaro mêðmo.'   Thô gihêt imu that gumscepi thar
an is selbes dôm   silubarscatto
thrîtig atsamne,   endi he te theru thiodu gisprak
4490 derebeun uuordun,   that he gâbi is drohtin *uuið* thiu.
Uuende ina thô fan themu uuerode: uuas im uurêð
                                                    hugi,
talode im sô treulôs,   huan êr uurði imu thiu tîd kuman,
that he ina mahti faruuîsien   uurêðaro thiodo,
fiundo folke.   Than uuisse that friðubarn godes,
4495 uuâr uualdand Krist,   that he these uuerold scolde,
ageben these gardos   endi sôkien imu godes rîki,
gifaren is fader ôdil.   Thô ni gisah ênig firiho barno
mêron minnie,   than he thô te them mannun ginam,
te them is gôdun iungaron: gôme uuarhte,
4500 sette sie suâslîco   endi im sagde filu
uuâroro uuordo.   Skrêd uuester dag,
sunne te sedle.   Thô he selbo gibôd,
uualdand mid is uuordun,   hêt im uuater dragan
hluttar te handun,   endi rês thô the hêlago Christ,
4505 the gôdo at them gômun   endi thar is iungarono thuôg
fôti mid is folmun   endi suarf sie mid is fanon aftar,
druknide sie diurlîca.   Thô uuið is drohtin sprak
Simon Petrus: 'ni thunkid mi thit *sômi* thing', quað
'frô mîn the gôdo,   that thu mîne fôti thuahes   [he,
4510 mid them thînun hêlagun handun.'   Thô sprak imu eft
                                            is hêrro angegin,
uualdand mid is uuordun: 'ef thu is uuillean ni habes',
                                            quað he,
'te antfâhanne,   that ik thîne fôti thuahe
thurh sulica minnea,   sô ik thesun ôðrun mannun hêr
dôm thurh diurða,   than ni habes thu *ênigan* dêl mid
4515 an hebenrîkea.'   Hugi uuarð thô giuuendid   [mi
Simon Petruse: 'thu haba thi selbo giuuald', *quað he,*

'frô mîn the gôdo,   *fôto* endi hando,
endi mînes hôfdes sô sama,   *handun thinun,*
thiadan, te thuahanne,   te thiu that ik môti thîna forð
huldi hebbian   endi heðenrikies
4520 sulic gidêli,   sô thu mi, drohtin, uuili
fargeðen thurh thîna gôdi.' Iungaron Kristes,
thene ambahtscepi   erlos tholodun,
thegnos mid *githuldi,*   sô huat sô im iro *thiodan* dede
mahtig thurh thea minnea,   endi mênde imu al mêra
4525 firihon te gifrummienne.   [thing

LV.

Friðubarn godes
geng imu thô eft gesittien   under that gesîðo folc
endi *im* sagda filu langsamna râd.   Uuarð eft lioht
morgen te mannun.   Mahtigne Crist   [kuman,
grôttun is iungaron   endi frâgodun, huar sie is gôma
4530 an themu uuîhdage   uuirkien scoldin,   [thô
huar he uueldi halden   thea hêlagon tîdi
selðo mid is gesîðun.   Thô he sôkien hêt,
thea gumon Hierusalem: 'sô gi than gangan *kumad',*
                                                   quað he,
'an thea burg innan   — thar is braht mikil,
4535 meginthiodo gimang —,   thar mugun gi ênan man sehan
an is handun dragen   hluttres uuatares
ful mid folmun.   Themu gi folgon sculun
an sô huilike gardos,   sô gi ina gangan *gisehat,*
ia gi than themu hêrron,   the thic hoðos êgi,
4540 selðon seggiad,   that ik iu sende tharod
te gigaruuuenne mîna gôma.   Than tôgid he iu ên
hôhan soleri,   the is bihangan al   [gôdlic hûs,
fagarun fratahun.   Thar gi frummien sculun
uuerdscepi mînan.   Thar bium ik uuiskumo
4545 selðo mid mînun gesîðun.'   Thô uurðun sân aftar thiu
thar te Hierusalem   iungaron Kristes

4517 fuoti *C.*   4517b handun thinun *Grein*, *fehlt MC.*   4523 gi-
thuldeon *C.* thiodo *M.*   * LV *in C nach* 4524.   4527 im *fehlt C.*
4533 cuman *C.*   4537 Fullien *M,* full fat *C.* mid is *C.*   4538 gesehan *C.*

forðuuard an ferdi,   fundun all sô he sprak
uuordtêcan uuâr: ni uuas thes giuuand ênig.
Thar gereuuidun sie thea gôma.   Uuarð the godes
4550 hêlag drohtin   an that hûs cuman,   [sunu,
thar sie the landuuîse   lêstien scoldun,
fulgangan godes gibode,   al sô Iudeono uuas
êo endi aldsidu   an êrdagun.
Giuuêt imu thô an themu âðande   alouualdand Krist
4555 an thene seli sittien;   hêt thar is gesîðos te imu
tuelibi gangan,   thea im gitriuuiston
an iro môdseðon   manno nuârun
bi uuordun endi bi uuîsun: uuisse imu selbo
iro hugiskefti   hêlag drohtin.
4560 Grôtte sie thô oðar them gômun: 'gern bium ik suîðo',
'that ik samad mid iu   sittien môti,   [quað he,
gômono neoten,   Iudeono pascha
dêlien mid iu sô diuriun.   Nu ik iu iuuues drohtines
                                                      scal
uuilleon seggian,   that ik an thesaro uueroldi ni môt
4565 mid mannun mêr   môses anbîten
furður mid firihun,   êr than gifullod uuirðid
himilo rîki.   Mi is an handun nu
uuîti endi uunderquâle,   thea ik for thesumu uuerode
                                                      scal
tholon *for thesaru thiod.*'   Sô he thô sô te them
                                                 thegnun sprak,
4570 hêlag drohtin,   sô uuarð imu is hugi drôbi,
uuarð imu gisuorken sebo,   endi eft te *them* gesiðun
                                                      sprac
the gôdo te them is iungarun: 'huat, ik iu godes
                                                 rîki', quað he,
'gihêt himiles lioht,   endi gi mi holdlîco
iuuuan theganskepi.   Nu ni uuilliat gi *athengean* sô,
4575 ak uuenkeat thero uuordo.   Nu seggiu ik iu te uuâran
that uuili iuuuar tuelibio ên   *treuuono suîkan,*   [hêr,
uuili mi farcôpon   undar thit kunni Iudeono,

gisellien uuiðer silnðrc,   endi uuili imn ther sinc |niman,
diurie mêðmos,   endi geðen is drohtin nuið thiu,
4580 holdan hêrran.   That imn thoh te harme scal,
nuerðan te unîtic;   be that he thea nnrði *farsihit*
endi he thes arðedies   endi scaunot,
than nnêt he that te nnâran,   that imn nnâri *uuôðiera*
                                            thing,
betera mikiln,   that he gio giboran ni nnrði
4585 libbiendi te thesnmn liohte,   than he that lôn nimid,
ubil arðedi   innnidrâdo.'
Thô bigan thero erlo gehnilic   te ôðrumn scaunon,
sorgondi sehan: nnas im sêr hugi,
hrinuig umbi iro herta: gihôrdnn iro hêrron thô
4590 gornnnord sprekan.   Thea gnmon sorgodun,
huilican he thero tneliðio te thin   tellien nneldi,
sculdigna *scaðon*,   that he habdi thea scattos thar
gethingod *at* thcrn thiod.   Ni uuas thero thegno ênigumu
sulikes innuiddies   ôði te gehanne,
4595 mêngithâhtio: antsnok thero manno gehnilic,
nnrðun alle an forhtnn,   frâgon ne gidorstnn,
êr than thô gebôknide   barnnirðig gumo
Simon Petrns   — ne gidorste it selðo sprekan —
te Iohanne themn gôdon: he nnas themn godes barne
4600 an them dagnn   thegno lioðost,
mêst an minninn   endi môste thar *thô* an thes mahti-
                                            ges Kristes
barme restien   endi an is breostnn lag,
hlinode mid is *hôðde:*   thar nam he sô manag hêlag
                                            gerûni,
diapa githâhti,   endi thô te is drohtine sprac,
4605 began ina thô frâgon: 'hue scal that, frô mîn, nncsen',
                                            quað he,
'that thi farcôpon uuili,   cnningo rîkeost,
undar thînaro fiundo folc?   Ûs nnâri thes firinuit mikil,
nualdand, te nnitanne.'   Thô habde eft is nnord garn
hêleando Crist: 'seh thi, hnemn ik hêr an hand geðe

4610 mînes môses for thesun mannun: the haƀed mên-
githâht,
   birid biltran hugi;   the scal mi an banono geuuald,
   fiundun bifelhen,   thar man mînes ferhes scal,
   aldres âhtien.'   Nam he thô aftar thiu
   thes môses for them mannun   endi gaf is themu mên-
4615 Iudase an hand   endi imu tegegnes sprac   [scaðen,
   selƀo for them is gesîðun   endi ina sniumo hêt
   faran [fan themu is folke: 'frumi sô thu thenkis',
quað he,
   'dô that thu duan scalt: thu ni maht bidernien leng
   uuilleon thînan.   Thiu uurð is at handun,
4620 thea tîdi sind nu ginâhid.'   Sô thô the treulogo
   that môs antfeng   endi mid is mûðu anbêt,
   sô afgaf ina thô thiu godes craft,   gramon in geuuitun
   an thene lîchamon,   lêða uuihti,
   uuarð imu Satanas   sêro bitengi
4625 hardo umbi is herte,   sîður ine thiu helpe godes
   farlêt an thesumu liohte.   Sô is *themu* liudio uuê,
   the sô undar thesumu himile scal   *hèrron* uuehslon.

LVI.

   Giuuêt imu thô ût thanen   inuuideas gern
   Iudas gangan: habde imu grimmen hugi
4630 thegan uuið is thiodan.   Uuas thô iu thiustri naht,
   suîðo gisuorken.   Sunu drohtines
   uuas imu *at* them gômun forð   endi is iungarun thar
   uualdand uuîn endi brôd   uuîhide bêðiu,
   hêlagode heƀencuning,   mid is handun brak,
4635 gaf it undar them is iungarun   endi gode thancode,
   sagde them ôlat,   *the* thar al giscôp,
   uuerold endi uunnea,   endi sprak uuord manag:
   'gilôƀiot gi thes liohto',   *quað he,*   'that thit is mîn
lîchamo
   endi mîn blôd sô same: giƀu ik iu hêr bêðiu samad
4640 etan endi drinkan.   Thit ik an erðu scal

4610 -githat *MC.*   4611 Briosthugi bittran *C.*   4626 thena *C.*
4627 herrono *C.*   4632 an *C.*   4636 them *C,* them the *Wilhelmy.*   4638
quað he *fehlt M.*

geban endi geotan   endi iu te godes rîkie
lôsien mid mînu lîchamen   an lîf êuuig,
an that himiles lioht.   Gihuggeat gi simlun,
that gi *thiu fulgangan*,   thiu ik an thesun gômun dôn;
4645 mâriad thit *for* menegi: thit is mahtig thing,
mid thius sculun gi iuuuomu drohtine   diuriða frum-
habbiad thit mîn te gihugdiun,   hêlag biliði,   [mien,
that it eldibarn   aftar lêstien,
uuaron an thesaru uueroldi,   that that uuitin alle
4650 man oðar thesan middilgard,   that it is thurh mîna
                              minnea giduan
hêrron te huldi.   Gehuggiad gi *simlun*,
hueo ik iu hêr gebiudu,   that gi iuuuan brôðerskepi
fasto *frummiad*:   habbiad ferhtan hugi,
minniod iu an iuuuomu môde,   that that manno barn
4655 oðar irminthiod   alle farstanden,
that gi *sind* gegnungo   iungaron mîne.
Ôk scal ik iu cûðien,   huô hêr uuili craftag fiund,
hetteand herugrim,   umbi iuuuan hugi niusien,
Satanas selðo: he cumid iuuuaro seolono herod
4660 frôkno frêson.   Simlun gi fasto te gode
berad iuuua breost*githâht:*   ik scal an iuuuaru bedu
                              standen,
that *iu* ni mugi the mênscaðo   môd getuîflean;
ik fullêstiu iu uuiðer themu fiunde.   Ôk quam he herod
                              giu frêson mîn,
thoh imu is uuilleon hêr   uuiht ne gistôdi,
4665 lioðes an *themu* mînumu lîchamon.   Nu *ni* uuilliu ik
                              iu leng helen,
huat iu hêr nu sniumo scal   te sorgu gistanden:
gi sculun mi gesuîkan,   gesîðos mîne,
iuuues theganscepies,   êr than thius thiustrie naht
liudi farlîða   endi eft lioht cume,
4670 morgan te *mannun*.'   Thô uuarð môd gumon
suîðo gisuorken   endi sêr hugi,

     4644 that *C.* fulgangad *M.*   4645 for thero *C.*   4651 simla *C.*
4653   frummean *C.*   4656 sin *C.*   4661 -githahti *C.*   4662 iu *fehlt C.*
4665 theson *C.*   ui *fehlt C.*   4670 mannu *M.*

hriuuig umbi iro herte   endi iro hêrron uuord
suîðo an sorgun.   Simon Petrus thô,
thegan uuið is thiodan   thrîst*uuordun* sprac
4675 bi huldi uuið is hêrron: 'thoh thi all thit heliðo
                                 folc', quathie,
'gisuîcan thîna gisîðos,   thoh ik sinnon mid thi
at allon tharaðon   tholoian uuilliu.
Ik biun garo sinnon,   ef mi god làtið,
that ik an thinon fullêstie   fasto gistande;
4680 thoh sie thi an carcaries   clûstron hardo,
thesa liudi bilûcan,   thoh ist mi luttil tueo,
ne ik an them bendion mid thi   bîdan uuillie,
liggian mid thi *sô* lieben;   ef sia thînes lîƀes thann
thuru eggia nîð   âhtian *uuilliad*,
4685 frô mîn thie guodo,   ik giƀu mîn ferah furi thik
an uuâpno spil: nis mi uuerð iouuiht
te bimîðanne,   sô lango sô mi min uuarod
hugi endi handcraft.'   Thuo sprak im eft is hêrro
                                 angegin:
'huat, thu thik biuuânis', *quathie,*   'uuissaro* treuuono,
4690 thrîstero thingo: thu haƀis thegnes hugi,
uuillion guodan.   Ik mah thi seggian, huô it thoh
                                 giuuerðan scal,
that thu uuirðis sô uûekmuod,   thoh thu nu ni uuâ-
                                 nies sô,
that thu thînes thiadnes te naht   thrîuuo farlôgnis
êr hanocrâdi   endi quîðis, that ik thîn hêrro ni sî,
4695 ac thu farmanst mîna mundburd.'   Thuo sprac eft thie
                                 man angegin:
'ef it gio an uueroldi', quathie,   'giuuerðan muosti,
that ik samad midi thi   sueltan muosti,
dôian diurlîco,   thann ne uuurði gio thie dag cuman,
that ik thîn farlôgnidi,   lieƀo drohtin,
4700 gerno for theson Iuðeon.'   Thuo quâðun alla thia
                                 iungron sô,
that sia thar an them thingon mid im   tholian uueldin.

LVII.

Thuo im eft mid is nuordon gibôd   uualdand selbo,
her hebancuning,   that sia im ni lietin iro hugi tuiflian,
hiet that sia ni *uueldin* . . . (?)   diopa githâhti:
4705 'ne druobie iuuua herta   thuru iuuues drohtines uuord,
ne forohteat te filo: ic scal fader ûsan
selban suokean   endi iu sendian scal
fan hebanrîkie   hêlagna gêst:
thie scal iu eft gifruofrean   endi te frumu uuerðan,
4710 manon iu thero mahlo,   thie ik iu manag hebbiu
uuordon giuuisid.   Hie gibit iu giuuit an briost,
lustsama lêra,   that gi lêstian forð
thiu uuord endi thiu uuerc,   thia ik iu an thesaro
uueroldi gibôd.'
Arês im thuo the rîkeo   an themo racode innan,
4715 neriendo Crist   endi giuuêt im nahtes *thanan*
selbo mid is gisîðon: sêrago gengun
suîðo gornondia   iungron Cristes
hriuuigmuoda.   Thuo hie im an thena hôhan giuuêt
Olivetiberg: thar uuas hie upp giuuno
4720 gangan mid is iungron.   That uuissa Iudas uuell,
balohûdig man,   huand hie uuas oft an them berege
Thar gruotta thie godes suno   iñgron sina: [mid im.
'gi sind nu sô druobia', quathie,   'nu gi mînan dôð uuitun:
nu gornonð gi endi griotand,   endi thesa Iuðeon sind
an luston,
4725 mendit *thius* menigi,   sindun an iro muode frâha,
thius uuerold ist an uuunnion.   Thes uuirðit thoh
giuuand cuman
suiumo tulgo: than uuirðit im sêr hugi,
than morniat sia an iro môde,   endi gi mendian sculun
after te êuunondage,   huand gio endi ni cumið,
4730 iuuues uuellîbes giuuand: bethiu ne thurbun iu thius
uuerc tregan,
hreuuan mîn hinfard,   huand thanan scal thiu helpa cuman
gumono barnon.'   Thuo hiet hie is iungron thar

---

bîdan uppan themo berge,   quað that hie ti bedu uueldi
an thiu holmclîðu   hôhor stîgan;
4735 hiet thuo thria mid im   thegnos gangan,
Iacobe endi Iohannese   endi thena guodan Petruse,
thrîstmuodian thegan.   Thuo sia mid iro thiedne samad
gerno gengun.   Thuo hiet sia thie godes suno
an berge uppan   te bedu hnîgan,
4740 hiet sia god gruotian,   gerno biddian,
that he im thero costondero   craft farstôdi,
uurêðaro uuilleon,   that im the uuiðersacô ni mahti,
the mênscaðo   môd gituîflean,
iak imu thô selðo gihnêg   sunu drohtines
4745 craftag an kniobeda,   kuningo rîkeost,
forðuuard te foldu: fader alothiado
gôdan grôtte,   gornuuordun sprac
hriuuiglîco: uuas imu is hugi drôbi,
bi theru menniski   môd gihrôrid,
4750 is flêsk uuas an forhtun: fellun imo trahni,
drôp is diurlîc suêt,   al sô drôr kumid
uuallan fan uundun.   Was an geuuinne thô
an themu godes barne   the gêst endi the lîchamo:
ôðar uuas *fûsid*   an *forðuuegos,*
4755 the gêst an godes rîki,   ôðar giâmar stôd,
lîchamo Cristes: ni uuelde *thit* lioht ageðen,
ac drôðde for themu dôde.   *Simla* he *hreop* te drohtine
thiu mêr aftar thiu   mahtigna grôtte,   [forð,
hôhan himilfader,   hêlagna god,
4760 uualdand mid is uuordun: 'ef nu uuerðen ni mag',
quað he,
'mankunni generid,   ne sî that ik mînan geðe
lioðan lîchamon   for liudio barn
te uuêgeanne te uundrun,   it sî than thîn uuilleo sô,
ik uuilliu is than gicoston: ik nimu thene kelik an hand,
4765 drinku ina thi te *diurðu,*   drohtin frô mîn,
mahtig mundboro.   Ni seh thu mînes hêr
flêskes gifôries.   Ik fullon scal

    4747 -uuord *C.*   4754 afusid *C.* feruuegos *C.*   4756 thit *fehlt C.*
4757 simnon *C.* hreop *fehlt C.*   4765 diurthun *C.*

uuilleon thînen: thu haƀes geuuald oƀar al.'
Giuuêt imu thô gangen,   thar he êr is iungaron lêt
4770 bidan uppan themu berge;   fand sie that barn godes
slâpen sorgandie: uuas im sêr hugi,
thes sie fan iro drohtine   dêlien scoldun.
Sô sind that môdthraca   maɴɴo gehuilicumu,
that he farlâten scal   liaƀane hêrron,
4775 afgeƀen thene sô gôdenc.   Thô he te is iungarun sprak,
uuahte sie uualdand   endi uuordun grôtte:
'huî uuilliad gi sô slâpen?' quaδ he;   'ni mugun samad
uuacon êne tîd?   Thia uurδ is at handun,   [mid mi
that it sô gigangen scal,   sô it god fader
4780 gimarcode mahtig.   Mi nis an mînumu môde tueho:
mîn gêst is garu   an godes uuillean,
fûs te faranne: mîn flêsk is an sorgun,
letid mik mîn lichamo: lêδ is imu suîδo
uuîti te tholonne.   Ik thoh uuillean scal
4785 mines fader gefrummien.   Hebbiad gi fasten hugi.'
Giuuêt imu thô eft thanan   ôδersîδu
an thene berg uppen   te bedu gangan,
mâri drohtin,   endi thar sô manag gisprac
gôdoro uuordo.   Godes engil quam
4790 hêlag fan himile,   is hugi fastnode,
beldide te them bendiun.   He uuas an theru bedu sim'a
forδ an flîte   endi is fader grôtte,
uualdand mid is uuordun: 'ef it nu uuesen ni mag',
'mâri drohtin,   neƀu ik for thit manno folc   [quaδ he,
4795 thiodquâle tholoie,   ik an thînan scal
uuillean uunon.'   Giuuêt imu thô eft thanen
sôkean is gesîδos: fand sie slâpandie,
grôtte sie gâhun.   Geng imu eft thanen
thriddeon sîδu te bedu   endi sprak thiodkuning
4800 al thiu selƀon uuord,   sunu drohtines,
te themu alouualdon fader,   sô he êr dede,
manode mahtigna   manno frumana
suîδo niutlico   neriando Crist,

---

geng imu thô *eft* te them is iungarun,   grôtte sie sâno:
4805 'slâpad gi endi restiad', quað he.   'Nu uuirðid sniumo
cuman mid craftu,   the mi farcôpot haðad,
sundea lôsan gisald.'   Gesîðos Cristes
uuacodun thô aftar them uuordun   endi gisâhun thô
                    that uuerod kuman
an thene berg uppen   brahtmu thiu mikilon,
4810 uurêða uuâpanberand.

LVIII.

Uuîsde im Iudas,
gramhugdig man;   Iudeon aftar sigun,
fiundo folcscepi;   drôg man fiur an gimang,
logna an liohtfatun,   lêdde man faklon
brinnandea fan burg,   thar sie an thene berg *uppan*
4815 stigun mid strîdu.   Thea stedi uuisse Judas uuel,
huar he thea liudi tô   lêdean scolde.
Sagde imu thô te têkne,   thô sie thar tô fôrun
themu *folke* biforan,   te thiu that sie ni farfengin thar,
erlos ôðren man: 'ik gangu imu at êrist tô', quað he,
4820 'cussiu ine endi queddiu: that is Crist selðo.
Thene gi fâhen sculun   folco craftu,
binden *ina* uppan themu berge   endi *ina* te burg hinan
lêdien undar thea liudi: he is liðes haðad
mid *is* uuordun faruuerkod.'   Uuerod sîðode thô,
4825 antat sie te Criste   kumane uurðun,
grim folc Iudeono,   thar he mid is iungarun stôd,
mâri drohtin: bêd metodogiscapu,
torhtero tîdeo.   Thô geng imu treulôs man,
Iudas tegegnes   endi te themu godes barne
4830 hnêg mid is hôðdu   endi is hêrron quedde,
custe ina craftagne   endi is quidi lêste,
uuîsde ina themu uuerode,   al sô he êr mid uuordun
                    gehêt.
That tholode al mid githuldiun   thiodo drohtin,

4804 eft *fehlt* C.   4807 Sundilosan C.   * LVIII *in* C *nach* 4809b
4814 Brinnandi C.   upp C.   4818 folcscipe C.   4822 ina *fehlt beidemal* C.
4824 is *fehlt* C.

uualdand thesara uueroldes   endi sprak imu mid is
             uuordun tô,
4835 frâgode ine frôkno: 'behuî kumis thu sô mid thius
             folcu te mi,
behuî lêdis thu mi sô these liudi tô   *endi mi te* thesare
             lêðan thiode
farcôpos mid thînu kussu   under thit kunni Iudeono,
meldos mi te thesaru menegi?'   Geng imu thô uuið
             thea man sprekan,
uuið that uuerod ôðar,   endi sie mid *is* uuordun fragn,
4840 huene sie mid thiu gesîðiu   sôkean quâmin
sô nintlico an naht,   'sô gi *uuillean* nôd frummien
manno huilicumu.'   Thô sprak imu eft thiu menegi
             angegin,
quâðun that im hêleand thar   an themu holme uppan
geuuîsid uuâri,   'the thit ginuer frumid
4845 Iudeo liudiun   endi *ina* godes sunu
selbon hêtid.   Ina quâmun uni sôkean herod,
uueldin ina gerno bigeten: he is fan Galileo lande,
fan Nazarethburg.'   Sô im thô the neriendio Crist
sagde te sôðan,   that he it selbo uuas,
4850 sô uurðun thô an forhtun   folc Iudeono,
uurðun underbadode,   that sie under bac fellun
alle *efno sân*,   erðe gisôhtun,
uuiðeruuardes that uuerod: ni *mahte* that uuord godes,
thie stemnie antstandan: uuârun thoh sô strîdige man,
4855 ahliopun eft up an themu holme,   hugi fastnodun,
bundun briostgithâht,   gibolgane gengun
nâhor mid nîðu,   anttat sie thene neriendion Crist
uuerodo biuurpun.   Stôdun uuîse man,
suîðo gornundie   giungaron Kristes
4860 *biforan* theru derebeon dâdi   endi te iro drohtine
             sprâkun:
'uuâri it nu thîn uuillio', quâðun sie,   'uualdand frô
that sie ûs hêr an speres ordun   spildien môstin [mîn,

4836 endi mi te *fehlt M.*   4839 is *fehlt C.*   4841 uuilliad *M.*
4845 in *M.*   4847 uueldun *C.*   4852 efnissi *C.*   4853 -uuard *C.*   mahtun *C.*
4859 *fehlt C.*   4860 Bifara *C.*   hreopun *C.*   4362 *fehlt C.*   sie *fehlt M.*

nuâpnun uunde,   than ni uuâri ûs uuiht sô gôd,
sô that uui hêr for ûsumu drohtine   dôan môstin
4865 *binidiun* blêka.'   Thô gibolgan uuarð
snel suerdthegan,   Simon Petrus,
nuel imu innan hugi,   that he ni mahte ênig uuord
sprekan:
sô harm uuarð imu an is hertan,   that man is hêrron
binden *uuelde*.   Thô he gibolgan geng,   [thar
4870 suîðo thrîstmôd thegan   for is thiodan *standen*,
hard for is hêrron: ni uuas imu is hugi tuîfli,
blôth an is breostun,   ac he is bil atôh,
suerd bi sîdu,   *slôg* imu tegegnes
an thene furiston fiund   folmo crafto,
4875 that thô Malchus uuarð   mâkeas eggiun,
an thea suîðaron half   suerdu gimâlod:
thiu hlust uuarð imu farhauuan: he uuarð an that
hôbid uund,
that imu herudrôrag   hlear endi ôre
beniuundun brast;   blôd aftar sprang,
4880 uuel fan uundun.   Thô uuas an is uuangun scard
the furisto thero fiundo.   Thô stôd that folc an rûm:
andrêdun im thes billes biti.   Thô sprak that barn godes
selbo te Simon Petruse,   hêt that he is suerd dedi
skarp an skêðia: 'ef ik uuið thesa scola uueldi', quað he,
4885 'uuið theses uuerodes geuuin   uuîgsaca frummien,
than manodi ik thene mâreon   mahtigne god,
hêlagne fader   an himilrîkea,
that he mi sô managan engil herod   obana sandi
uuîges sô uuîsen,   sô ni *muhtin* iro uuâpanthreki
4890 man adôgen: iro ni stôdi gio sulic megin samad,
folkes gifastnod,   that im iro ferh aftar thiu
uuerðen mahti.   Ac it habad uualdand god,
alomahtig fader   an ôðar gimarkot,
that uui githoloian sculun,   sô huat sô ûs thius thiod tô
4895 bittres brengit: ni sculun ûs belgan uuiht,
uurêdean uuið iro geuuinne;   huand sô hue sô uuâpno
grimman gêrheti uuili   gerno frummien,   [nîð,

he suiltit imu *eft*   suerdes eggiun,
dòit im *bidròregan* (?):   uui mid ûsun dâdiun ni sculun
4900 uuiht auuerdian.'   Geng *he* thô te themu uundon manne,
legde mid listiun   lîk tesamne,
hôƀiduundon,   that siu sân gihêlid uuarð,
thes billes biti,   endi sprak that barn godes
uuið that uurêðe uuerod: 'mi thunkid uunder mikil,'
4905 'ef gi mi lêðes uuiht   lêstien uueldun,   [quað he,
huî gi mi *thô* ni *fengun,*   than ik undar iuuuomu
                                                folke stôd
an themu uuîhe innan   endi thar uuord manag
sôðlîc sagde.   Than uuas sunnon skîn,
diurlîc *lioht dages,*   than ni uueldun gi mi doan eouuiht
4910 lêðes an thesumu liohte,   endi nu lêdiad mi iuua liudi tô
an thiustrie naht,   al sô man thioðe dôt,
than man thene fâhan uuili   endi he is ferhes haƀad
faruuerkot uuamscaðo.'   Uuerod Iudeono
gripun thô an thene godes sunu,   grimma thioda,
4915 hatandiero hôp,   huurƀun ina umbi
môdag manno folc   — mênes ni sâhun —
heftun herubendium   *handi* tesamne,
faðmos mid fitereun.   Im ni uuas *sulicaro* firinquâla
tharf te githolonne,   thiodarƀedies,
4920 te uuinnanne sulic uuiti,   ac he it thurh thit uuerod
huand he liudio barn   lôsien uuelda,   [deda,
halon fan helliu   an himilrîki,
an thene uuîdon uuelon: bethiu he thes uuiht ne
                                                bisprak,
thes sie imu thurh inuuidnið   ôgean uueldun.

LVIIII.

4925 Thô uurðun thes sô malsce   môdag folc Iudeono,
thiu heri uuarð thes sô hrômeg,   thes sie thena hêlagon
an liðobendion   lêdian mòstun,   [Krist
fòrian an fitereun.   Thie fiund eft geuuitun

4898 oft *MC.*   4899 Dot *M.* drorag *C.*   4900 im *C.*   4901
Ledda *C.*   4906 thann *C.* fengin *C.*   4909 dages lioht *C.*   4917
endi *C.*   4918 sulic *C.*   4927 *fehlt M.*   4928 fordun *M.*

fan themu berge te burg.   Geng that barn godes
4930 undar themu heriscepi   handun gebunden,
drubondi te dale.   Unârun imu thea is diurion thô
gesîðos gesuikane,   al sô he im êr selbo gisprak:
ni uuas it thoh be ênigaru blôði,   that sie that barn
lioben farlêtun,   ac it uuas sô lango biforen   [godes,
3935 nuârsagono uuord,   that it *scoldi* giuuerðen sô:
bethiu ni mahtun sie is bemîðan.   Than aftar theru
menegi gengun
Iohannes endi Petrus,   thie gumon tuêne,
folgodun ferrane: uuas im firiuuit mikil,
huat thea grimmon Iudeon   themu godes barne *uueldin,*
4940 iro drohtine doen.   Thô sie te dale quâmun
fan themu berge te burg,   thar iro biscop uuas,
iro uuîhes uuard,   lêddun ina nulanke man,
erlos undar ederos.   Thar uuas eld mikil,
fiur an frîdhobe   themu folke tegegnes
4945 geuuarht for themu uuerode: thar gengun sie im uuer-
Iudeo liudi,   lêtun thene godes sunu   mien tô,   [
bîdon an bendiun.   Uuas thar braht mikil,
gêlmôdigaro galm.   Iohannes uuas êr
themu hêroston cûð: bethiu môste he an thene hof
innan
4950 thringan mid theru thiod.   Stôd allaro thegno bezto,
Petrus thar ûte: ni lêt ina *the* portun uuard
folgon is frôen,   êr it at is friunde abad,
Iohannes at ênumu Iudeon,   that man ina gangan lêt
forð an thene frîdhof.   Thar quam im ên fêkni uuîf
4955 gangan tegegnes,   thiu ênas Iudeon uuas,
iro theodanes thiuu,   endi thô te themu thegne sprac
magad *unuuânlic:* 'huat, thu mahtis man uuesan',
quað siu,
'giungaro fan Galilea,   thes the thar genouuer stêd
faðmun gifastnod.' Thô an forhtun uuarð
4960 Simon Petrus sân,   *slac* an is môde,

4932 Gesiðos *fehlt M.*   4934 Leban *C.*   4935 scolda *C.*   4939 uueldun *C.*   4946 iudeono *C.*   4951 thar *C.*   4957 unuuali *C.* 4961 sleu *C.*

quað that he thes unißes   mord ni bikonsti
ni thes theodanes   thegan ni unâri:
mêd is thô for thern menegi,   quað that he thena man
ni antkendi:
'ni sind mi thîne *quidi* kûðe,' quað he;   unas imu
thiu craft godes,
4965 thea herdislo fan themu hertan.   Huarabendi geng
forð undar themu folke,   antat he te themu fiure quam;
giuuêt ina thô unarmien.   Thar im ôk ên unîf bigan
felgian firinsprâka: 'hêr mugun gi,' quað siu. 'an
inuuan fiund sehan:
thit is gegnungo   giungaro Kristes.
4970 is selßes gesîð.   Thô gengun imu sân aftar thiu
nâhor nîðhuata   endi ina niudlîco
frâgodun fiundo barn,   huilikes he folkes uuâri:
'ni bist thu thesoro burgliudio,' *quâðun sie;*   'that
mugun uui *an thînumu gibârie gisehan,*
an thînun unordun endi an thînaru uuîson,   that thu
theses nuerodes ni bist,
4975 ac thu bist galileisk man.'   He ni uuelda thes thô
gehan couuiht,
ac stôd thô endi strîdda   endi starkan êð
suîðlîco gesuôr,   that he thes gesîðes ni uuâri.
Ni habda is uuordo genuald: it scolde ginnerðen sô,
sô it the gimarcode,   the mankunnies
4980 farnuardot an thesaru nueroldi.   Thô quam imu ôk an
themu hnnarße tô
thes mannes mâgnuini,   the he êr mid is *mâkeo* giheu.
suerdu thiu scarpon,   quað that he ina sâhi thar
an themu berge uppan,   'thar uui an themu bômgarðon
hêrron *thînumu* hendi bundun,
4985 fastnodun is folmos.'   He thô thurh forhtan hugi
forlôgnide thes is lioßes hêrron,   quað that he uneldi
uuesan thes lißes scolo,
ef it mahti ênig thar   irminmanno
giseggian te sôðan,   that he thes gesîðes uuâri.

4964 sidi *M.*   4967 Geng *C.*   4973 quâðun sie, *fehlt M.* an *bis*
gisehan *fehlt C.*   4981 gimakie *C.*   4984 thines *C.*

Heliand.   11

folgodi theru ferdi.　Thô uuarð an thena formon sîð
4990 hanocrâd afhaven.　Thô sah the hêlago Crist,
barno that bezte,　thar he gebunden stôd,
selvo te Simon Petruse,　sunu drohtines
te themu erle ovar is ahsla.　Thô uuarð imu an innan
Simon Petruse　sêr an is môde,　　　　　　　[sân,
4995 harm an is hertan　endi is hugi drôvi,
suîðo uuarð imu an sorgun,　that he êr selvo gesprak:
gihugde thero uuordo thô,　the imu êr uualdand Krist
selvo sagda,　that he an theru suartan naht
êr hanocrâdi　is hêrron scoldi
5000 thrîuuo farlôgnien.　Thes thram imu an innan môd
bittro an is breostun,　endi geng imu thô gibolgan
the man fan theru menigi　an môdkaru,　　　　[thanen
suîðo an sorgun,　endi is selves uuord,
uuamscefti uueop,　antat imu uuallan quâmun
5005 thurh thea hertcara　hête trahni
blôdage fan is breostun.　He ni uuânde that he is mahti
　　　　　　　　　gibôtien uuiht,
firinuuerk furður　eftha te is frâhon kuman,
hêrron huldi:　nis ênig heliðo sô ald,
that io mannes sunu　mêr gisâhi
5010 is selves uuord　sêrur hreuuan,
karon eftha kûmien: 'uuola crafteg god,' quað he,
that ik hebbiu mi sô foruuerkot,　sô ik mînaro uuerol-
ôlat seggean.　Ef ik nu te aldre scal　[des ni tharf
huldeo thînaro　endi hevenrikeas,
5015 theoden, tholoian,　than ni tharf mi thes ênig thanc
　　　　　　　　　　uuesan,
liovo drohtin,　that ik io te thesumu liohte quam.
Ni bium ik nu thes uuirðig,　uualdand frô mîn,
that ik under thîne iungaron　gangan môti,
thus sundig under thîne gesîðos:　ik iro selvo scal
5020 miðan an mînumu môde,　nu ik mi sulic mên gesprac.'
Sô gornode　gumono bezta,

4990 ahaban C.　4991 Der Vers fehlt C.　4997 ér fehlt C.　4999
scoldi fehlt M.　5000 an fehlt M.　5007 - uuerco C.　5008 sô fehlt C.
5009 io fehlt C.　5016 thes C. biquam C.

hrau *in* sô hardo,   that *he* habde is hêrren thô
leoƀes farlôgnid.   Than ni thurƀun thes liudio barn,
nueros uundroian,   behuî it uueldi god,
5025 that sô lioƀen man   lêð gistôdi,
that he sô hônlîco   hêrron sînes
thurh thera *thiuun* unord,   thegno snellost,
farlôgnide sô lioƀes: it unas al bi thesun liudinn gidnan,
firiho barnun te *frumu.*   He uuelde ina te furiston doan,
5030 hêrost oƀar is hîuuiski   hêlag drohtin:
lêt ina gekunnon,   huilike craft haƀet
the mennisca môd   âno the maht godes,
lêt ina gesundion,   that he sîðor thiu bet
liudiun gilôƀdi,   huô liof is *that*
5035 manno *gihuilicumu,*   than he mên gefrumit,
that man ina alâte   lêðes thinges,
sacono endi sundeono,   sô im thô selƀo dede
heƀenrîkies god   harmgeuurhti.

LX.

Be thiu *nis* mannes bâg   *mikilun biðerƀi,*
5040 hagustaldes hrôm: ef imu thiu helpe godes
gesuikid thurh is *sundeo,*   than is imu sân aftar thiu
breosthugi blôðora,   thoh he ôr bihêt spreca,
hrômie fan is *hildi*   endi fan is handcrafti,
the man fan is megine.   That uuarð thar an themu
                                      mâreon skîn,
5045 thegno bezton,   thô imu is thiodanes gisuêk
hêlag helpe.   Bethiu ni scoldi hrômien man
te suîðo fan imu selƀon,   huand imu thar suîkid oft
uuân endi uuilleo,   ef imu nualdand god,
hêr heƀenkuning   *herte* ni sterkit.
5050 Than bêd allaro barno bezt,   bendi tholode
thurh mancunni.   Huurƀun ina managa umbi
Indeono liudi,   sprâcun gelp mikil,
hafdun ina te hosca,   thar he giheftid stôd,

5022 ina *C*. he *fehlt C*.   5027 thi *M*.   5029 frumuu *C*.   5034
thar *C*.   5035 huilicumu *M*.   5038 -riki *C*.   5039 is *C*. mikil un-
biderbi *MC*.   5041 sundion *C*.   5043 huldi *C*.   5049 that herta *C*.
5052 iudeo *C*.

tholode *gethuldiun*,　sò huat sò imu thiu thiod deda,
5055 liudi lêðes.　Thô uuarð eft lioht cuman,
morgan te mannun.　Manag samnoda
heri ludeono:　habdun im hugi uulðo,
inuuid an innan.　Uuarð thar êosago
an morgantîd　manag gisamnod
5060 irri endi ênhard,　inuuideas gern,
uurêðes uuillean.　Gengun im an huarf samad
rinkos an rûna,　bigunnun im râdan thô,
huô·sie geuuîsadin　mid nuârlôsun mannun
mên*geuuitun*　an mahtigna Crist
5065 te giseggianne sundea　thurh is selbes uuord,
that sie ina than te uunderquâlu　uuêgean môstin,
adêlien te dôde.　Sie ni mahtun an themu dage finden
sò uurêð geuuitscepi,　that sie imu uuîti bethiu
adêlien *gidorstin*　eftha dôd frummien,
5070 lîðu bilôsien.　Thô quâmun thar at laztan ford
an thena huarf uuero　uuârlôse man
tuêne gangan　endi bigunnun im tellien an,
quâðun that sie ina selbon　seggian gihôrdin,
that he mahti teuuerpen　thena uuîh godes,
5075 allaro hûso hôhost　endi thurh is handmegin,
thurh is ênes craft　up arihtien
an thriddion daga,　sô is helcor ni thorfti bethîhan man.
He thagoda endi tholoda:　ni sprak imu io thiu thiod
sô fîlu,
thea liudi mid luginun,　that he it mid lêðun angegin
5080 uuordun uurâchi.　Thô thar undar themu uuerode arês
baluhugdig man,　biscop thero liudio,
the furisto thes folkes　endi frâgode Krist
iac ina be imu selbon bisuôr　suîðon êðun,
grôtte ina an godes namon　endi gerno bad,
5085 that he im that gisagdi,　ef he sunu uuâri
thes libbiendies *godes*:　'thes thit lioht gescôp,
Krist cuning êuuig.　Uui ni mugun is antkiennien
uuiht

ne an thinun uuordun ni an thînun uuerkun.'　Thô sprak
　　　　　　inu eft the uuâro angegin,
the gôdo godes sunu:　'thu quiðis it for thesun Iudeon nu,
5090 sôðlico segis,　that ik it selbo bium.
Thes ni gilôbiad mi these liudi:　ni uuilliad mi forlâtan
　　　　　　bethiu;
ni sind im mîn uuord uuirðig.　Nu seggiu ik iu te
　　　　　　uuârun thoh,
that gi noh sculun sittien gischan　an the suiðaron
mârean mannes sunu,　an megincrafte　　[half godes
5095 thes alouualden fader,　endi thanan eft kuman
an himiluuolcnun herod　endi allumu heliðo cunnie
mid is uuordun adêlien,　al sô iro geuurhti sind.'

LXI.

Thô balg ina *the* biscop,　— habde bittren hugi —
uurêðida *uuið* themu *uuorde*　endi is ginuâdi slêt,
5100 brak for is breostun:　'nu ni thurbun gi bîdan leng',
　　　　　　quað he,
'thit uuerod geuuitscepies,　nu im sulic uuord farad,
mênsprâca fan is mûðe.　That gihôrid *hêr nu* manno filu,
rinko an thesumu rakude,　that he ina sô rîkean telit,
gihid that he god sî.　Huat uuilliad gi Iudeon thes
5105 adêlien te dôme?　Is he dôdes *nu*
uuirðig be sulicun nuordun?'　That uuerod al gesprac,
folc Iudeono,　that he uuâri *thes* ferhes scolo,
uuîties sô uuirðig.　Ni uuas it thoh be is geuurhtiun
that ine thar an Hierusalem　Iudeo liudi,　　[gidoen,
5110 sunu drohtines　sundea lôsen
adêldun te dode.　Thô uuas thero dâdio hrôm
Iudeo liudiun,　huat sie themu godes barne mahtin
sô haftemu mêst　harmes gefrummien.
Beuurpun ina thô mid uuerode　endi ina an is uuangon
　　　　　　slôgun,
5115 an is hleor mid iro handun　— al uuas imu that te
　　　　　　hosce gidoen —

　　5098 se *C*.　　5099 ina uuið *C*. werode *C*.　　5102 hêr nu *fehlt C.*
5105 nu] sunu *M*.　　5107 tho thes *M*.

felgidun imu firinuuord   fiundo menegi,
bismerspráka.   Stôd that barn godes
fast under fiundun: uuârun imu *is* faðmos gebundene,
tholode githuldiun,   sô huat sô imu thiu thiod tô
5120 bittres bráhte: ni balg ina neouuiht
uuið thes uuerodes genuin.   Thô námun ina uurêðe man
sô gibundanan,   that barn godes,
endi ina thô lêddun,   thar *thero* liudio uuas,
there thiade thinghûs.   Thar thegan manag
5125 huurðun umbi iro heritogon.   Thar uuas iro hêrron bodo
fan Rûmuburg,   thes the thô thes rîkeas giuueld:
kumen uuas he fan themu kêsure,   gisendid uuas he
                    undar that cunni Iudeono
te rihtiene that rîki,   uuas thar râdgebo:
Pilatus uuas he hêten;   he uuas fan Ponteo lande
5130 cnôsles kennit: habde imu craft mikil
an themu thinghûse   *thiodo* gisamnod,
an huarf uueros.   Uuârlôse man
agâðun thô thena godes sunu,   Iudeo liudi,
under fiundo folc,   quâðun that he uuâri thes ferhes
                    scolo,
5135 that man ina uuîtnodi   uuâpnes eggiun,
scarpun scûrun.   *Ni* uuelde thiu scole Iudeono
thringan an that thinghus,   ac thiu thiod ûte stôd,
mahlidun thanen uuið thea menegi: ni uueldun an that
                    gimang faren,
an clilandige man,   that sie thar unreht uuord,
5140 an themu dage derbies uuiht   adêlian ne gihôrdin,
ac quâðun that sie *im* sô *hluttro uueldin   hêlaga tîdi*,
iro pascha *halden*.   Pilatus antfeng
at them uuamscaðun   uualdandes barn
sundea lôsen.   Thô an sorgun uuarð
5145 Iudases hugi,   thô he ageban gisah
is drohtin te dôde,   thô bigan imu thiu dâd aftar thiu
an is hugea hreuuan,   that he habde is hêrron êr

5118 is *fehlt* C.   5119 Tholode mid *M*.   5123 thero *fehlt* C.
5131 thiod *M*.   5136 thuo ni *C*.   5139 An *fehlt M*.   5141 im *fehlt* C.
hluttra *M C*. helaga tidi uueldin *M*, helaga tidi *C*.   5142 halðan uueldin *C*.

sundea lôscn gisald. Nam imu thô *that* siluƀar an hand,
thrîtig scatto, that man imu êr uuið is thiodane gaf,
5150 geng imu thô te them Iudiun endi im is grimmon dâd,
sundeon sagde, endi im that siluƀar bôd
gerno te *ageƀanne:* 'ik hebbiu it sô griolîco', quað he,
mines drohtines *drôru* gicôpot,
sô ik uuêt that it mi ni thîit.' Thiod Iudeono
5155 ni uueldun it thô antfâhan, ac hêtun ina forð aftar thiu
umbi sulica sundea selƀon ahton,
huat he uuið is frâhon gefrumid habdi:
'thu sâhi thi selƀo thes', quáðun sie; 'huat uuili thu
thes *nu* sôken te ûs?
Ne uuît thu that thesumu uuerode!' Thô giuuêt imu
5160 Iudas gangan te themu godes uuihe |eft thanan
suîðo an sorgun endi that siluƀar uuarp
an thena alah innan — ne gidorste it êgan leng —
fôr imu thô sô an forhtun, sô ina fiundo barn
môdage manodun: habdun *thes* mannes hugi
5165 gramon under*gripanen,* uuas imu god abolgan,
that he imu selƀon thô sîmon uuarhte,
hnêg thô an herusêl an hinginna,
uuarg an uurgil endi uuîti gecôs,
hard *hellie gethuing,* hêt endi thiustri,
5170 diap dôdes dalu, huand he êr umbi is drohtin suêk.

LXII.

Than bêd that barn godes, bendi tholode
an themu thinghûse, huan êr thiu thiod under im,
erlos ênuuordie alle uurðin,
huat sie imu *than* te ferahquâlu frummian uueldin.
5175 Thô thar an them benkiun arês bodo kêsures
fan Rûmuburg endi geng imu uuið that rîki Iudeono
môdag mahlien, thar thiu menigi stôd
aftar themu hoƀe huarƀon: ni uueldun an that hûs
|kuman

5148 Sundilosan *C.* that is *C.* 5152 geƀanne *C.* 5153 Mid
mines *M.* drore *M.* 5158 nu *fehlt C.* 5164 im thes *C.* 5168 - gri-
pana *C.* 5169 heiligithuing *C.* 5174 than *fehlt C.*

an themu paschadage.   Pilatus bigan
5180 frôkno frâgon   obar that folc Iudeono,
mid huiu the man habdi   mordes gisculdit,
unîties giuuerkot: 'be huî gi imu sô uurôðe sind,
an inuuomu hugea hôtie?'   Sie quâðun that he im habdi
harmes sô filu,
lôðes gilêstid: ni gâbin ina thesa liudi thi,
5185 thar sie ina ôr biforan   ubilan ni uuissin,
nuordun faruuarhten.   He habat theses uuerodes sô filu
farlêdid mid is lêrun   endi thesa liudi merrid,
dôit im iro hugi tuîflien,   that uui ni môtun te themu
hôbe kêsures
tinsi gelden;   that mugun uui ina gitellien an
5190 mid uuâru giuuitscepi.   He sprikid ôk uuord mikil,
quiðit that he Crist sî,   kuning obar thit rîki,
begihit ina sô grôtes.'   Thô im eft tegegnes sprak
bodo kêsures: 'ef he sô barlîco', quað he,
'under thesaru menigi   mênuuerk frumid,
5195 antfâhad ina than eft under iuuue folcscepi,   ef he sî
is ferhes scolo,
endi imu sô adêliad,   ef he sî dôdes uuerð,
sô it an iuuuaro aldrono   êo gebiode.'
Sie quâðun thô, that sie ni môstin   manno nigênumu
an thea hêlagon tîd   te handbanon
5200 uuerðen mid uuâpnun   an themu uuihdage.
Thô uuende ina fan themu uuerode   uurêðhugdig man,
thegan kêsures,   the obar thea thioda uuas
bodo fan Rumuburg —:   hêt imu thô that barn godes
nâhor gangan   endi ina niudlîco
5205 frâgoda frôkno,   ef he obar that folc kuning
thes uuerodes uuâri.   Thô habde eft is uuord garu
sunu drohtines: 'hueðer thu that fan thi selbumu spri-
'the it thi ôðre hêr   erlos sagdun,   [kis', quað he,
quâðun umbi mînan kuningduom?'   Thô sprak eft the
kêsures bodo
5210 uulank endi uurêðmôd,   thar he uuið uualdand Krist

---

reðiode an them rakude: 'ni bium ik theses rikies
'Giudio liudio, ni gadoling thîn, [hinan', quað he,
thesaro manno mâguuini, ac mi thi thius menigi
biualah,
agâbun thi thîna *gadulingos*, Iudeo liudi,
5215 haftan te handun. Huat habas thu harmes giduau,
that thu sô *bittro* scalt bendi tholoian,
qualm undar thînumu kunni?' Thô sprak *imu eft Krist*
hêlendero bezt, thar he giheftid stôd [angegin,
an themu rakude innan: 'nis min rîki hinan', quað he,
5220 'fan thesaru uueroldstundu. Ef it *thoh* uuâri sô,
than uuârin sô starkmôde uuiðer strîdhugi,
uuiðer grama thioda iungaron mîne,
sô man mi ni gâbi Iudeo liudiun,
hettendiun an hand an herubendiun
5225 te muêgeanne te uundrun. Te thiu uuarð ik an thesaru
uueroldi giboran,
that ik genuitscepi giu uuâres thinges
mid mînun kumiun kûðdi. That mugun antkennien
uuel
the uueros, the sind fan uuâre kumane: the mugun
mîn uuord farstanden,
gilôbien mînun lêrun.' Thô ni mahte lasteres uuiht
5230 an them barne godes bodo kêsures,
findan *fêknea* uuord, that he is ferhes bethiu
sculdig uuâri. Thô geng he im eft uuið thea scola
môdag mahlien endi theru menigi sagde [Iudeono
oðar hlust mikil, that he an themu hafton manne
5235 sulica firinsprâka findon ni mahti
for *themu folcskepi*, sô he uuâri is ferhes scolo,
dôdes uuirðig. Than stôdun dolmôde,
Iudeo liudi endi thane godes sunu
uuordun uurôgdun: quâðun that he giuuer êrist
5240 begunni an *Galileo lande*, 'endi oðar Iudeon fôr
heroduuardes thanan, hugi tuîflode,

5214 gadulingos mi *MC* (mi *tilgt Ries.*). 5216 bittra *C.* 5217
imu *fehlt*. crist eft *C.* 5220 thoh *fehlt M.* 5231 fecni *C.* 5236a *fehlt*
M. 5140 galilealaude *C.*

manno môdseƀon,   sô he is mordes uuerð,
that man ina uuîtnoie   uuâpnes eggiun,
ef eo man mid sulicun dâdiun mag   dôðes gesculdien.'

LXIII.

5245 Sô uurôgdun ina mid uuordun   uuerod ludeono
thurh hôtean hugi.   Thô the heritogo,
sliðmôdig man   seggian gihôrde,
fan huilicumu kunnie *uuas*   Krist afôdid,
manno the bezto: he uuas fan theru mârean thiadu,
5250 the *gôdo* fan *Galilealande;*   thar uuas gumscepi
eðiliero manno;   Herodes biheld *thar*
craftagne kuningdôm,   sô ina imu the kêsur *fargaf,*
the rîkeo fan Rûmu,   that he thar rehto gehuilic
gefrumidi undar themu folke   endi friðu lêsti,
5255 dômos adêldi.   He uuas ôk an themu dage selƀo
an Hierusalem   mid is gumscepi,
mid is uuerode *at* themu uuîhe: sô uuas iro uuîse than,
that sie thar *thia hêlagun tîd   haldan* scoldun,
pasca iudeono.   Pilatus gibôd thô,
5260 that thena hafton man   heliðos nâmin
sô gibundenne,   that barn godes,
hêt that sie ina Erodese,   erlos brâhtin
haften te handun,   huand he fan is heriscepi uuas,
fan is uuerodes geuuald.   Uuîgand frumidun
5265 iro hêrron uuord: hêlagne Krist
fôrdun an fiteriun   for thena folctogun,
allaro barno bezt,   thero the io giboren uurði
an liudio lioht;   an liðubendiun geng,
antat sie ina brâhtun,   thar he an is benkia sat,
5270 cuning Herodes: umbihuarf ina craft uuero,
uulanke *uuîgandos:*   uuas im uuilleo mikil,
that *sie* thar selƀon Crist   gisehan môstin:
uuândun that he im sum têkan thar   tôgean scoldi,
mâri endi mahtig,   sô he managun dede

5248a uuas *in M nach* afôdid.   5250 god *M.* galileo l. *C.*   5251
that *C.*   5252 gaf *C.*   5257 an *C.*   5258 the landuuisan lestien *M.*
5262 Endi *C.*   5171 uuigandon *C.*   5172 sie *fehlt C.*

5275 thurh is godcundi　　Iudeo liudeon.
　　Frâgoda ina thuo thie folccuning　firiuuitlico
　　managon uuordon,　　uuolda is muodsebon
　　forð undarfindan,　　huat hie te frumu mohti
　　mannon gimarcon.　　Than stuod mahtig Crist,
5280 thagoda endi tholoda:　　ne uuolda them thiedcuninge
　　Erodese ne' is erlon　　antsuor geban
　　uuordo nigênon.　　Than stuod thiu uurêða thiod,
　　Iudeo liudi　　endi thena godes suno
　　uuurrun endi nuruogdun,　　anthat im uuarð thie uuerold-
5285 an is huge huoti　　endi all is heriscipi,　　[cuning
　　farmuonstun ina an iro muode:　　ne antkendun maht
　　himiliscan hêrron,　　ac uuas im iro hugi thiustri　[godes,
　　baluuues giblandan.　　Barn drohtines
　　iro uurêðun uuere,　　uuord endi dâdi
5290 thuru ôdmuodi　　all githoloda,
　　sô huat sô sia im tionono thuo　　tuogian uuoldun.
　　Sia hietun im thuo te hoske　　huît giuuâdi
　　umbi is liði leggian,　　thiu mêr hie uurði them liudion
　　iungon te gamne.　　Iudeon faganodun,　　[thar
5295 thuo sia ina te hosche　　hebbian gisâhun,
　　erlos oßarmuoda.　　Thuo senda ina eft thanan
　　Erodes se cuning　　an that ôðer folc;
　　alêðian hiet ina lungra mann,　　endi lastar sprâcun,
　　felgidun im firinuuord,　　thar hie an feteron geng
5300 bihlagan mid hoscu:　　ni uuas im hugi tuîfli,
　　neßa hie it thuru ôdmuodi　　all githoloda;
　　ne uuelda iro ußilun uuord　　idulônon,
　　hosc endi harmquidi.　　Thuo brâhtun sia ina eft an that
　　an thia palencea uppan,　　thar Pilatus uuas　[hûs innan,
5305 an thero thingstedi.　　Thegnos agâßun
　　barno that besta　　banon te handon
　　sundilôsian,　　sô hie selßo gicôs:
　　uuelda manno barn　　morðes atuomian,
　　nerian af nôdi.　　Stuodun nîðhuata,

　　5275 liudeon bis 5968 incl. fehlt M.　　5299 uurêðun fehlt C, ergänzt
von Heyne.　　5291 thu o C.　　5298 ledian C.　　5299 folgodun C.
5302 idugloron C.　　5303 tanon te Roediger] te banono Heyne-Rückert.
te banon C,

5310 Iudeon far them gastsclie: habdun sia *gramono* barn,
thia scola farscundid,   that sia ne bescriðun iouuiht
grimmera dâdio.   Thuo giuuêt im gangan tharod
thegan kêsures   uuið thia thiod sprecan,
hard heritogo: 'huat, gi mi thesan haftan mann,' quathie,
5315 'an thesan seli sendun   endi selðon anbudun,
that hie iuuues uuerodes sô filo   auuerdit haðdi,
farlêdid mid is lêron.   Nu ik mid theson liudon ni mag,
findan mid thius folku,   that hie is ferahes sî
furi thesaro scolu sculdig.   Seîn uuas that hiudu:
5320 Erodes mohta,   thie inuuan êo bican,
iuuuaro liudo landreht,   hie ni mahta is liðes gifrêson,
that hie hier thuru êniga sundia te dage   sueltan scoldi,
lîf farlâtan.   Nu uuilliu ik ina for theson liudion hier
githrôon mid thingon,   thrîstion uuordon
5325 buotian im is briosthugi,   lâtan ina brûcan forð
ferahes *mid* firion.'   Folc Iudeono
hreopun thuo alla samad   hlûdero stemnu,
hietun flîtlîco   ferahes âhtian
Crist mid qualmu   endi an crûci slahan,
5330 uuêgian te uuundron: 'hie mid is uuordon haðit
dôðes gisculdid: sagit that hie drohtin sî,
gegnungo godes suno.   That hie ageldan scal,
inuuidsprâca,   sô is an ûson êune giscriðan,
that man sulica fiinquidi   ferahu côpo.'

LXIIII.

5335 Thuo uuarð thie an forahton,   thie thes folkes giuueld,
mikilon an' is muode,   thuo hie gihôrda thia man sprecan,
that sia ina selðon   seggian gihôrdin,
gehan fur them gumscipe,   that hie uuâri godes suno.
Thuo huarf im eft thie heritogo   an that hûs innan
5340 te thero thingstedi,   thrîstion uuordon
gruôtta thena godes suno   endi frâgoda, huat hie gu-
                                            mono uuâri:
'huat bist thu manno?' quathie.   'Te huî thu mi sô
                                            thînan muod hilis,

dernis diopgitháht?   Unêst thu that it all an mínon
duome stêd
umbi thînes lîbes gilagu?   Mi hebbiat *thi* thesa liudi
5345 uuerod Iudeono,   that ik giuualdan muot   [fargeƀan,
sô thik te spildiane   an speres orde,
sô ti quellianne an crûcium,   sô quican lâtan,
sô hueðer sô mi selƀon   suotera thunkit
te gifrummianne mid mînu folcu.'   Thuo sprac eft that
friðubarn godes:
5350 'uuêst thu that te uuâron',   quathie,   'that thu giuuald
oƀar mik
hebbian ni mohtis,   ne uuâri that it thi hêlag god
selƀo fargâbi?   Ôc hebbeat thia sundeono mêr,
thia mik thi bifulhun   thuru fiondscipi,
gisaldun an sîmon haftan.'   Thuo uuelda ina sîð after
5355 gramhûdig man   gerno fârlâtan,   [thiu
thegan kêsures,   thar hie is haƀdi for thero thioda
giuuald;
ac sia uueridun im thena uuillion   uuordu gihuilicn
kunni Iudeono: 'ne bist thu',   quâðun sia,   'thes kêsu-
res friund,
thînon hêrren hold,   ef thu ina hinan lâtis
5360 sîðon gisundon: that thi noh te soragan mag,
uuerðan te uuîte,   huand sô hue sô sulic uuord sprikit,
ahaƀið ina sô hôho,   quiðit that hie hebbian mugi
cuningduomes namon,   ne sî that ina im thie kêsur
geƀe,
hie uuirrid im is uueruldrîki   endi is uuord fârhugid,
5365 farman ina an is muode.   Bethiu scalt thu sulic mên
uurekan,
hoscuuord manag.   ef thu umbi thînes hêrren ruokis,
umbi thînes frôhon friundscipi,   than scalt thu ina thiu
ferhu beniman.'
Thuo gihôrda thie heritogo   thia hieri Iuðeono
thrêgian fan is thiodne;   thuo hie far thero thingstedi
5370 selƀo gisittian,   thar gisamnod uuas   [geng

---

sô mikil huarf uuerodes,   hiet uualdand Crist
lêdian for thia liudi.   Langoda Iudeon,
huan êr sia that hêlaga barn   hangon gisâuuin,
quelan an crûcie;   sia quâðun that sia cuning ôðran
5375 ne habdin undar iro heriscipie,   neban thena hêran kêsar
fan Rûmuburg: 'thic habit hier riki ober ûs.
Bethiu ni scalt thu thesan farlâtan: hie habit ûs sô
filo lêðes gisprokan,
farduan habit hie im mid is dâdion.   Hie scal dôð tholon,
uuîti endi uundarquâla.'   Uuerod Iudeono
5380 sô manag misliç thing   an mahtigna Crist
sagdun te sundiun.   Hie suîgondi stuod
thuru ôðmuodi,   ne antuuordida niouuiht
uuið iro uurêðun uuord: uuolda thesa uuerold alla
lôsian mid is lîbu;   bithiu liet hie ina thia lêðun thiod
5385 uuêgian te uundron,   all sô iro uuillio geng:
ni uuolda im opanlico   allon cûðian
Iudeo liudeon,   that hie uuas god selbo;
huand uuissin sia that te uuâron,   that hie sulica gi-
uuald habdi
obar theson middilgard,   than uurði im iro muodsebo
5390 giblôðit an iro brioston;   thann ne gidorstin sia that
barn godes
handon anthrinan: thann ni uuurði hebanriki,
antlocan liohto mêst   liudio barnon.
Bethiu mêð hie is sô an is muode,   ne lêt that manno
folc
uuitan, huat sia uuarahtun.   Thiu uurð nâhida thuo,
5395 mâri maht godes   endi middi dag,
that sia thia ferahquâla   frummian scoldun.
Than lag thar ôc an bendion   an thero burg innan
ên ruof reginscaðo,   thie habda unter them rike sô filo
morðes girâðan   endi manslahta gifrumid,
5400 uuas mâri meginthiof: ni uuas thar is gimaco huergin;
uuas thar ôc bi sînon   sundion giheftid,
Barrabas uuas hie hêtan;   hie after them burgion uuas

5382 niowiht Sievers, nio C.   5395 lies metododag?   5401 sinon
sundion | simon C. Hoffmann.

thuru is mêndâdi   manogon gicûðid.
Than uuas landuuîsa   liudio Iudeono,
5405 that sia iâro gihuem   an godes minnia
an them hêlagon dage   ênna haftan mann
abiddian scoldun,   that im iro burges uuard,
iro folctogo   ferah fargâði.
Thuo bigan thie heritogo   thia heri Iudeono,
5410 that folc frâgoian,   thar sia im fora stuodun,
hueðeron sia thero tueio   tuomian uueldin,
ferahes biddian: 'thia hier an feteron sind
haft undar theson heriscipie?'   Thiu heri Iudeono
haðdun thuo thia aramun man   alla gispanana,
5415 that sia themo landscaðen   lif abâdin,
githingodin them thioðe,   thie oft an thiustria naht
uuam giuuarahta,   endi uualdand Crist
quelidin an crûcie. Thuo uuarð that cûð oðar all,
huô thiu thiod haðda duomos adêlid. Thuo scoldun
sia thia dâd frummian,
5420 *hâhan* that hêlaga barn. That uuarð them heritogen
siðor te sorgon,   that hie thia saca uuissa,
that sia thuru nîðscipi   neriendon Crist
hatoda, thiu heri,   endi hie im hôrda te thiu,
uuarahta iro uuillion: thes hie uuîti antfeng,
5425 lôn an theson liohte   endi lang after
uuôsîðos uuann,   sîðor hie thesa uuerold agaf.

LXV.

Thuo uuarð thes thie uurêðo giuuaro,   uuamscaðono
Satanas selðo,   thuo thiu seola quam   [mêst,
Iudases an grund   grimmaro helliun —
5430 thuo uuissa hie te uuâren,   that that uuas uualdand Crist,
barn drohtines,   that thar gibundan stuod;
uuissa thuo te uuâron,   that hie uuelda thesa uuerold
mid is henginnia   hellia githuinges,   [alla
liudi alôsian   an lioht godes.
5435 That uuas Satanase   sêr an muode,
tulgo harm an is hugie: uuelda is helpan thuo,

that im liudio barn   lîf ne binâmin,
ne quelidin an crûcie,   ac hie uuelda that hie quic liðdi,
te thiu that firio barn   fernes ne uuurðin,
5440 sundiono sicura.   *thuo im Satanas giuuêl,*
thar thes heritogen   hîuuiski uuas
an thero burg innan.   Hie thero is brûdi bigann,
thera idis opanlîco   unhiuri fiond
uuunder tôgian,   that sia an uuordhelpon
5445 Criste unâri,   that hie muosti quicc libbian,
drohtin manno   — hie uuas iu than te dôðe giscerid —
uuissa that te uuâron,   that hie im scoldi thia giuuald
              biniman,
that hie sia oðar thesan middilgard,   sô mikila ni haðdi
oðar uuîda uuerold. That uuîf uuarð thuo an forahton,
5450 suîðo an sorogon,   thuo iru thiu gisiuni quâmun
thuru thes dernien dâd   an dages liohte,
an heliðhelme bihelid.   Thuo siu te iru hêrren anbôd,
that uuîf mid iro uuordon   end im te uuâren hiet
selðon seggian,   huat iro thar te gisiunion quam
5455 thuru thena hêlagan mann,   endi im helpan bad,
formon is ferhe: 'ik hebbiu hier sô filo thuru ina
seldlîkes giseuuan,   sô ik uuêt that thia sundiun sculun
allaro erlo gihuem   uðilo githîhan,
sô im fruocno tuo   ferahes âhtið.'
5460 Thie segg uuarð thuo an stôie,   antat hie sittian fand
thena heritogon   an huarabe innan
an them stênuuege,   thar thiu strâta uuas
felison gifuogid.   Thar hie te is frôhon geng,
sagda im thes uuîbes uuord.   Thuo uuarð im uurêð hugi,
5465 them heritogen,   — huarðoda an innan —,
giblôðit briostgithâht: uuas im bêðies unê,
gie that sea ina sluogin   sundia lôsan,
gie it bi them liudion thuo   forlâtan ne gidorsta
thuru thes uucrodes uuord.   Uuarð im giuuendid thuo
5470 hugi an herten   after thero heri Iudeono,
te uuerkeanne iro uuillion: ne uuardoda im nieuuiht
thia suârun sundiun,   thia hie im thar thuo selðo gideda.

Hiet im thuo te is handon dragan   hluttran brunnion,
uuatar an *uuêgie,*   thar hie furi them uuerode sat,
5475 thuôg ina thar for thero thioda   thegan kêsures,
hard heritogo   endi thuo fur thero heri sprac,
quað that hie ina thero sundiono thar   sicoran dâdi,
uurêðero uuereo: 'ne uuilliu ik thes uuihtes plegan',
                                                quathie,
'umbi thesan hêlagan mann,   ac *hleotad* gi thes alles,
5480 gie uuordo gie uuereo,   thes gi im hêr te uuîtie giduan.'
Thuo hreop all saman   heriscipi Iudeono,
thiu mikila menigi,   quâðun that sia uueldin umbi
                                        thena man plegan
deraboro dâdio: 'fare is drôr obar ûs,
is bluod endi is baneði   endi obar ûsa barn sô samo,
5485 obar ûsa abaron thar after —   uui uuilliat is alles ple-
                                                gan', quâðun sia,
'umbi thena slegi selbon, —   ef uui thar êniga sundia
                                            giduan!'
Ageban uuarð thar thuo furi them Iudeon   allaro
                                        gumono besta
hettendion an hand,   an herubendion
narauo ginôdid,   thar ina nîðhuata,
5490 fiond antfengun: folc ina umbihuarf,
mênscaðono megin.   Mahtig drohtin
tholoda githuldion,   sô huat sô im thiu thioda deda.
Sia hietun ina thuo fillian,   êr than sia im ferahes tuo,
aldres âhtin,   endi im undar is ôgun spiuuun,
5495 dedun im that te hoske,   that sia mid iro handon slôgun,
uueros an is uuangun   endi im is giuuâdi binâmun.
rôbodun ina thia reginscaðon   rôdes lacanes,
dedun im eft ôðer an   thuru unhuldi;
hietun thuo hôbidband   hardaro thorno
5500 uuundron uuindan   endi an uualdand Crist
selbon settean,   endi gengun im thia gisiðos tuo,
queddun ina an cuninguuîsu   endi thar an knio fellun,
hnigun im mid iro hôbdu: all uuas im that te hoske
                                            giduan,

thoh hie it all githolodi,   thiodo drohtin
5505 mahtig thuru thia minnia   manno cunnies.
Hietun sia thuo uuirkian   uuâpnes eggion,
heliðos mid iro handon   hardes boumes
craftiga crûci   endi hietun sia Cristan thuo,
sâlig barn godes   selƀon fuorian,
5510 dragan hietun sia ûsan drohtin,   thar hie *bedrôragan*
sueltan sundiono lôs.   Sîðodun Iudeon,   *scolda*,
uueros an uuillon,   lêddun uualdand Crist,
drohtin te dôðe.   Thar mohta man thuo dereƀi thing
harmlîc gihôrian: hioƀandi thar after
5515 gengun uuiƀ mid uuôpu,   uueros gnornedun,
thia fan Galilea   mid im gangan quâmun,
folgodun oƀar ferruuegos: uuas im iro frôhon dôð
suîðo an soragan.   Thuo hie selƀo sprak,
barno that besta   endi under bac besah,
5520 hiet that sia ni uuêpin: 'ni tharf iu uuiht tregan',
'mînero hinferdio,   ac gi mid hofnu mugun   [quathie,
iuuua uurêðan uuerc   uuôpu cûmian,
tornon trahnon.   Noh uuirðið thiu tîd cuman,
that thia muoder thes   mendendia sind,
5525 brûdi Iudeono,   them gio barn ni uuarð
ôdan an aldre.   Than gi iuuua inuuid sculun
grimmo angeldan;   than gi sô gerna sind,
that in hier bihlîdan   hôha bergos,
diopo bedelƀan;   dôð uuâri iu than allon
5530 lioƀera an theson lande   than sulic liudio qualm
te githolianne,   sô hier than thesaro thioda cumid.'

LXVI.

Thuo sia thar an griete   galgon rihtun,
an them felde uppan   folc Iudeono,
bôm an berege,   endi thar an that barn godes
5535 quelidun an crûcie: slôgun cald îsarn,
niuua naglos   nîðon scarpa
hardo mid hamuron   thuru is hendi endi thuru is fuoti,
bittra bendi: is blôd ran an erða,

drôr fan ûson drohtine.   Hie ni uuelda thoh thia dâd
                    uurecan

5540 grimma an them Iudeon,   ac hie thies god fader
mahtigna bad,   that hie ni uuâri them manno folke,
them uucrode thiu *uurêðra:*   'huand sia ni uuitun,
                   huat sia duot', quathie.
Thuo thia uuîgandos   giuuâdi Cristes,
drohtines dêldun,   derebia mann
5545 thes rîken girôbi.   Thia rincos ni mahtun
umbi *thena selbon* . . . .   samuuurdi gesprecan,
êr sia an iro huarabe   hlôtos uuurpun,
huilic iro scoldi hebbian   thia hêlagun pêda,
allaro giuuâdio uunsamost.   Thes uuerodes hirdi
5550 hiet thuo, the heritogo,   obar them hôbde selbes
Cristes an crûce scrîban,   that that uuâri cuning Iudeono,
Iesus fan Nazarethburh,   thie thar neglid stuod
an niuuon galgon   thuru nîðscipi,
an bômin treo.   Thuo bâdun thia liudi
5555 that uuord uuendian,   quâðun that hie im sô an is
                   uuilleon sprâki,
selbo sagdi,   that hie habdi thes gisîðes giuuald,
cuning uuâri obar Iudeon.   Thuo sprac eft thie kêsu-
                   res bodo,
hard heritogo: 'it ist iu sô obar is hôbde giscrîban,
uuîslîco giuuritan,   sô ik it nu uuendian ni mag.'
5560 Dâdun thuo thar te uuîtie   uuerod Iudeono
tuêna fartalda man   an tuâ halba
Cristes an crûci: lietun sia qualm tholon
an them uuaragtreuue   uuerco te lône,
lêčaro dâdio.   Thia liudi sprâcun
5565 hoscuuord manag   hêlagon Cristo,
grôttun ina mid gelpu: sâuuun allaro gumono then
                   beston
quelan an themo crûcie: 'ef thu sis cuning obar all',
                   quâðun sia,
'suno drohtines,   sô thu habis selbo *gisprocan,*

5542 wrethra *Schmeller-Rieger*] uuretha *C.*   5544 Drohtines *fehlt*
C, ergänzt von *Grein.*   5546 that selbon *Heyne-Rückert.* selbon selkon
Rieger, slôbon *Grein*, selbon giuunst *Roed.*   5568 gisprecan *C.*

12*

neri thik fan thero nôdi   endi nîðes atuomi,
8570 gang thi hêl herod;   than uuelliat an thik heliðo barn,
thesa liudi gilôbian.'   Sum imo ôk lastar sprac
suîðo gêlhert Indeo,   thar hie fur them galgon stuod:
'uuâh uuarð thesaro uueroldi', quathie,   'ef thu iro scol-
dis giuuald êgan.
Thu sagdas that thu mahtis an ênon dage   all teuuerpan
5575 that hôha hûs   heƀancuninges,
stênuuerco mêst   endi eft standan giduon
an thriddion dage,   sô is elcor ni thorfti bithîhan mann
theses folkes furðor.   Sînu huô thu nu gifastnod stês,
suîðo gisêrid: ni maht thi selƀon uuiht
5580 balonnes gibuotian.'   Thuo thar ôc an them bendion
sprac
thero theoƀo ôðer,   all sô hie thia thioda gihôrda,
uurêðon uuordon   — ne uuas is uuillio guod,
thes thegnes githâht —:   'ef thu sîs thiodcuning',
quathie,
'Crist godes suno,   gang thi thann fan them crûce niðer,
5585 slôpi thi fan them sîmon   endi ûs samad allon
hilp endi hêli.   Ef thu sîs heƀancuning,
uualdand thesaro uueroldes,   giduo it than an thînon
uuercon scîn,
mâri thik fur thesaro menigi.'   Thuo sprac thero manno
an thero henginna,   thar hie giheftid stuod,   [ôðer
5590 uuan uuunderquâla: 'behuî uuilt thu sulic uuord sprecan,
gruotis ina mid gelpu?   stês thi hier an galgen haft,
gibrôcan an bôme.   Uuit hier bêðia tholod
sêr thuru unca sundiun: is unc unkero selƀero dâd
uuorðan te uuîtie.   Hie stêd hier uuammes lôs,
5595 allaro sundiono sicur,   sô hie selƀo gio
firina ni gifrumida,   bûtan that hie thuru theses folkes nîð
uuillendi an thesaro uueruldi   uuîti antfâhid.
Ik uuilliu thar gilôƀian tuo', quathie,   'endi uuilliu thena
thena godes suno   gerno biddian,   [landes uuard,
5600 that 'thu mîn gihuggies   endi an helpun sîs,
râdendero best,   than thu an thîn rîki cumis:
uues mi than ginâðig.'   Thuo sprak im eft neriendo
Crist

uuordon tegegnes:　'ik　seggiu　thi　te　uuâron　hier',
'that thu noh hiudu môst　an himilrîke　[quathie,
5605 mid mi samat　sehan lioht godes
an themo paradyse,　thoh thu nu an sulicoro pînu sîs.'
Than stuod thar ôc Maria,　muoder Cristes,
blêc under them bôme:　gisah iro barn tholon,
uuinnan uuunderquâla.　Ôc uuârun thar unît mid iro
5510 an sô mahtiges　minnia cumana —
than stuod thar ôc Iohannes　iungro Cristes
hriuuig uudar is hêrren,　uuas im is hugi sêrag —
druhodun fur them dôðe.　Thar sprac drohtin Crist
mahtig te thero muoder:　'nu ik thi hier mînemo scal
5615 iungron befelhan,　them *thie* hier geginuuard stêd:
uuis thi an is gisîðie samad:　thu scalt ina furi suno
　　　　　　　　　　　hebbian.'
Grôtta hie thuo Iohannes,　*hiet* that hie iru fulgengi
　　　　　　　　　　　uuell,
minniodi sia sô *mildo*,　sô man is muoder scal,
idis unuuamma.　Thuo hie sia an is êra antfeng
5520 thuru hluttran hugi,　sô im is hêrro gibôd.

LXVII.

Thuo uuarð thar an middian dag　mahti têcan
uuundarlîc giuuaraht　oƀar thesan uuerold *allan*,
thuo man thena godes suno　an thena galgon huof,
Crist an that crûci:　thuo uuarð it cûð oƀar all,
5625 huô thiu sunna uuarð gisuorkan:　ni mahta suigli lioht
scôni giscînan,　ac *sia* scado farfeng,
thimm endi thinstri　endi *sò githrusmod nebal.*
Warð allaro dago druoƀost,　duncar suîðo
oƀar thesan unîdun uueruld,　sô lango sô uualdand Crist
5630 qual an themo crûcie,　cuningo rîkost,
ant nuon dages.　Thuo thie neƀal tiscrêd,

5605 Sehan l. g. samat mid mi *Ries*.　5613 druvôd untuo them
Rieger.　5615 thi *C*.　5617 anthiet *C*.　5618 mildo *Wack*.] mildo *C*.
5622 alla *C*.　5626 siu *C*.　5627b endi so githismod *C*, endi so githris-
mod wedar *Rieger - Heyne*, endi so githrusmod warth *Sievers*, endi skio gi-
thrusmod *Wackernagel*.　5628 warth *fehlt C*.

that gisuerc uuarð thuo tesuungan,   bigan sunnun lioht
hêdron an himile.   Thuo hreop upp te gode
allaro cuningo craftigost,   thuo hie an themo crûcie
5635 faðmon gifastnot: 'fader alomahtig', quathie,   [stuod
'te huî thu mik sô farlieti,   licðo drohtin,
hêlag heðancuning,   endi thîna helpa dedos,
fullisti sô ferr?   Ik *standu* under theson fiondon hier
uundron giuuêgid.'   Uuerod Iudeono
5640 hlôgun is im thuo te hosce: gihôrdun thena hêlagun
drohtin furi them dôde   drincan biddian,
quað that ina thurstidi.   Thiu thioda ne latta,
uurêða uuiðarsacon: uuas im uuilleo mikil,
huat sia im bittres tuo   bringan mahtin.

5645 Habdun im unsuôti   eeid endi galla
gimengid thia mênhuaton;   stuod ênn mann garo,
suîðo sculdig scaðo,   thena habdun sia giscerid te thiu,
farspanan mid sprâcon,   that hie sia an êna spunsia nam,
lîðo thes lêðosten,   druog it an ênon langan scafte,
5650 gibundan an ênon bôme   endi deda it them barne godes,
mahtigon te mûðe.   Hie ankenda iro mirkiun dâdi,
gifuolda iro fêgnes: furðor ni uuelda
is sô bittres anbîtan,   ac hreop that barn godes
hlûdo te them himilscon fader: 'ik an thîna hendi
                    befilhu', quathie,
5655 'mînon gêst an godes uuillion;   hie ist nu garo te thiu,
fûs te faranne.'   Firio drohtin
gihnêgida thuo is hôðid,   hêlagon âðom
liet fan themo likhamen.   Sô thuo thie landes uuard
sualt an them sîmon,   sô uuarð sân after thiu
5660 uundartêcan giuuaraht,   *that* thar uualdandes dôd,
unqueðandes sô filo   antkennian scolda,
gifuolian is êndagon: erða biðoda,
hrisidun thia hôhun bergos,   harda stênos cluðun,
felisos after them felde,   endi that *fêha* lâcan tebrast
5665 an middion an tuê,   that êr managan dag
an themo uuîhe innan   uuundron gistriunid

---

hêl hangoda   — ni muostun heliðo barn,
thia liudi scauuon,   huat under themo lâcane uuas
hêlages behangan: thuo mohtun an that horð sehan
5670 Iudeo liudi —   grabu uuurðun giopanod
dôdero manno,   endi sia thuru drohtines craft
an iro lîchamon   libbiandi astuodun
upp fan erðu   endi uuurðun giôgida thar
mannon te mârðu.   That uuas sô mahtig thing.
5675 that thar *Cristes* dôð   antkennian scoldun,
sô filo thes gifuolian,   *thie* gio mid firihon ne sprac
uuord an thesaro uueroldi.   Uuerod Iudeono
sâuuun seldlîc thing,   ac uuas im iro slîði hugi
sô farhardod an iro herten,   that thar io sô hêlag ni
uuarð
5680 têcan gitôgid,   that sia trûodin thiu bat
an thia Cristes craft,   that hie cuning obar all
thes uuerodes uuâri.   Suma sia thar mid iro uuordon
gisprâcun,
thia thes hrêunes thar   huodian scoldun,
that that uuâri te uuâren   uualdandes suno,
5685 godes gegnungo,   that thar an them galgon sualt,
barno that besta.   Slôgun an iro briost filo
uuôpiandero uuîbo: uuas im thiu uuunderquâla
harm an iro herten   endi iro hêrren dôð
suîðo an sorogon.   Than uuas sido Iudeono,
5690 that sia thia *haftun* thuru thena hêlagan dag   hangon
lengerun huîla,   than im that lîf scrîði,   [ni lietin
thiu seola besunki: slîðmuoda mann
gengun im mid nîðscipiu nâhor,   thar *sô* beneglida
theobos tuêna,   tholodun bêðia   [stuodun
5695 quâla bi Criste: uuârun im quica noh than.
untthat sia thia grimmun   Iudeo liudi
bênon bebrâcon,   that sia bêðia samad
lîf *farlietun,*   suohtun im lioht ôðer.
Sia ni thorftun drohtin Crist   dôðes bêdian

5700 furðor mid ênigon firinon: fundun ina gifaranan thuo iu:
     is seola uuas gisendid   an suoðan uueg,
     an langsam lioht,   is liði cuolodun,
     that fora uuas af them *flêske*.   Thuo geng im ên thero
     an niðhugi: druog negilid sper   [fiondo tuo
5705 hard an is handon,   mid heruthrummeon stac,
     liet uuâpnes ord   unundum sníðan,
     that an selbes uuarð   sîdu Cristes
     antlocan is lîchamo.   Thia liudi gisâuun,
     that thanan bluod endi nuater   bêðiu sprungun,
5710 uuellun fan thero uuundun,   all sô is uuillio geng
     endi hie habda gimarcod êr   manno cunnie,
     firio barnon te frumu: thuo uuas it all gifullid só.

LXVIII.

     Sô thuo gisêgid uuarð   seðle nâhor
     hêdra sunna   mid heðantunglon
5715 an them druoben dage,   thuo geng im ûses drohtines
     — uuas im glau gumo,   iungro Cristes   [thegan
     managa huîla,   sô it thar manno filo
     ne uuissa te uuâron,   huand hie it mid is unordon hal
     Iudeno gumscipie —:   Ioseph uuas hie hêtan,
5720 darnungo uuas hie ûses drohtines iungro;   hie ni uuelda
                                   thero farduanun thiod
     folgon te ênigon firinuuercon,   ac hie bêd im under
                                   them folke Iudeono
     hôlag himilo rìkies.   Hie geng im thuo uuið thena heri-
                                   togon mahlian,
     thingon uuið thena thegan kêsures,   thigida ina gerno,
     that hie muosti alôsian   thena lîkhamon
5725 Cristes fan themo crûcie,   thie thar giquelmid stuod,
     thes guoden fan them galgen   endi an graf leggian,
     foldu bifelhan.   Im ni uuelda thie folctogo thuo
     uuernian thes uuillien,   ac im giuuald fargaf,
     that hie sô muosti gifrummian.   Hie giuuêt im thuo
                                   forð thanan

5730 gangan te them galgon,   thar hie uuissa that *godes*
      hrêo hangondi   hêrren sînes,   [*barn*,
      nam ina thuo an thero niuuun ruodun   endi ina fan
                           naglon atuomda,
      antfeng ina mid is faðmon,   sô man is frôhon scal,
      lioƀes lîchamon,   endi ina an lîne biuuand,
5735 druog ina diurlîco   — sô uuas thie drohtin uuerð —,
      thar sia thia stedi haƀdun   an ênon stêne innan
      handon gihauuuan,   thar gio heliðo barn
      gumon ne bigruoƀun.   Thar sia that *godes barn*
      te iro landuuîsu,   lîco hêlgost
5740 foldu bifulhun   endi mid ênu felisu belucun
      allaro graƀo guodlicôst.   Griotandi sâtun
      idisi *armscapana,*   thia that all forsâuun,
      thes gumen grimman dôð.   Giuuitun *im* thuo gangan
      uuôpiandi uuîf   endi uuara nâmun,   [thanan
5745 huô sia oft te them graƀe   gangan mahtin:
      haƀdun im farseuuana   soroga ginuogia,
      mikila muodkara: Maria uuârun sia hêtana,
      idisi armscapana.   Thuo uuarð âband cuman,
      naht mid neflu.   Nîðfolc Iuðeono
5750 uuarð an moragan eft   menigi gisamnod,
      . . . . **
      rekidun an rûnon: 'huat, thu uuêst huô thit riki uuas
      thuru thesan ênan man   all gituîflid,
      uuerod giuuorran: nu ligid hie uuundon siok,
      diopo bidolƀan.   Hie sagda simnen, that *hie scoldi fan
                           dôðe asIandan*
5755 an thriddian dage.   Thius thiod gilôƀit te filo,
      thit uuerod after is uuordon.   Nu thu hier uuardon hêt,
      oƀar them graƀe gômian,   that ina is iungron thar
      ne farstelan an themo stêne   endi seggian than, that
                           hie astandan si
      riki fan raston: than uuirðit thit rinco folc
5760 mêr gimerrid,   ef sia *it* biginnat mârian hier.'
      Thuo uuurðun thar giscerida   fan thero scolu Iudeono

<hr>

5730 barn godes *C.*   5738 godes barn *Sievers.*] barn godes C.   5742
armscana C.   5746 im *fehlt C.*   ** *Roediger vermuthet Lücke nach rûnon.*
5754 hie fan dode scoldi Astandan *Rückert.*   5760 it *fehlt C.*

uueros te thero uuahtu: giuuitun im mid iro giuuâpnion
                                                         tharod
       te them graƀe gangan,   thar sia scoldun thes godes
       hrêuues huodian.   Uuarð thie hêlago dag   [barnes
5765 Iudeono fargangan.   Sia oƀar themo graƀe sâtun,
       uueros an thero uuahtun   uuânamon nahton,
       bidun undar iro bordon,   huan êr thie berehto dag
       oƀar middilgard   mannon quâmi,
       liudon te liohte.   Thuo ni uuas lang te thiu,
5770 that thar uuarð thie gêst cuman   be godes crafte,
       hâlag âðom   undar thena hardon stên
       au *thena* lîchamon.   Lioht uuas thuo giopanod
       firio barnon te frumu: uuas fercal manag
       antheftid fan helldoron   endi te himile uueg
5775 giuuaraht fan thesaro uueroldi.   Uuânom upp astuod
       friðubarn godes,   fuor im thar hie uuelda,
       sô thia uuardos thes   uuiht ni afsuoƀun,
       derƀia liudi,   huan hie fan them dôðe astuod,
       arês fan thero rastun.   Rincos sâtun
5780 umbi that graf ûtan,   Iudeo liudi,
       scola mid iro scildion.   Scrêd forðuuardes
       suigli sunnun *lioht*.   Stôdun idisi
       te them graƀe gangan,   gumcunnies uuîf,
       Mariun munilîca: habdun mêðmo filo
5785 gisald uuiðer salƀum,   siluƀres endi goldes,
       uuerðes uuiðer uuurtion,   sô sia mahtun auuinnan mêst,
       that sia thena lîchamon   lioƀes hêrren,
       sunu drohtines,   salƀon muostin,
       uuundun *uuritanan*.   Thiu uuîf soragodun
5790 an iro seƀon suîðo   endi suma sprâcun,
       huie im thena grôtan stên   fan themo graƀe scoldi
       gihuerebian an halƀa,   the sia oƀar that hreô sâuuun
       thia liudi leggian,   thuo sia thena lîchamon thar
       befulhun an themo felise.   Sô thiu frî habdun
5795 gegangan tê them gardon,   that sia te them graƀe
       gisehan selƀon,   thuo thar suôgan quam   [mahtun

5766 uuânamon *Vilmar*]wanom *C.*   5772 the *C.*   5782 lioht *Schmeller*]
naht *C.*   5789 writanan *Rieger*] uuritan *C.*

engil thes alouualdon   oðana fan radure,
faran an feðerhamon,   that all thiu folda ansciann,
thiu erða dunida   endi thia erlos uuurðun
5800 an uuêkan hugie,   uuardos Iuðeono,
bifellun bi them forahton: ne uuândun ira fera êgan,
lîf langerun huîl.

LXVIIII.

Lâgun *thia* uuardos,
thia gisîðos sâmquica: sân upp ahlêd
thie grôto stên fan them graƀe,   sô ina thie godes engil
5805 gihueriƀida an halƀa,   endi im uppan them hlêuue gisat
diurlîc drohtines bodo. Hie uuas an is dâdion gelîc,
an is ansiunion,   sô huem sô ina muosta undar is ôgon
scauuon,
sô bereht endi sô blîði   all sô *blicsmun* lioht;
uuas im is giuuâdi   uuintarcaldon
5810 snêuue gilîcost. Thuo sâuun sia ina sittian thar,
thiu uuîf uppan them giuuendidan stêne,   endi im fan
them uulitie *quâmun,*
them idison sulica egison *tegegnes*:   *all uuurðun fan*
them grurie
thiu frî an forahton mikilon,   furðor ne gidorstun
te themo graƀe gangan,   êr sia thie godes engil,
5815 *uualdandes* bodo   uuordon gruotta,
quað that hie iro ârundi   all bicunsti,
uuerc endi uuillion   endi thero uuîƀo hugi,
hiet that sia im ne andrêdin: 'ik uuêt that gi iuuuan
drohtin suokat,
neriendon Crist   fan Nazarethburg,
5820 thena thie hier quelidun   endi an crûci slôguu

---

* LXVIIII *nach* 5801.   5802 tha *C*, than *Rieger*.   5808 blicsninn *C*.
5811 quâmun fehlt *C*, ergänzt *von Roed.*, stuodun *Rieger, Heyne u. Sievers*.
5812a tegegnes *tilgt Rieger*.   5812b *u*. 13 *so Ries*; all uuurthun thiu fri
an forahton fan them grurie mikilon *C*, all uurthun thiu fri | an forahton
fan them grurie mikilon *Sprachprob*.2, all (alla *Sievers*, all tegegues *Rieger*).
uuurthun (giwurðun *Heyne-Rückert*) thiu fri an forahton *Sprachpr*.1, *Heyne*,
Rückert, *Sievers*, *Rieger*, *Roediger*.   5814 fan them grurie mikilon te themo
graue gangan, | er sia thie godes engil *Rieger*, fan them grurie mikilon '
te themo grave gangan *Roediger*.   5815 Er sia thie waldandes *Roediger*.

Iudeo liudi   endi an graf lagdun
sundilôsian.   Nu nist hie selƀo hier,
ac hie ist astandan iu   endi sind thesa stedi lârea,
thit graf an theson griote.   Nu mugun gi gangan herod
5825 nâhor mikilu   — ik uuêt that is iu ist niud sehan
an theson stêne innan —:   hier sind noh thia stedi
thar is lîchamo lag.'   Lungra fengun   [scîna,
gibada an iro brioston   blêca idisi,
ulitiscôni uuîf: uuas im uuilspell mikil
5830 te gihôrianne,   that im fan iro *herren* sagda
engil thes alouualden.   Hiet sia eft thanan
fan them graƀe gangan   endi faran te them iungron
seggian them is gisîðon   suoðon uuordon,
that iro drohtin uuas   fan dôðe astandan.
5835 Hiet ôc an sundron   Simon Petruse
uuillspell mikil   uuordon cûðian,
cumi drohtines,   gi that Crist selƀo
uuas an Galileo land,   'thar ina eft is iungron sculun,
gisehan is gisîðos,   sô hie im êr selƀo gisprac
5840 uuâron uuordon.'   Reht sô thuo thiu uuîf thanan
gangan uneldun,   sô stuodun im tegegnes thar
engilos tnêna   an alahuîton
uuânamon giuuâdion   endi sprâcun *im* mid iro uuordon tuo
hêlaglîco: hugi uuarð giblôðid
5845 then idision an egison: ne mahtun an thia engilos
                             godes
bi themo uulite scauuon: uuas im thiu uuânami te
                             strang,
te suîði te sehanne.   Thuo sprâcun im sân angegin
uualdandes bodun   endi thiu uuîf frâgodun,
te huî sia Cristan tharod   quican mid dôdon,
5850 suno drohtines   suokian quâmin
ferahes fullan;   'nu gi ina ni findat hier
an theson stêngraƀe,   ac hie ist astandan *nu*
an is lîchamen: thes gi gilôƀian sculun
endi gihuggian thero uuordo,   the hie iu te uuâron oft
5855 selƀo sagda,   thann hie an iuuuon gisîðe uuas

---

an Galilealande,   huô hie scoldi gigeban uuerðan,
gisald selƀo   an sundigaro manno,
hettandero hand,   hêlag drohtin,
that sia ina quelidin   endi an crûci *slôgin,*
5860 dôdan gidâdin   endi that hie scoldi thuru drohtines craft
an thriddion dage   thioda te uuillion
libbiandi astandan.   Nu haƀit hie all gilêstid sô,
gifrumid mid firihon: fliat gi nu forð hinan,
gangat gâhlîco   endi duot it them is iungron cûð.

LXX.

5865 Hie haƀit sia iu furfarana   endi ist im forð hinan
an Galileo land,   thar ina eft is iungron sculun,
gisehan is gisîðos.'   Thuo uuarð *sân* after thiu
them uuîƀon an uuillon,   that sia gihôrdun sulic uuord
                                                sprecan,
cûðian thia craft godes   — uuârun im sô acumana
                                                thuo noh
5870 gie sô forahta gefrumida —:   giuuitun im forð thanan
fan them graƀe gangan   endi sagdun them iungron
seldlîc gisiuni,   thar sia sorogondi   [Cristes
bidun sulikero buota.   Thuo uuurðun ôc an thia burg
                                                cumana
Iudeono uuardos,   thia oƀar themo graƀe sâtun
5875 alla *langa* naht   endi thes lîchamen thar,
huodun *thes* hrêuues.   Sia sagdun thero heri Iudeono,
huilica im thar anduuarda   egison quâmun,
seldlîc gisiuni,   sagdun mid uuordon,
al sô it giduan uuas   an thero drohtines craft,
5880 ni miðun an iro muode.   Thuo budun im mêðmo filo
Iudeo liudi,   gold endi siluƀar,
saldun im sinc manag,   te thiu that sia it ni sagdin forð,
ne mâridin thero menigi: 'ac queðat that iu môði hugi
ansuebidi mid slâpu   endi that thar quâmin *is* gisîðos tuo,
5885 farstâlin ina an them stêne.   Simnen uuesat gi an stride
                                                mid thiu,

5858 hetandero *C.*   5859 slogun *C.*   5867 sân *fehlt C, ergänzt con*
Heyne.   5872 sedlic *C.*   5875 langan *C.*   5876 ther *C.*   5884 is
fehlt C, ergänzt con Rückert.

forð an flîto: ef it uuirðit them folctogen cûð,
uui gihelpat iu uuið thena hêrroston,   that hie iu
                                            harmes uuiht,
lêðos ni gilêstid.'   Thuo nâmun sia an them liudon filo
diurero mêðmo,   dâdun all sô sia bigunnun
5890 — ne giuueldun iro uuillion —   *dâdun sô wîdo* cûð
them liudon after them lande,   that sia sulica lugina
                                            uuoldun
ahebbian be than hêlagan drohtin.   Thann uuas eft
                                        gihêlid hugi
iungron Cristes,   thuo sia gihôrdun thiu guodun uuîf
mârian thia maht godes;   thuo uuârun sia an iro muode
                                            frâha,
5895 gie im te them graƀe bêðia   Iohannes endi Petrus
runnun ôƀastlîco: uuarð êr *cuman*
Iohannes thie guodo,   endi im oƀar them graƀe gistuod,
antat thar sân after quam   Simon Petrus,
erl ellanruof   endi im thar in giuuêt
5900 an that graf gangan: gisah thar thes godes barnes,
hrêogiuuâdi   hêrren sines
lînin liggian,   mid thiu uuas êr thie lîchamo
fagaro bifangan;   lag thie fano sundar,
mid them uuas that hôƀid bihelid   hêlages Cristes,
5905 rîkies drohtines,   thann hie an thesaro rastu uuas.
Thuo geng im ôc Iohannes   an that graf innan
sehan seldlîc thing: uuarð im sân after thiu
antlocan is gilôƀo,   that hie uuissa, that scolda eft an
                                    [thit lioht cuman
is drohtin diurlîco,   fan dôðe astandan
5910 upp fan erðu.   Thuo giuuitun im eft thanan
Iohannes endi Petrus,   endi quâmun thia iungron
                                            Cristes,
thia gisîðos tesamne.   Than stuod sêragmuod
ên thera idiso   ôðersîðu
griotandi oƀar them graƀe   — uuas iro iâmar muod —
5915 Maria uuas that Magdalena: — uuas iro muodgithâht,

5889 *So Roediger,* diurie medmos *C.*   5890 dâdun sô wido *fehlt C,*
sô wido *ergänzt von Grein.*   5896 cumana *C.*

sebo mit *sorogon* giblandan — ne uuissa huarod siu
sôkian scolda

thena hêrron, thar iro uuârun at thia helpa gilanga.
Siu ni mohta thuo hofnu auuîsan,

that uuîf ni mahta uuôp forlâtan: ne uuissa huarod
siu sia uuendian scolda;

gimerrid uuârun iro thes muodgithâhti. Thuo gisah
siu thena mahtigan thar

5920 *Criste standan,* thuoh siu ina cûðlîco

ankennian ni mohti, ôr than hie ina cûðian uuelda,

seggian that hie it selbo uuâri. Hie frâgoda huat siu
sô sêro biuuiepi,

sô harmo mid hêton trahnin? Siu quað, that siu umbi
iro hêrron ni uuissi

te uuâren, huarod hie uuerðan scoldi: 'ef thu ina mi
giuuîsan mohtis,

frô mîn, ef ik thik frâgon gidorsti, ef thu ina hier an
theson felise ginâmis,

5925 uuîsi ina mi mid uuordon thînon: than uuâri mi allaro
uuilliono mêsta,

that ik ina selbo gisâhi.' Sia ni uuissa, *that* sia thie
suno drohtines

gruotta mid gôdaro sprâcun: siu uuânda that it thie
gardari uuâri,

hofuuard hêrren sînes. Thuo gruotta sia thie hêlago
drohtin,

bi namen neriendero best: siu geng im thuo nâhor
sniumo,

5930 that uuîf mid uuillion guodan, antkenda iro uualdand
selban,

miðan siu is thuru thia minnia ni uuissa: uuelda ina
mid iro *mundon* grîpan,

thiu *fêhmia* an thena folko drohtin, noban that iro
friðubarn godes

uuerida mid uuordon sînon, quað that siu ina mid
uuihti ni môsti

5916 selbo *C.* sorogon sero *C.* 5920 criste standan *Roed.*] standan
criste *C.* 5926 that *fehlt C.* 5931 MIðan] mitha ina *C.* mundon *Hofm* |
uuordon *C.* 5932 fadmia *C.*

handon anthrinan: 'ik ni stêg noh', quathie, 'te them
                                   himiliscon fader;
5935 ac îli thu nu ôfstlîco   endi them erlon cûtdi,
    bruothron mînon,   that ik ûser bêðero fader
    alauualdan   iuuuan endi mînan,
    suo 'fastan god   suokean uuilliu.'

LXXI.

That uuîf uuarð thuo an uuunnon,   that siu muosta
                                   sulican uuillion cûðian,
5940 seggian fan im gisundon: uuarð sân garo
    thiu idis an that ârundi   endi them erlon brâhta,
    uuillspel uueron,   that siu uualdand Crist
    gisundan gisâuui,   endi sagda huô *he* iru selbo gibôd
    torohtero têcno.   Sia ni nueldun gitrûoian thuo noh
5945 thes uuîbes uuordon,   that siu sulic uuillspel brâhte
    gegnungo fan themo godes suno,   ac sia sâtun im
                                   iâmormuoda,
    heliðos *hriuonda*.   Thuo uuarð thie hêlago Crist
    eft opanlîco   ôðersîðu,
    drohtin gitôgid,   sîðor hie fan dôde astuod,
5950 than uuîbon an uuillion,   that hie im thar an uuege
                                   muotta.
    Quedda sia cûðlîco   endi sia te is kneohon hnigun,
    fellun im tô fuoton.   Hie hêt that sia forahtan hugi
    ne bârin an iro brioston: 'ac gi mînon bruoðron
    thesa quidi cûðian,   that sia cuman after mi   [sculun
5955 an Galileo land;   thar ik im eft tegegnes biun.'
    Than fuorun im ôk fan Hierusalem   thero iungrono
    an them selbon daga   sân *an* morgan,   [tuêna
    erlos an iro ârundi: uueldun im te Emaus
    that castel suocan.   Thuo bigunnun im quidi managa
5960 under them uueron uuahsan,   thar sia after them uuege
                                   fuorun,
    them heliðon umbi iro hêrron.   Thuo quam im thar
                                   thic hêlago tuo

5943 he *Sievers, fehlt C.*   5947 hniuonda *C,* hiuuonda *Vollmer,* hni-
bonda *Grein.*   5957 an *fehlt C.*

gangandi godes suno.   Sia ni mahtun ina garolîco
antkennan craftigna: hie ni uuelda ina thuo noh
                                    cûðian te im;
uuas im thoh an iro gisîðie samad   endi frâgoda umbi
                        huilica sia saca sprâkin:
5965 'huî gangat gi sô gornondia?' quathie.   'Ist inc iâmer
                                            hugi,
sebo soragono full.'   Sia sprâcun im sân angegin,
thia erlos anduurdi: 'te huî thu thes *escos sô*, quâðun
'bist thi fan Hierusalem   Iudeono folcas   [sia;
. . . .**
hêlagumu gêste   fan hebenuuange,
5970 mid them grôtun godes craft.'   Nam is iungaron thô,
erlos gôde,   lêdda sie ût thanan,
antat he sie brâhte   an Bethania;
thar hôf he is hendi up   endi hêlegoda sie alle,
uuîhida sie mid is uuordun.   Giuuêt imo up thanan,
5975 sôhta imo that hôha himilo rîki   endi thena is hêlagon
sitit imo thar   an thea suîðron half godes,   [stôl:
alomahtiges fader   endi thanan all gesihit
uualdandeo Crist,   sô huat sô thius uuerold behabet.
Thô an theru selbon stedi   gesîðos gôde
5980 te bedu fellun   endi im eft te burg thanan
thar te Hierusalem   iungaron Xristes
fôrun faganondi: uuas im frâhmod hugi,
uuârun im thar at themu uuîhe.   Uualdandes craft
. . . .

_____

5967 so escos *C.*   ** 5969 *bis Schluss nur in M.*

Wörterbuch.

âband *stm., Abend.*
aburo *swm., Nachkomme.*
abolgan *adj.-part., erzürnt.*
abiddian *stv., erbitten, sich ausbitten.*
abuh, abu *adj., übel.*
abunst *stf., Missgunst.*
adôlian *swv., zuerkennen, verurtheilen, Urtheil sprechen.*
adôgian *swv., ertragen.*
adômian *swv., richten.*
adro *adv., früh.*
aðalandbâri *stn., edles Aussehen.*
aðalboran *adj., von edler Geburt.*
aðali *stn., edles Geschlecht.*
aðaligiburd *stf., edle Herkunft.*
aðalkêsur *stm., (Edel-) Kaiser.*
aðalknôsal *stn., edles Geschlecht.*
aðalkuning *stm., (Edel-) König.*
aðalkunni *stn., edles Geschlecht, edle Art.*
aðalordfrumo *swm., hoher Schöpfer.*
âðar *adj., ander.*
âðom *stm., Athem.*
af *praep., von, aus.*
af · of, *wenn.*
afêhit *adj.-part., straffällig.*
afgeban *stv., verlassen.*
afgrundi *stn., Abgrund.*
afhebbian *stv., sich erheben, wegheben, beginnen.*
afheldian *swv., zu Ende kommen.*
afôdian *swv., gebären.*
afonsta *praet. von* afunnan.
afsebbian *stv., wahrnehmen, erkennen.*
afstûn *anom., stehen bleiben, zurückbleiben.*

afstandan *stv., dasselbe.*
aftan *adv :* at a. *zuletzt.*
aftar *adv., darnach, auf; hinterdrein — praep. nach, durch — hin.*
aftarwaron *swv., Acht haben auf.*
aftihan *stv., versagen.*
afunnan *anom., missgönnen.*
agalêto *adv., eifrig.*
agangan *stv., vergehen.*
ageban *stv., übergeben, aufgeben.*
ageldan *stv., büssen.*
aha *stf, Wasser.*
ahafton *swv., haften.*
ahastrôm *stm., Wasserstrom.*
ahebbian *stv., erheben, beginnen.*
ahlidan *stv., sich erschliessen.*
ahlôpan *stv., hinauflaufen.*
ahlûdian *swv., verkünden.*
ahospring *stm., Wasserquelle.*
ahsla *st. swf. Achsel.*
âhtian *swv., nachstellen. mit dat. der Person, mit tô und gen. der Sache.*
ahto, *acht.*
ahtodo, *der achte.*
ahton, ahtogean *swv., achten auf etw.*
ak *conj. sondern, aber.*
akiosan *stv., erwählen.*
akkar *stm., Acker.*
akuman *stv., erschrecken.*
al *adj., all, ganz.*
al *adv. acc., ganz, durchaus.*
alah *stm., Tempel.*
alahwît *adj., ganz weiss.*
alajung *adj., ganz jung.*
alamôsna *stf., Almosen.*

13*

alârian *swv., leeren.*
alâtan *stv., erlassen.*
alawaldo *sw. adj.-subst., allwaltend.*
ald *adj., alt.*
aldar *stn., Alter, Leben.*
aldarlagu *stn. plur., Leben.*
aldarlang *adj., ewig.*
aldfader *stm., Patriarch.*
aldiro, *swm., Ahnherr; plur. Eltern.*
aldsidu *stm., Sitte von Alters her.*
alôdian *swv., fortführen.*
alôðian *swv., verleiden.*
alesan *stv., auflesen, erlesen.*
aloskian *swv., löschen.*
alettian *swv., entziehen.*
all *adj., all, ganz.*
allos *adv. gen., ganz.*
alofat *stn., Biergefäss.*
alohêl *adj., ganz gesund.*
alomahtig, almahtig *adj., allmächtig.*
alôsian *swv., wegnehmen, erlösen.*
alothioda *stf., Gesammtheit der Menschen.*
alowaldand *subst. part., Allwaltender.*
alowaldo *sw. adj.-subst., allwaltend.*
altari *stm., Altar.*
alung *adj., ewig.*
ambahteo *swm., Dienstmann.*
ambahtman *stm., dasselbe.*
ambahtskepi *stm., Dienst.*
amerrian *swv., stören.*
an *praep., bezeichnet örtliche wie zeitliche Nähe u. Annäherung. — adv., hinan, hinauf.*
anagin *stm. Anfang.*
anawerpan *stv., etwas auf einen werfen.*
anbiodan *stv., entbieten.*
anbusan, ambusan, *stf. Gebot.*
anbitan := antbitan *geniessen.*
andbâri *stn., Aussehen.*
ando *swm., Kränkung.*
andrêden == antdrâdan.
andsako *swm., Widersacher.*
andward *adj., gegenwärtig.*
andwordi, andwurdi *stn., Antwort.*
andwordian, *swv., antworten.*
aneban *praep. m. acc., in.*
angegin *praep., entgegen, — adv., wiederum (hinwider).*

anginni *stn., Anfang.*
angul *stm., Angel.*
anmôd *adj., entschlossen.*
âno *praep., ohne, adv.-adj. m. acc., frei von.*
anskannan (?) *stv., dröhnen.*
anst *stf., Gunst, Gnade.*
answebian *swv., einschlafen.*
ant *praep., bis.*
antahtoda, *achtzig.*
antbindan *stv., entbinden.*
antbitan, anbitan *stv., geniessen, zu sich nehmen.*
antdôn *anom., aufthun.*
antdrâdan, andrêdan *stv., in Furcht sein, fürchten.*
antfâhan *anom., empfangen.*
antfallan *stv., abfallen.*
antfindan, antflôan *stv., finden, wahrnehmen.*
antgeldan *stv., entgelten.*
anthebbian *swv., Stand halten; aufrecht erhalten.*
antheftian *swv., entfesseln, los machen.*
anthôti *adj., fromm.*
anthlîdan *stv., sich erschliessen, erschliessen.*
anthrînan *stv., berühren.*
antkennian *swv., erkennen.*
antklemmian *swv., aufzwängen.*
antlang *adj., ganz.*
antlêdian *swv., fortbringen.*
antlûkan *stv., erschliessen.*
antqueðan *stv., widersprechen.*
antsakan *stv.,läugnen(?), erschrecken(?).*
antsibunta, *siebzig.*
antspringan *stv., aufspringen.*
antstandan *stv., aushalten.*
antswor *stm., stf. oder n., Antwort.*
antwerpan *stv., sich bewegen.*
antwindan *stv., aufwickeln.*
anthengian *swv., vollbringen.*
anwendian *swv., wegnehmen.*
aquellian *swv., tödten.*
aquikon *swv., lebendig machen.*
arbed, arbid *stf., Mühsal.*
arbedi, arbidi *stn., dasselbe.*
arbidliko *adv., mühselig.*
arbidlôn *stn., Arbeitslohn.*

arbetsam *adj.*, *mühselig.*

arbidwerk *stn.*, *mühsames Werk.*

ard *stm.*, *Aufenthaltsort.*

ardou *swv.*, *bewohnen.*

arihtian *swv.*, *aufrichten.*

arisan *stv.*, *sich erheben*, *auferstehen.*

arm *stm.*, *Arm.*

arm *adj.*, *arm.*

armhugdig *adj.*, *bekümmert.*

armlik *adj.*, *elend.*

armôdi *stn.*, *Armuth.*

armon *swv.*, *arm sein.*

armskapan *adj.*, *elend.*

aru *adj.*, *bereit.*

ârundi *stn.*, *Botschaft.*

ârundian *swv.*, *ausrichten.*

asittian *stv.*, *sich aufsetzen.*

aslahan *stv.*, *erschlagen.*

aslâpan *stv.*, *entschlafen.*

astân, *anom.*, *aufstehen*, *auferstehen.*

astandan *stv.*, *dasselbe.*

at *praep.*, *bezeichnet Nähe und Annäherung.* — *adv.*, *dabei*, *zu Hand.*

ât *stn.*, *Speise.*

atiohan *stv.*, *herausziehen*, *aufziehen.*

atômian *swv.*, *befreien, erlösen.*

atsamne *adv.*, *zusammen.*

athengian *swv.*, *vollbringen.*

athenkian *swv.*, *gedenken.*

awahsan *stv.*, *erwachsen*, *aufwachsen.*

awallan *stv.*, *herausströmen.*

awardian, awerdian *swv.*, *verderben.*

awekkian *swv.*, *erwecken, erregen.*

awerðan *stv.*, *abfallen.*

awerpan *stv.*, *todtwerfen.*

awinnan *stv.*, *erwerben.*

awisian *swv.*, *sich enthalten.*

awôstian *swv.*, *verwüsten.*

bað *stn.*, *Bad.*

bâg *stm.*, *Rühmen.*

bâg- = bôg-.

bak *stn.*, *Rücken;* undar bak, *auf den Rücken, zurück.*

bald *adj.*, *kühn.*

baldliko *adv.*, *kühn.*

balko *swm.*, *Balken.*

balowiso *swm.*, *der ins Verderben führende Teufel.*

balu *stn.*, *Verderben.*

baludâd *stf.*, *Uebelthat.*

baluhugdig *adj.*, *Verderben sinnend.*

balusprâka, balosprâka *stf.*, *böse Rede.*

balusuht *stf.*, *verderbliche Krankheit.*

baluwerk *stn.*, *Uebelthat.*

baluwiti *stn.*, *verderbliche strafe.*

bâm = bôm, *Baum.*

ban *stm.*, *Befehl.*

baneði, *Tod (?).*

bank *stf.*, *Bank.*

bano *swm.*, *Mörder.*

bâra *swf.*, *Bahre.*

barliko *adv.*, *offenbar.*

barin *stm.*, *Schoss.*

barn *stn.*, *Kind, Sohn.*

barwirdig *adj.*, *sehr würdig.*

be, be- = bi, bi-.

bed *stn.*, *Bett.*

beda *stf.*, *Bitte, Gebet.*

bedgiwâdi *stn.*, *Bettzeug.*

bêdian *swv.*, *zwingen.*

bedon *swv.*, *beten.*

bedskepi *stm.*, *Beilager.*

bêðie, bêðea, bêðe, *beide.*

bêðies *gen. sgl.* dazu.

beldian *swv.*, *kühn machen.*

belgan *stv.*, *m. reflex. acc.*, *zürnen.*

bên *stn.*, *Bein.*

bendi *stf. plur.*, *Bande.*

beniwunda *stf.*, *Todeswunde.*

beo *stn.*, *Ernte.*

beran *stv.*, *tragen.*

berg *stm.*, *Berg.*

berht, bereht *adj.*, *glänzend.*

berhtlik *adj.*, *dasselbe.*

berhtliko *adv.*, *glänzend, hell, allgemein verständlich.*

bet *adv.*, *besser.*

betara, *adj. comp.*, *besser.*

betst *adj. superl.*, *best* — *adv.*, *am besten.*

bewod *stm. oder n.*, *Ernte.*

bi, be *praep. mit Dat.*, *bezeichnet locale Nähe, Mittel, Grund; mit Acc. von (= über), während.* bi thiu, *deswegen.* bi hwî, *weswegen.*

bibon *swv.*, *beben.*

bibrekan *stv.*, *zerbrechen*.
bibrengian *swv.*, *bringen*.
bidan *stv.*, *warten*, *erwarten*.
biddian *stv.*, *bitten*.
bidelban *stv.*, *begraben*.
bidélian *swv. mit Acc.*, *entziehen*.
bidernian *swv.*, *verbergen*.
bidriogan *stv.*, *betrügen*.
bedróragan?
bifáhan *anom.*, *umfangen*, *erfassen*, *ergreifen*.
bifallan *stv.*, *fallen*.
bifelhan *stv.*, *übergeben*, *begraben*, *anempfehlen*.
bifellian *swv.*, *niederwerfen*.
biforan *adv.*, *vorn*, *davor*, *vor*, *bei Seite*, *wegen*. was biforan, *stand bevor*.
bigangan *stv.*, *sorgen für*.
begehan *stv.*, *refl. m. gen.*, *sich vermessen*.
bigetan *stv.*, *finden*.
biginnan *stv.*, *beginnen*.
bigraban *stv.*, *begraben*.
bihagon *swv.*, *behagen*.
bihaldan *stv.*, *halten*, *behalten*, *v. r. bergen*.
bihangan *part.*, *behängt*, *aufgehangen*.
biha(u)wan *stv.*, *abhauen*.
bihebbian *swv.*, *umschliessen*.
bihelan *stv.*, *verbergen*.
bihelian *swv.*, *verhüllen*.
bihôt *stm.*, *Drohung*.
bihôtword *stn.*, *dasselbe*.
bihindan *adv.*, *hinten*.
bihlah(i)an *stv.*, *verlachen*.
bihlîdan *stv.*, *einschliessen*, *decken*.
bihrinan *stv.*, *berühren*.
bihwelbian *swv.*, *verbergen*.
behwerban *stv.*, *begehen*.
biklemmian *swv.*, *einschliessen*.
bikliban *stv.*, *festhaften*.
biknègan *stv.*, *erlangen*.
bikunnan *anom.*, *kennen*.
bil *stn.*, *Streitaxt*, *Schwert*.
bilamod *adj.-part.*, *gelähmt*.
bilang *adj.*, *verbunden*.
biliban *stv.*, *unterbleiben*.

biliði *stn.*, *Bild*, *Gleichniss*.
bilôsian *swv.*, *berauben*.
bilûkan *stv.*, *verschliessen*.
binlôan *stv.*, *vermeiden*, *versäumen*, *verbergen*.
bimornian *swv.*, *versorgen*.
bindan *stv.*, *binden*.
bineglian *swv.*, *annageln*.
bineotan *stv.*, *berauben*.
biniði == baneði.
biniman *stv.*, *rauben*, *berauben*.
biod *stm.*, *Tisch*.
biodan *stv.*, *bieten*.
biril *stm.*, *Korb*.
birôbon *swv.*, *berauben*.
biseggian *swv.*, *sagen*.
besehan *stv.*, *sehen*, *besorgen*.
bisenkian *swv.*, *versenken*.
bisinkan *stv.*, *vergehen*.
bisittian *stv.*, *belagern*.
biskop *stm.*, *Bischof*.
biskrîban *stv.*, *sich zurückhalten vor*.
bismerspráka *stf.*, *Spottrede*.
bisorgon *swv.*, *behüten*.
bisprekan *stv.*, *über etwas sprechen*.
bispurnan *swv.*, *anstossen*.
bistân *stv.*, *stehen*.
bisworian *stv.*, *beschwören*.
biswîkan *stv.*, *verführen*, *betrügen*.
bîtan *stv.*, *beissen*.
bitengi *adj.*, *verbunden*, *drückend*.
biti *stm.*, *Biss*.
bittar *adj.*, *bitter*.
bittro *adv.*, *dasselbe*.
bitherbi, *adj.*, *nützlich*.
bithîhan *stv.*, *zu Stande kommen*.
bithurban *anom.*, *bedürfen*.
bithwingan *bedrängen*, *bezwingen*.
biûtan == bûtan, *ausser*.
biwânian *swv. refl.*, *sich vermessen*.
biwardon *swv.*, *Acht haben*.
biwendian *swv.*, *beenden?*
biwerian *swv.*, *wehren*, *schützen*.
biwerpan *stv.*, *werfen*, *ausstrecken*, *umgeben*.
biwindan *stv.*, *umwickeln*.
biwôpian *swm.*, *beklagen*.
blad *stn.*, *Blatt*.
blandan *stv.*, *mischen*.

blîk *adj.*, *hell, bleich.*
blîdsea *stf.*, *Fröhlichkeit.*
blîdseau *swv.*, *fröhlich machen.*
blîði *adj.*, *heiter, fröhlich.*
blîðlik *adj.*, *fröhlich.*
bliðon *swv.*, *fröhlich sein.*
blîkan *stv.*, *glänzen.*
bliksmo *swom.*, *Blitz.*
blind *adj.*, *blind.*
blindia *stf.*, *Blindheit.*
blôd *stn.*, *Blut.*
blôð, *furchtsam.*
blôdag *adj.*, *blutig.*
blôði *fem.*, *Furchtsamkeit.*
blôðian *swv.*, *furchtsam machen.*
blôjan *swv.*, *blühen.*
blômo *swom.*, *Blume.*
bodal *stm.*, *Grundbesitz.*
bodo *swom.*, *Bote.*
bodom *stm.*, *Boden.*
bodskepi *stm.*, *Botschaft.*
bôggebo *swom.*, *Ringgeber, Fürst.*
bôgne, bôgno zu bôkan.
bôgwini *stm.*, *Ringfreund, der mit Ringen beschenkte Dienstmann.*
bôk *stf. stn.*, *Schreibtafel, Buch.*
bôkan *stn.*, *Zeichen.*
bôkkraft *stf.*, *Bücherkunde, Gelehrsamkeit.*
bôknian *swv.*, *bezeichnen.*
bôkspâhi(i, *adj.*, *gelehrt.*
bôkstaf *stm.*, *Buchstabe.*
bôm *stm.*, *Baum, Stange.*
bômgardo *swom.*, *Baumgarten.*
bômin *adj.*, *hölzern.*
bord *stm.*, *Rand, Schild.*
bôsom *stm.*, *Schoss.*
bôta *stf.*, *Besserung.*
bôtan bûtan, *ausser.*
bôtian *swv.*, *aussbessern, schelten, büssen; heilen.*
brâha *swf.*, *Braue.*
braht *stm.*, *Lärm.*
brahtom *stm.*, *Lärm, Gedränge.*
brôd *adj.*, *breit.*
brêdian *swv.*, *sich ausbreiten, ausbreiten.*
brêf *stm.*, *Schrift, Urkunde.*
bregdan *stv.*, *knüpfen.*

brekan *stv.*, *brechen.*
brengian *swv.*, *bringen.*
breost briost, *Brust.*
brestan *stv.*, *bersten, gebrechen.*
briunan *stv.*, *brennen.*
briost, breost *sta.*, *nur plur.*, *Brust.*
briostgithâht *stf.*, *Denken des Herzens, Gemüth.*
briosthugi *stm.*, *dasselbe.*
briostkara *stf.*, *Herzenskummer.*
brôd *stn.*, *Brot.*
brôðar, *Bruder.*
brôðarskepi *stm.*, *Brüderschaft.*
brôkan *stv.*, *zimmern (?).*
brosmo *swom.*, *Brosamen.*
brûd *stf.*, *Frau.*
brûdigomo *swom.*, *Ehemann.*
brûkan *stv.*, *geniessen.*
brunno *swom.*, *Quell, Wasser.*
brustian *swv.*, *aufbrechen.*
bû *stn.*, *Wohnung, Haus.*
bûan *wohnen, bleiben.*
buggian *swv.*, *kaufen, bezahlen.*
bûland *stn.*, *bebautes Land, Feld.*
burðinnia *stf.*, *Bündel.*
burg *stf.*, *Burg, Ort.*
burglindi *stm. plur.*, *Bewohner einer Burg.*
bûtan, biûtan adr, *ausser.*

dâd *stf.*, *das Handeln, That, Ereigniss.*
dag *stm.*, *Tag.*
dagskimo *swom.*, *Tagesglanz.*
dagthingi *stn.*, *Termin.*
dagwerk *stn.*, *Tagewerk.*
dal *stn.*, *Thal.*
darno *adv.*, *im geheimen.*
darnungo *adv.*, *im geheimen, heimtückisch.*
dêl *stm.*, *Theil.*
dêlian *swv.*, *theilen, austheilen. — intr.*, *sich trennen.*
derbi, derabi *kräftig, feindlich, böse.*
derian *swv.*, *schaden.*
derni *adj.*, *verborgen, heimtückisch.*
dernian *swv.*, *verbergen.*
diop *adj.*, *tief.*
diopgithâht *stf.*, *Gedanken des tiefsten Innern.*

diopo *adv.*, *tief.*

disk *stm.*, *Tisch.*

diubal *stm.*, *Teufel.*

diuri *adj.*, *werthvoll*, *theuer.*

diurian *swv.*, *preisen.*

diuriða, diurða *stf.*, *Herrlichkeit,
Ehre.*

diurlik *adj.*, *theuer*, *preisslich.*

diurliko *adv.*, *dasselbe.*

doan -- dôn, *thun.*

dôan -- dôian, *sterben.*

dôd *adj.*, *todt.*

dôð *stm.*, *Tod.*

dohtar *fem.*, *Tochter.*

dôian *swv.*, *sterben.*

dol *adj.*, *töricht.*

dolmôd *adj.*, *dasselbe.*

dôm *stm.*, *Entscheidung*, *Gericht,
Ruhm.*

dômdag *stm.*, *Tag des (jüngsten) Ge-
richtes.*

dôn *handeln*, *thun*, *machen*, *versetzen;
ein vorausgehendesVerbum vertretend.*

dôperi *stm.*, *Täufer.*

dôpi *sw. fem.*, *Taufe.*

dôpian *swv.*, *taufen.*

dôpisli *stn.*, *Taufe.*

dor *stn.*, *Thor.*

dragan *stv.*, *tragen*, *auftragen*, *bringen.*

drank *stm.*, *Trank.*

driban *stv.*, *treiben: bewegt werden,
vertreiben*, *ausüben.*

drinkan *stv.*, *trinken.*

driogeri *stm.*, *Betrüger.*

driopan *stv.*, *triefen.*

driosan *stv.*, *fallen.*

drôbi *adj.*, *trübe.*

drôbian *swv.*, *betrübt werden.*

drohtin *stm.*, *Herr.*

drokno, *adv.*, *trocken.*

drôm *stm.*, *Getriebe*, *Leben*, *Traum.*

drômian *swv.*, *sich umhertreiben.*

drôr *stm.*, *Blut.*

drôrag *adj.*, *blutig.*

drubon *swv.*, *betrübt sein.*

drugithing *stn.*, *Trug.*

druhtfolk *stn.*, *Volksmenge.*

druhting *stm.*, *Genosse.*

druhtskepi *stm.*, *Herrschaft.*

druknian *swv.*, *trocknen.*

drusnon *swv.*, *abfallen.*

dûba *swf.*, *Taube.*

dugan *anom.*, *taugen*, *nützen.*

dunian *swv.*, *dröhnen.*

dunkar *adj.*, *dunkel.*

dura *stf.*, *Thür.*

durð *stn.*, *Unkraut.*

dwalm *stm*, *Berückung.*

edor *oder* edox *stm.*, *Zaun.*

êð *stm.*, *Eid*, *Schwur.*

eðili *adj.*, *adlich*, *edel.*

eðilifolk *stn.*, *Volk von edler Her-
kunft.*

eðiligiburd *stf.*, *edle Herkunft.*

êðstaf *stm.*, *Eid.*

êðword *stn.*, *Eidwort.*

ef *conj.*, *ob*, *wenn.*

efno *adv.*, *in gleicher Weise*, *gerade.*

eft *adv.*, *wieder*, *anderseits.*

eftha, eftho *conj.*, *oder; eftho — eftho
entweder — oder.*

êgan *anom.*, *haben.*

êgan *adj.-part.*, *eigen.*

êgan *stn.*, *Eigenthum.*

eggia *stf.*, *Schneide*, *Schwert.*

egislik *adj.*, *schreklich.*

egiso *swm.*, *Schrecken.*

êgrohtful *adj.*, *barmherzig.*

êgrohtfullo *adv.*, *dasselbe.*

êht *stf.*, *Besitz.*

ehuskalk *stm.*, *Rossknecht.*

ekid *stm. oder stn.*, *Essig.*

êkso *swm.*, *Eigenthümer.*

eld *stm. oder stn.*, *Feuer.*

eldi *stm. plur.*, *Menschen.*

eldi *sw. fem.*, *Alter.*

eldibarn *stn. plur.*, *Menschenkinder.*

eldiro   aldiro.

eldiron *sw. plur.*, *Eltern.*

elilandig *adj.*, *fremde Lande.*

elilendi *stn.*, *Fremde.*

elilendi *adj.*, *fremd.*

elithioda *stf.*, *(fremdes) Volk.*

elithiodig *adj.*, *aus verschiednem
Volke.*

elkor *adv.*, *sonst.*

ellian *stn.*, *Muth.*

elleandâd *stf., Kraftthat.*
ellianrôf *adj., kraftberühmt.*
ellifto, *elfte.*
ellior *adv., anderswohin.*
en = endi *und.*
ên, *ein, einer, einzig, alleinig;* — êno, *allein.*
ênag *adj., einzig.*
êndago *swm., Todestag.*
endi *stm., Ende, Ziel; Anfang.*
endi (en) *conj., und.*
êndihwedar *prom., einer von beiden.*
endilôs *adj., unendlich.*
endion *swv., enden.*
ênfald *adj., einfältig: unvermischt, wahrhaftig.*
engi *adj., eng.*
engil *stm., Engel.*
ênhard *adj., sehr hart, sehr böse.*
ênhwilik *pron., irgend einer.*
ênig *pron., irgend ein(er).*
ênkoro *adj., einsam.*
ênôdi *f. u. n., Einöde.*
ênwald *adj., einträchtig.*
ênwordi *adj., einstimmig.*
eo *adv., irgend einmal, stets.*
êo *stm., Gesetz.* ald êo *altes Testament.*
eoman *pron., jemand.*
eoriôfolk *stn., Reitergeschwader.*
êosago *swm., Schriftgelehrter.*
eowiht *pron., irgend etwas.*
êr *stm., Bote.*
êr *adv., früher.* — *conj., ehe* — hwan êr, *wann zuerst, wann.*
êra *stf., Ehre, Ehrengeschenk.*
erbi *stn., das Erbe.*
erbiward *stm., der Erbe.*
êrdagos *stm. plur., frühere Tage.*
erða *stf., Erde.*
erðbúand(i) *part.-subst., Erdbewohner.*
erðgraf *stn., Erdgrab.*
erðlîfgiskapu *stn. plur., Geschicke des Erdenlebens.*
erðrîki *stn., Erdreich.*
êrin *adj., ehern.*
êrist *superl. adj., der erste. adv. zuerst.*

Heliand.

erl *stm., Mann.*
erlskepi *stm. coll., Leute.*
êron *swv., unterstützen, beschenken.*
êrthungan *adj., ehrenreich.*
êskon *swv., fragen, erfragen.*
etan *stv., essen.*
êu = êo.
êvangelium *stm., Evangelium.*
êwandag *stm., Ewigkeit.*
êwanrîki *stn., ewiges Reich.*
êwig *adj., ewig.*
êwin *adj., dasselbe.*

fader, fadar *masc., Vater.*
fâði *stn., das Gehen.*
faðmos *stm. plur., Hände und Arme.*
fagan *adj., froh.*
faganon, fagonon *swv., sich freuen.*
fagar *adj., friedlich, schön.*
fagaro *adv., geziemend.*
fâh *adj., wenig.*
fâhan *stv., sich wenden, fangen, gefangen nehmen.*
fahs *stn., Haupthaar.*
fakla *swf., Fackel.*
fal *stm., Fall, Verderben.*
fallan *stn., fallen, zu Grunde gehen.*
fan, fon *praep., bezeichnet räumlichen und zeitlichen Ausgangspunkt u. den Grund.*
fandon *swv., versuchen, heimsuchen.*
fano *swm., Tuch.*
far ... for.
fâr *stm., Nachstellung.*
faran *stv., sich von einem Orte zum andern bewegen.*
fard *stf., das Gehen, der Weg.*
farduan, *adj.-part., böse.*
fardrîban *stv., vertreiben.*
fardwelan *stv., versäumen.*
farfâhan *stv., sich wenden; fangen: umfangen, stützen; auffassen.*
farfehon *swv., hinweggraffen.*
farfiôkan *stv., verfluchen.*
farfolgon *swv., folgen.*
fargang *stm., Untergang.*
fargangan *stv., vergehen.*
fargeban *stv., geben, vergeben, verheissen.*

14

fargeldan *stv.*, *zahlen*, *lohnen*, *erkaufen.*

fargetan *stv.*, *vergessen.*

fargripan *adj.-part.*, *verdammt.*

fargûmon *swv.*, *vernachlässigen.*

farhardon *swv.*, *verhärten.*

farha(u)wan *stv.*, *zerhauen.*

farhelan *stv.*, *verbergen.*

farhuggian *swv.*, *verachten.*

farhwerbian *swv.*, *verkehren.*

farkôpian *swv.*, *verkaufen.*

farkôpon *swv.*, *dasselbe.*

farkuman *stv.*, *vergehen.*

farlâtan *stv.*, *verlassen*, *unterlassen*, *entlassen.*

farlôbian *swv.*, *übrig lassen.*

farlôdian *swv.*, *verleiten.*

farlegarnessi *f.*, *Ehebruch.*

farlîðan *stv.*, *vorübergehen an.*

farlîhan *stv.*, *verleihen.*

farliosan *stv.*, *verlieren.*

farliwan *part.* von farlîhan.

farlôgnian *swv.*, *verläugnen.*

farlor *stm.*, *Verderben.*

farlust *stf.*, *Verderben.*

farm *stm.*, *Zug.*

farmerrian *swv.*, *versäumen.*

farmôdian *swv.*, *verachten.*

farmunan *anom.*, *verachten*, *verläugnen.*

farniman *stv.*, *hinraffen*, *zerstören.*

fâron *swv.*, *auflauern.*

farsehan *stv.*, *sehen.*

farskundian *swv.*, *antreiben.*

farslîtan *stv.*, *zerreissen*, *aufbrauchen*, *vergehen*, *verbrauchen.*

farspanan *stv.*, *verlocken.*

farstandan *stv.*, *verhindern*, *ferne halten*, *versehen.*

farstelan *stv.*, *stehlen.*

farswerian *stv. refl.*, *falsch schwören.*

farswîpan *stv.*, *vertreiben.*

fartellian *swv.*, *verurtheilen.*

farterian *swv.*, *vernichten.*

fârungo *adv.*, *plötzlich.*

farûtar *praep.*, *ausser.*

farwardon *swv.*, *regieren.*

farwarht *part.* von farwirkian.

farwerðan *stv.*, *verderben.*

farwerkon *swv.*, *sich versündigen*, *verwirken.*

farwernian *swv.*, *abschlagen.*

farwerpan *stv.*, *wegwerfen*, *verstossen.*

farwinnan *stv.*, *verführen.*

farwirkian *swv.*, *sich versündigen*, *verwirken.* *part.* farwarht, *verworfen.*

farwisian *swv.*, *verrathen.*

farwurht *stf.*, *Uebelthat.*

fast *adj.*, *fest: gefesselt*, *beständig.*

fastnon *swv.*, *festigen; fesseln*, *stärken.* gifastnod, *in festem Haufen.*

fasto *adv.*, *fest.*

fastunnia *stf.*, *Fasten.*

fat *stn.*, *Gefäss.*

feðarhamo *swm.*, *Federgewand.*

fêg(i) *adj.*, *dem Tode verfallen.*

fôgni = fêkni, *arglistig.*

fêh *adj.*, *bunt.*

fôhmia *swf.*, *Weib.*

fehta *stf.*, *Kampf.*

fehu *stn.*, *Vieh*, *Besitz.*

fehugiri *swf.*, *Habgier.*

fehuskatt *stm.*, *Geldstück.*

fêkan *stn.*, *Arglist.*

fêkni *adj.*, *arglistig.*

fel *stn.*, *Haut.*

feld *stn.*, *Feld.*

felgian *swv.*, *belegen mit etw.*

felis *stm.*, *Fels*, *Stein.*

fellian *swv.*, *fallen machen.*

fêmia = fôhmia.

fer *adv.*, *weit fort.*

fer oder ferri *adj.*, *fern.*

ferah, ferh, fera *stn.*, *Leben*, *Geist.*

ferahquâla *stf.*, *Qual.*

feraht *adj.*, *verständig.*

fergon *swv.*, *bitten.*

ferht = feraht.

ferhtlîko *adv.*, *verständig.*

ferian *swv.*, *fahren.*

ferkal *stm.* oder *st. n.*, *Riegel.*

fern *adj.*, *vorig.*

fern *stn.*, *Hölle.*

ferndalu *stn. plur.*, *Thäler der Hölle.*

ferrana *adv.*, *von fern her.*

ferweg *stm.*, *ferner Weg.*

festian *swv.*, *befestigen.*

feteros *stm. plur.*, *Fesseln.*

fiartig == fiwartig *vierzig.*
fiðan *stv., finden.*
fif, *fünf.*
fifto *fünfte.*
figa *swf., Feige.*
fillian *swv., schlagen.*
filu *adj. neutr., viel.*
findan .- fiðan.
fingar *stm., Finger.*
finistar *stn., Finsterniss.*
finistri *swf., dasselbe.*
fior == fiwar.
fiorða, *vierte.*
firihos *stm. plur., Menschen.*
firina *stf., Frevel.* firinun *sehr.*
firindâd *stf., dasselbe.*
firinquâla *stf., ungeheure Qual.*
firinquidi *stm., Frevelrede.*
firinspråka *stf., dasselbe.*
firinsundea *swf., schwere Sünde.*
firinwerk *stn., Frevelthat.*
firinword *stn., Frevelwort.*
firios == firihos.
firiwit *stn., Neugier, Wissbegier.*
firiwitliko *adv., wissbegierig.*
fisk *stm., Fisch.*
fiskari *stm., Fischer.*
fisknet *stn., Fischnetz.*
fiskon *swv., fischen.*
fiterios == feteros.
fiund, fiond *stm., Feind, Teufel.*
fiundskepi *stm., Feindschaft.*
fiur *stn., Feuer.*
fiwar, fiuwar, fior *vier.*
fiwartig, fiortig, fiartig, *vierzig.*
flêsk *stn., Fleisch, Leib.*
flet *stn., Gemach, Haus.*
fliohan *stv., fliehen.*
fliotan *stv., fliessen.*
flit *stm., Eifer.*
flitliko *adv., eifrig.*
flôd *stf., stm., Fluth.*
fôdian *swv., nähren, gebären.*
fôgian *swv., zusammenfügen.*
fol *adj., voll.*
folda *stf. swf., Erde.*
folgon *swv., folgen.*
folk *stn., Volk, Schar.*
folkkuning *stm., König.*

folkskepi *stm., Volk.*
folktogo *swv., Herzog.*
folkweros *stm. plur., Landsleute.*
folmos *stm. plur., die Hände.*
fon == fan.
fora, for *praep., vor, für, als.*
for - == far -.
fora *adv., vor.*
forabodo *swm., Vorbote, Vorläufer.*
foran *adv., vorn.*
forana *adv., von vorn.*
forasago *swm., Prophet.*
forð, *adv., hervor, vorwärts; fortan,
herbei, fort.*
forðro *swm., Vorfahr.*
forðwardos, forðwerdes *adv, vorwärts.*
forðweg *stm., fortführender Weg.*
forðwerd *adv., fortan.*
forht, foraht *adj., in Furcht.*
forhta *stf., Furcht.*
forhtian *swv., fürchten.*
forhtlik *adj., furchtbar.*
forhton *swv., fürchten.*
fôrian *swv., führen,*
formo *adj., der erste.*
formon *swv., helfen, schützen.*
forn *adv., vordem.*
forndagos *stm. plur., frühere Zeit.*
fôt *stm., Fuss.*
fôtskamel *stm., Fusschemel.*
fràgon *swv., fragen.*
fråh *adj., froh.*
fråhmôd *adj., frohgemuth.*
fråho . frôho.
fråhon *swv., erfreuen.*
fram *adv., heraus.*
frånisko *adv., herrlich.*
fråo : . frôhô.
fratah *stm. oder n. plur., Zierrath.*
fratahon *swv., schmücken.*
fregnan *stv., fragen.*
fremiði *adj., fremd.*
fromnian *swv., ausführen, thun.*
frêsa *stf., Schaden.*
frêson *swv., versuchen, gefährden.*
fri *stn., Weib.*
fridhof *stm., Vorhof.*
friðon *swv., schützen.*
friðu *stm., Friede, Schutz, Sicherheit.*

14*

friðubarn *stn.*, *Friedenskind.*
friðugumo *swm.*, *Friedebringer.*
friðusamo *adv.*, *friedlich.*
friðuwara *Friedensstätte.*
friðuwih *stm.*, *Heiligthum.*
frilik *adj.*, *edel (?).*
friohon *swv.*, *lieben.*
friund *stm.*, *Verwandter, Freund.*
friundskepi *stm.*, *Freundschaft.*
frô, *Herr.*
frôbra *stf.*, *Trost.*
frôbrian *swv.*, *trösten.*
frôd *adj.*, *alt, erfahren*
frôdon *swv.*, *altern.*
frôfra := frôbra.
frôio, frôho, frâho *swm.*, *Herr.*
frôkan *adj.*, *kühn.*
frôkno *adv.*, *kühn.*
frôliko *adv.*, *fröhlich.*
frômôd *adj.*, *frohgemuth.*
frost *stm.*, *Frost.*
frûbrean := frôbrian.
fruht *stm.*, *Frucht.*
fruma *stf.*, *Vortheil, Gutes.*
frummian *swv.*, *zu etwas bringen, ausführen, thun.*
fugal *stm.*, *Vogel.*
ful *adj.*, *voll.*
ful *stn,*, *Gefäss.*
fulgân := fulgangan.
fulgangan *stv.*, *folgen, sorgen für Jemand.*
fullôst *stm.*, *Beistand.*
fullôstian *swv.*, *helfen.*
fullian *swv.*, *erfüllen; sättigen.*
fulliko *adv.*, *vollständig.*
fullon *swv.*, *erfüllen.*
fundon *swv.*, *streben.*
fur . for.
furðor *adv.*, *nach vorn, vollständiger; später, fortan.*
furi *praep.*, *vor, wegen.* — *adv.*, furi, *hervor.*
furifaran *stv.*, *vorausgehen.*
furisto *sw. superl.*, *der erste.*
fûs *adj.*, *bereit.*
fûsian *swv.*, *streben.*
furn, furn - := forn, forn -.

gaduling *stm.*, *Geschlechtsgenosse, Landsmann.*
gadulingmâg *stm.*, *Verwandter.*
gâhliko *adv.*, *schnell.*
gâhun *adv.*, *schnell.*
galgo *swm.*, *Galgen.*
galiloisk *adj.*, *galileisch.*
galla *stf.*, *Galle.*
galm *stm.*, *Lärm, Stimme.*
galpon *swv.*, *sich rühmen.*
gaman *stn.*, *Lust, Lustbarkeit.*
gambra *stf.*, *Zins.*
gang *stm.*, *das Gehen.*
gangan *stv.*, *gehen.*
gard *stm.*, *Feld; Erde.* — *plur. Haus.*
gardari *stm.*, *Gärtner.*
gardo *swm.*, *Garten.*
garo *adv.*, *gänzlich, wohl.*
garoliko *adv.*, *dasselbe.*
garu *adj.*, *bereit.*
garuwian *swv.*, *bereiten, bekleiden.*
gast *stm.*, *Gast.*
gastseli *stm.*, *Herberge, Speisesaal.*
gat *stn.*, *Loch.*
go *conj.*, *und;* ge — ge, *sowol* — als *auch.*
ge -, *Präfix, siehe* gi -.
gean — gehan.
geba *stf.*, *Gabe, Gnade.*
geban *stm.*, *Meer.*
geban *stv.*, *geben.*
gebon, gebogean *swv.*, *schenken, beschenken.*
geginward *adj.*, *gegenüberstehend, gegenwärtig, zugänglich, offen.*
geguungo *adv.*, *unmittelbar, offenbar, in Wahrheit.*
gehan *stv.*, *bekennen, sich erklären, aussprechen.*
gêl *adj.*, *fröhlich, übermüthig.*
geld *stn.*, *Bezahlung, Lohn, Opfer.*
geldan *stv.*, *zahlen, lohnen.*
gêlhert *adj.*, *übermüthigen Sinnes.*
gêlmôd *adj.*, *übermüthig.*
gêlmôdig *adj.*, *dasselbe.*
gelu *adj.*, *gelb.*
gelp *stn.*, *Hohn.*
gelpquidi *stm.*, *Hohnrede.*
genower *adv.*, *dort.*

geowiht, *irgend etwas.*
gêr *stm., Speer.*
gêr *stn., Jahr.*
gêrfiund *stm., Speerfeind.*
gêrheti *stm., Speerhass.*
gern *adj., verlangend.*
gerno *adv., gern, eifrig.*
goron *swv., begehren.*
gêrtal *stn., Jahr.*
gêrtala *stf., Jahr.*
gerwian == garuwian.
gêst *stm., Geist.*
gêstlik *adj., geistig.*
gi *pron. der 2. pers., ihr.*
gi *conj.* == ge.
gia ·· ja.
giahton *swv., berechnen.*
giak == jak.
gialdrod *adj. part., gealtert.*
giâmar, giâmer- == jâmar(-).
gie == ge.
gibada *stf., Trost.*
gibâri *stn., Benehmen, Aussehen.*
gibârian *swv., sich benehmen,*
gibed *stn., Gebet.*
gibeddeo *swm., Bettgenosse.*
gibenkeo *swm., Bankgenosse.*
giberan *stv., gebären.*
gibergan *stv., bergen.*
gibîdan *stv., erwarten.*
gibiddian *stv., durch Bitten erreichen.*
gibindan *stv., zusammenbinden,*
    fesseln.
gibiodan *stv., gebieten, befehlen.* —
    intr., geboten sein.
gibirgi *stn., Gebirge.*
gibod *stn., Gebot.*
gibodskepi *stm.,* dasselbe.
giboht *part. von* buggian.
gibôknian *swv., zeigen, andeuten.*
gibôtian *swv., heilen, büssen.*
gibrak *stn., Menge.*
gibrengian *swv., bringen.*
gibrôðar *plur., Gebrüder.*
giburd *stf., Geburt.*
giburian *swv., sich zutragen, ver-*
    laufen.
gibiðig *adj., beschert.*
gidâd *stf., That.*

gidago *adv., täglich.*
gidêl *stn., Theil.*
gidêli *stn., dasselbe.*
gidêlian *swv., vertheilen.*
gidôn *anom., thun, machen.*
gidôpian *swv., taufen.*
gidragan *stv., tragen, mit sich füh-*
    ren, bringen.
gidrinkan *stv., trinken.*
gidrog *stn., Erscheinung, Trugbild.*
gidurran *anom., den Muth haben.*
gifâhan *stv., fassen, fangen.*
gifaran *stv., ziehen.*
gifehon *swv., ausstatten.*
gifllhan *stv., auf etwas richten.*
gifôlian *swv., wahrnehmen.*
gifôri *stn., Nutzen.*
gifôrian *swv.., bringen.*
giformon *swv., helfen.*
gifrâgi *adj., bekannt.*
gifragn, gifrang *praet. zum folgenden.*
gifregnan *stv., erfahren.*
gifremmian *swv., thun.*
gifrêson *swv., gefährden.*
gifrôdod *adj. part., gealtert.*
gifrummian *swv., vollbringen, thun.*
gifullian *swv., erfüllen.*
gigado *swm., Seinesgleichen.*
gigamalod *adj. part., gealtert.*
gigangan *str., gehen, zukommen.*
gigarwi, gigerwi *stn., Kleidung*
gigarwian *swv., bereiten.*
gigengi *stn., Termin.*
gigirnan *swv., erreichen.*
gigômian *swv., verhüten.*
gihaldan *stv., halten.*
gihalon *swv., holen, erlangen.*
giha(n)wan *str., hauen.*
gihebbian *str., erheben.*
giheftian *swv., fesseln.*
gihêlian *swv., heilen.*
gihelpan *stv., helfen.*
gihêrod *adj. part., vornehm.*
gihêtan *str., verheissen.*
gihîwian *swv., geschlechtlich ver-*
    kehren.
gihnîgan *stv., sich neigen.*
gihôrian *swv., hören, gehorchen.*
gihôrig *adj., gehorsam.*

gihugd *stf.*, *Verstand, Gedächtniss.*

gihuggian *swv.*, *denken, erdenken; part., gesinnt.*

gihungrian *swv.*, *hungern.*

gihwe, gihwat, *jeder, jedes, alles.*

gihwerbian *swv.*, *wälzen; bekehren.*

gihwilik *pron.*, *jeder.*

gikiosan *swv.*, *durchkosten.*

gikûðian *swv.*, *verkünden.*

gikunnon *swv.*, *erkennen.*

gilagu *stn. plur.*, *Geschick.*

gilang *adj.*, *bereit.*

gilebod *adj. part.*, *gelähmt.*

gilesan *stv.*, *auflesen.*

gilêsti *stn.*, *That.*

gilêstian *swv.*, *folgen, befolgen, thun.*

gilettian *swv.*, *hindern.*

giliggian *stv.*, *liegen.*

gilîk *adj.*, *gleich.*

gilîknessi *stn. stf.*, *Bild, Gestalt.*

gilîko *adv.*, *auf gleiche Weise.*

giliuhtian *swv.*, *erleuchten.*

gilôbian *swv.*, *glauben.*

gilôbo *swm.*, *Glaube, Gesinnung.*

gilônon *swv.*, *vergelten.*

gilustian *swv.*, *gelüsten.*

gimahalian, gimahlian *swv.*, *reden, sich verloben mit.*

gimako *swm.*, *Seinesgleichen.*

gimakon *swv.*, *machen.*

gimâlda, *praet. von gimahalian.*

gimang *stn.*, *Schar;* an gimang, *zusammen, dazwischen, dabei.*

gimanon *swv.*, *mahnen.*

gimarkon *swv.*, *bestimmen, anordnen, bemerken.*

gimêd *adj.*, *leichtsinnig.*

gimêdlik *adj.*, *dasselbe.*

gimûnða *swv.*, *Gemeinschaft.*

gimêniun *swv.*, *verkünden.*

gimerrian, *betrüben.*

gimet *stn.*, *Mass.*

gimôdi *stn.*, *Versöhnung, Befriedigung.*

ginâðig *adj.*, *gnädig.*

ginerian *swv.*, *retten.*

ginesan *stv.*, *gerettet werden.*

gineman *stv.*, *nehmen.*

ginist *stf.*, *Erlösung.*

giniudon *swv.*, *sich erfreuen.*

ginôg *adj.*, *genug.*

ginôgi *sw. fem.*, *Genüge.*

gio = eo.

giotan *stv.*, *vergiessen.*

giowiht = eowiht.

giqueðan *stv.*, *sagen.*

girâdan *stv.*, *verschaffen, ausführen.*

girâdi *stn.*, *Vortheil.*

girihtian *swv.*, *offenbaren.*

girîsan *stv.*, *gehören, sich gehören.*

girnian *swv.*, *begehren.*

girôbi *stn.*, *Kleidung.*

girstin *adj.*, *aus Gerste.*

girûni *stn.*, *Geheimniss.*

giseggian *swv.*, *sagen.*

gisehan *stv.*, *sehen, ansehen.*

gisellian *swv.*, *geben, verkaufen.*

gisettian *swv.*, *bringen.*

gisidli *stn.*, *Sitz.*

gisidon *swv.*, *bereiten.*

gisîð *stm.*, *Begleiter, Dienstmann.*

gisîði *stn.*, *Gefolge, Schar, Genossenschaft.* an is gisîðie, *bei ihm.*

gisîðskepi *stm.*, *Gefolgschaft.*

gisittian *stv.*, *sich setzen.*

gisiun, gisiuni *stn.*, *Gesicht, Auge.*

giskap *stn. plur.*, *Geschick, Schöpfung.*

giskapan *stv.*, *schaffen.*

giskêd *stn.*, *Bescheid.*

giskerian *swv.*, *bestimmen.*

giskînan *stv.*, *leuchten.*

giskôhi *stn.*, *Schuhwerk.*

giskrîban *stv.*, *schreiben.*

giskuldian *swv.*, *sich schuldig machen.*

gisôkian *swv.*, *aufsuchen.*

gisônian *swv.*, *aussöhnen.*

gispanan *stv.*, *antreiben.*

gisprekan *stv.*, *sprechen.*

gistân, gistandan *stv.*, *stehen, eintreten, zu Theil werden, gereichen.*

gistîgan *stv.*, *steigen.*

gistillian *swv.*, *stillen.*

gistriuni *stn.*, *Schatz.*

gistriunid *adj. part.*, *geschmückt.*

gisund *adj.*, *gesund.*

gisundion *swv.*, *sündigen.*

gisûnfader *plur.*, *Sohn und Vater.*

giswerian *stv.*, *schwören.*

giswerk *stn.*, *Finsterniss.*

giswerkan *stv.*, *finster werden.*

giswester *plur.*, *Geschwister.*

giswîkan *stv.*, *im Stiche lassen.*

git *pron. dual.*, *ihr beide.*

gital *stn.*, *Zahl.*

gitellian *swv.*, *zählen, bestimmen, berechnen, sagen, aussagen.*

gitiunian *swv.*, *schaden.*

gitôgian *swv.*, *zeigen.*

gitriwi *adj.*, *treu.*

gitrôst *stn.*, *Gefolge.*

gitrûon, gitrûoian *swv.*, *vertrauen.*

gitwehon *swv.*, *zweifeln.*

gitwîflian *swv.*, *irre machen.*

githûht *stf.*, *Denken, Glaube.*

githenkian *swv.*, *denken, erdenken.*

githiggian *swv.*, *aufnehmen.*

githîhan *stv.*, *gedeihen. part.*, githigan, *erwachsen.*

githionon *swv.*, *ausbedingen.*

githiudo *adv.*, *geziemend.*

githolon, githologian *swv.*, *erdulden, erfahren.*

githring *stn.*, *Gedränge.*

githringan *stv.*, *durchdringen.*

githrusmod *adj.*, *finster.*

githrôon *swv.*, *bedrohen.*

githuld *stf.*, *Geduld.*

githungan, githwungan *part. adj.*, *trefflich.*

githwing *stn.*, *Bedrängniss, Noth.*

giu *adv.*, *bereits, einst.*

giunnan *anom.*, *gönnen.*

giwâdi *stn.*, *Gewand.*

giwald *stf. stn.*, *Gewalt.*

giwaldan *stv.*, *walten, Macht haben.*

giwaldon *swv.*, *dasselbe.*

giwand *stn.*, *Ende.*

giwâpni *stn.*, *Bewaffnung.*

giwar *adj.*, giw. werðan, *gewahr werden.*

giwaragean *swv.*, *peinigen.*

giwaraht, *part. zu* (gi)wirkian.

giwardon *swv.*, *sich behüten.*

giwâri *adj.*, *wahrhaftig.*

giwâron *swv.*, *bewahrheiten.*

giwôdi — giwâdi.

giweldig *adj.*, *bevollmächtigt.*

giwendian *swv.*, *abwenden.*

giwer *stn.*, *Aufruhr.*

giwerðan *stv.*, *gerathen, gut dünken.*

giwerdon *swv.*, *ehren, gut dünken.*

giwerk *stn.*, *Werk.*

giwerkon *swv.*, *thun.*

giwernian *swv.*, *verweigern.*

giwîhian *swv.*, *heiligen.*

giwin *stn.*, *Kampf.*

giwinnan *stv.*, *zu Stande bringen, erwerben.*

gewirki *stn.*, *Werk, Arbeit.*

giwirkian *swv.*, *thun, machen, zu Stande bringen.*

giwîsian *swv.*, *zeigen, verkünden.*

giwîson *swv.*, (5663)?

giwit *stn.*, *Verstand.*

giwitan *stv.*, *gehen.*

giwitnon *swv.*, *strafen.*

giwitskepi *stm.*, *Zeugniss.*

giwono *adj.*, *gewöhnt.*

giwonon, giwunon *swv.*, *bleiben, gewöhnt sein.*

giwreðian *swv.*, *stützen.*

giwrîtan *stv.*, *schreiben.*

giwuno — giwono.

giwunst *stm.*, *Gewinn.*

giwurht *stf.*, *That.*

gladmôd, gladmôdi(?) *adj.*, *fröhlich.*

glau *adj.*, *klug.*

glîmo *swm.*, *Glanz.*

glîtan *stv.*, *gleissen.*

gnornon *swv.*, *trauern.*

god *stm.*, *Gott.*

gôd *adj.*, *gut.*

gôd *stn.*, *Gut.*

godfader *stm.*, *Gottvater.*

gôdi *swf.*, *Trefflichkeit, Güte.*

godkund *adj.*, *von göttlicher Art.*

godkundi *swf.*, *Göttlichkeit.*

gôdlîk *adj.*, *gut, herrlich.*

gôdlîknissea, *Herrlichkeit.*

godspell *stn.*, *Evangelium.*

gôdsprâki *adj.*, *wohl redend.*

goduweb(bi), godowe(bi) *stn.*: *Seidenzeug.*

gôdwillig *adj.*, *fromm.*

gold *stn.*, *Gold.*

goldfat *stn.*, *Goldgefäss.*

goldwelo *swm.*, *Goldreichthum.*

gônia *stf.*, *Bewirthung, Gastmahl.*

gômian *swv.*, *acht haben, bewirthen.*

gornon = gnornon, *trauern.*

gornword *stn.*, *Klage.*

grâdag *adj.*, *feindselig.*

graf *stn.*, *Grab.*

gram *adj.*, *feindselig; sw. subst.*, *Teufel.*

gramhard *adj.*, *feindselig.*

gramhert *adj.*, *dasselbe.*

gramhugdig *adj.*, *dasselbe.*

gras *stn.*, *Gras.*

grâtan *stv.*, *weinen.*

grim *adj.*, *grimmig, feindlich, böse;* *widerwärtig.*

grimfolk *stn.*, *feindliches Volk.*

grimman *stv.*, *wüthen.*

grimmo *adv.*, *schmerzlich.*

grimwork *stn.*, *böse That.*

griolîko *adv.*, *furchtbar.*

griot *stn.*, *Gries, Sand, Boden.*

griotan *stv.*, *weinen.*

grîpan *stv.*, *Hand anlegen, berühren.*

gristgrimmo *swm.*, *Zähneknirschen.*

grôni *adj.*, *grün.*

grôt *adj.*, *gross, dat. pl.* grôtun, *adv.*, *sehr.*

grôtian *swv.*, *anreden, einen angehen.*

grund *stm.*, *Grund.*

gruri *stm.*, *Schreck.*

guldin *adj.*, *golden.*

gumkunni *stn.*, *edles Geschlecht.*

gumo *swm.*, *Mensch, Mann.*

gumskepi *stm.*, *Schar, Volk.*

hâf *adj.*, *lahm an den Händen.*

haft *adj.*, *gefesselt, gefangen.*

haften *swv.*, *haften.*

hagastald, hagustald *stm.*, *junger* *Mann, Diener.*

hâlag == hêlag, *heilig.*

halba *stf.*, *Seite.*

hald *adv.*, *mehr; than hald ni, eben-* *sowenig.*

haldan *stv.*, *halten, sich befinden.*

half == halba.

half *adj.*, *halb.*

halla *stf.*, *Halle, Saal.*

halm *stm.*, *Halm.*

halon, haloian *swv.*, *holen.*

halsmeni *stn.*, *Halsband.*

halt *adj.*, *an den Füssen lahm.*

hamur *stm.*, *Hammer.*

hand *stf.*, *Hand, Seite.*

handbano *swm.*, *Mörder.*

handgeba *stf.*, *Geschenk.*

handgiwerk *stn.*, *Werk.*

handkraft *stf.*, *Kraft.*

handmahal *stn.*, *Gerichtsstätte.*

handmagan, - megin *stn.*, *Kraft der* *Hände.*

hangon *swv.*, *hangen.*

hanokrâd *stf.*, *Hahnenschrei.*

hâr *stn.*, *Haar.*

hard *adj.*, *hart, kühn.*[1]

hardburi *stm.*, *Obrigkeit.*

hardlîko *adv.*, *streng.*

hardmôdig *adj.*, *kühn.*

hardo *adv.*, *hart, böse, sehr.*

harm *stm.*, *Kummer.*

harm *adj.*, *schmerzlich.*

harmgiwurht *stf.*, *Uebelthat.*

harmlîk *adj.*, *schmerzlich.*

harmo *adv.*, *dasselbe.*

harmquidi *stm.*, *Schmährede.*

harmskara *stf.*, *Strafe.*

harmwerk *stn.*, *Uebelthat.*

haton *swv.*, *hassen, verfolgen.*

hatul *adj.*, *feindselig.*

the hatola, *der Teufel.*

he *pron.*, *er.*

hebbian *stv.*, *heben.*

hebbian *swv.*, *haben, halten, zurück-* *halten.*

heban *stn.*, *Himmel.*

hebankuning *stm.*, *Himmelskönig.*

hebanrîki *stn.*, *Himmelreich.*

hebantungal *stm.*, *Himmelsstern.*

hebanwang *stm.*, *Himmelsaue.*

hebanward *stm.*, *Himmelswächter.*

hebig *adj.*, *schwer.*

hêd *stm.*, *Stand.*

hêdar *adj.*, *heiter.*

hêdro *adv.*, *dasselbe.*

hêdron *swv.*, *hell werden.*

hêðin *adj.*, *heidnisch.*

heftian *swv.*, *fesseln.*

hel *stf. stm.*, *Hölle*.
hêl *adj.*, *wohlbehalten*, *gesund*, *ganz*.
hôlag *adj.*, *heilig*.
hôlagforah *adj.*, *heiligen Sinnes*.
hôlaglîk *adj.*, *heilig*.
hôlaglîko *adv.*, *dasselbe*.
hôlagon *swv.*, *segnen*.
helan *stv.*, *verhehlen*.
helldor *stn.*, *Höllenthor*.
hôli *swf.*, *Gesundheit*.
hôlian *swv.*, *heilen*, *sühnen*.
hôliand *subst. part.*, *Heiland*.
heliĎ *stm.*, *Held*, *Mann*.
heliĎhelm *stm.*, *verhüllender Helm*.
heliĎkunni *stn.*, *Menschengeschlecht*.
helcor elcor, *sonst*.
hollia *stf. swf.*, *Hölle*.
helligithwing, hellie-, hellengi-
thwing *stm.*, *Höllenzwang*.
helligrund *stm.*, *Abgrund der Hölle*.
helliwîti *stn.*, *Höllenstrafe*.
helmberand *subst. part.*, *Krieger*.
helmgitrôsteo *swm.*, *Krieger*.
helpa *stf.*, *Hülfe*, *Rettung*.
helpan *stv.*, *helfen*.
helsiĎ *stm.*, *Weg ins Todtenreich*.
hêm *stn.*, *Heimath*.
hêmsittiand(i) *part.*, *an der Heim-
stätte sitzend*.
henginna *stf.*, *das Hängen*.
heoban *stv.*, *wehklagen*.
hêr *adv.*, *hier*, *hierher*.
hêr *adj.*, *hoch*, *vornehm*.
herdian *swv.*, *stärken*.
herdislo *stf.*, *Stärke*.
hêrdôm *stm.*, *Herrscherwürde*.
heri *stm. stf.*, *Menge*, *Volk*.
heridôm *stm.*, *Reich*.
herirink *stm.*, *Krieger*.
heriskepi *stm.*, *Menge*, *Volk*.
heritogo *swm.*, *Herzog*.
herod *adv.*, *hierher*.
herodwardes *adv.*, *hierherwärts*.
hêrro *swm.*, *Herr*.
herta *swn.*, *Herz*.
hertkara *stf.*, *Herzeleid*.
herubendi *stf. plur.*, *Fesseln*.
herudrôrag *adj.*, *vom Schwerte blutig*.
herugrim *adj.*, *schwertgrimmig*.

herusêl *stn.*, *Verderben bringendes
Seil*.
heruthrum *stn.*, *Speerspitze*.
hêt *adj.*, *heiss*.
hêt *stn.*, *Hitze*.
hêtan *stv.*, *heissen*.
heti *stm.*, *Feindschaft*, *Verfolgung*.
hêtian *swv.*, *heitzen*.
hetigrim *adj.*, *grimmig*.
hetilik *adj.*, *feindselig*.
hêto *adv.*, *heiss*.
hettiand *subst. part.*, *Verfolger*, *Feind*.
hi, hie ·· he.
hier ·-· hêr, *hier*.
hild *stf.*, *das Kämpfen*.
hildiskalk *stm.*, *Krieger*.
himil *stm.*, *Himmel*.
himilfadar *stm.*, *himmlischer Vater*.
himilisk *adj.*, *himmlisch*.
himilkraft *stf.*, *himmlische Schar*.
himilkuning *stm.*, *Himmelskönig*.
himilporta *swf.*, *Himmelspforte*.
himilrîki *stn.*, *Himmelreich*.
himiltungal *stn.*, *Himmelsgestirn*.
himilwolkan *stn.*, *Himmelswolke*.
hinan, hinana *adv.*, *von hier*.
hindag *adv.*, *heute*.
hinfard *stf.*, *Hingang*.
hinginna henginna, *das Hängen*.
hiopo *swm.*, *Dornstrauch*.
hîr hêr, *hier*.
hirdi *stm.*, *Hirt*, *Herr*.
hiudu *adv.*, *heute*.
hîwa *swf.*, *Gattin*.
hîwiski *stn.*, *Familie*.
hladan *stv.*, *aufnehmen*, *hineinthun*.
hlah(i)an *stv.*, *lachen*.
hlamon *swv.*, *rauschen*.
hlear -- hleor.
hlea, *st. o. swf. Decke*.
hleo *stm. o. n.*, *Decke*.
hlêo *stm. o. n.*, *Grab*.
hleor *stn.*, *Wange*.
hlinon *swv.*, *lehnen*.
hliotan *stv.*, *davon tragen*.
hlôt *stm.*, *Loos*.
hlûd *adj.*, *laut*.
hlûdo *adv.*, *dasselbe*.
hlust *stf.*, *Ohr*.

hluttar (*und* hlûtar?) *adj., lauter.*
hluttro *adv., aufrichtig.*
hnîgan *stv., sich neigen.*
hôbid *stn., Haupt, Spitze.*
hôbidband *stn., Krone.*
hôbidmâl *stn., Kopfbild.*
hôbidskat *stn., Kopfgeld.*
hôbidstedi *stm., Hauptstadt.*
hôbidwunda *swf., Kopfwunde.*
hôdian *swv., hüten.*
hof *stm., Hof.*
hofna *stf., Klage.*
hôfslaga *stf., Hufspur.*
hofward *stm., Aufseher des Hofes.*
hôh *adj., hoch.*
hôhgisetu *stn. plur., Hochsitz.*
hôhi *swf., Höhe.*
hôho *adv., hoch.*
hold *adj., zugethan, gnädig.*
holdlîk *adj., angenehm,*
holdlîko *adv., freundlich.*
holm *stm., Hügel.*
holmklif *stn., ragender Fels.*
hônða *stf., Schimpf.*
hôp *stm., Haufe.*
hord *stn., Schatz; Gedanke.*
hôrian *swv., hören, gehorchen.*
hornseli *stm., Gebäude.*
horsk *adj., klug.*
horu *stn., Schmutz.*
hosk *stm. o. n., Spott, Hohn.*
hoskword *stn., Hohnwort.*
hôti *adj., feindlich, erzürnt.*
hrê *adj., böse.*
hrên(i) *adj., rein.*
hrênkorni *stn., reines Korn.*
hrênon *swv., reinigen.*
hrêo *stn., Leichnam.*
hrêobed *stn., Leichentuch.*
hrêogiwâdi *stn., Leichenbekleidung.*
hre(u)wan *stv., beklagen, schmerzlich
    sein.*
hrînan *stv., berühren.*
hring *stm., Ring.*
hrissian *swv., beben.*
hriwig, hriwi *adj., bekümmert.*
hriwiglîko *adv., dasselbe.*
hriwigmôd *adj., dasselbe.*
hriwon *swv., bekümmert sein.*

hrôm *stm., Ruhm, Freude.*
hrômag *adj., übermüthig, freudig.*
hrômian *swv., rühmen.*
hrôpan *stv., rufen.*
hrôr *adj., rührig.*
hrôra *stf., Bewegung.*
hrôri *swf., dasselbe.*
hrôrian *swv., bewegen.*
hros *stn., Ross.*
hrôst *stm. o. stn., Sparrenwerk.*
huggian *swv., denken, hoffen.*
hugi *stm., Gedanke, Gemüth.*
hugiderbi *adj., kriegerisch.*
hugiskaft *stf. plur., Gesinnung.*
huldi *swf., Ergebenheit, Huld.*
hund *stm., Hund.*
hund, *hundert.*
hungar *stm., Hunger.*
hunno *swm., centurio.*
hurnidskip *stn., geschnäbeltes Schiff.*
hûs *stn., Haus.*
hûsstedi *stm., Hausplatz.*
hwâ = hwô, *wie.*
hwan *adv., wann;* hwan ôr, *wann.*
hwanan *adv., woher.*
hwanda, hwand *conj., denn, weil.*
hwanna *adv., irgendwann.*
hwar *adv., wo, wohin; wann.*
hwarbon *swv., gehen.*
hwarf *stm., Haufe.*
hwarod *adv., wohin.*
hwargin *swv., irgendwo.*
hwe, *neutr.* hwat, *irgend einer, irgend
    etwas, wer, was;* sô hwe (hwat) sô,
    jeder der, alles was.
hweðar, *einer von beiden, wer von
    beiden;* sô hweðar sô *jeder (von
    beiden).*
hweðar, *adv. . ob.* hweðar - the,
    ob . . oder ob.
hwelp *stm., junger Hund.*
hwerban *stv., sich wenden, hin und
    her gehen, gehen.*
hwergin, hwerigin = hwargin.
hwîla, hwîl *stf., Zeit.*
hwilik, *irgend einer, welcher;* sô h.
    sô, *jeder der.*
hwît *adj., weiss, glänzend.*
hwô *adv., wie.*

idal *adj.*, *eitel.*
idis *stf.*, *Weib.*
idulôuon *swv.*, *vergelten.*
ik, *ich.*
îlian *swv.*, *eilen.*
infern *stn.*, *Hölle.*
inka *pron. poss.*, *euer beider.*
inna *praep. in.*
innan *adv.*, *innen, hinein*; *praep.*, *in, nach.*
inne *adv.*: thar inne, *darin.*
inwid *stn.*, *Bosheit.*
inwidnîð *stn.*, *Feindschaft.*
inwidrâd *stn.*, *boshafter Anschlag.*
inwidsprâka *stf.*, *frevelhafte Rede.*
io — eo.
irminman *stm.*, *Mensch.*
irminthiod *stf.*, *Volk.*
irminthioda *stf.* — irminthiod.
irnan *stv.*, *fliessen.*
irri *adj.*, *zornig.*
irrian *swv.*, *zerstören.*
îsarn *stn.*, *Eisen.*
iu — giu.
iuwa, *euer.*

ja *conj.*, *und*; ja — ja (jak), *sowol — als auch.*
jâ, *Satzwort, ja.*
jak *conj.*, *und.*
jâmar *adj.*, *traurig.*
jâmarlîk *adj.*, *jammervoll.*
jâmarmôd *adj.*, *traurig.*
jâr — gêr.
juguð *stf.*, *Jugend.*
juguðhêd *stf.*, *Jugend.*
jung *adj.*, *jung.*
jungardôm *stm.*, *Jüngerschaft, Dienst.*
jungaro *swm.*, *Jünger.*
jungarskepi *stm.*, *Dienst.*

kaflos *stm. plur.*, *Kiefern.*
kald *adj.*, *kalt.*
kara *stf.*, *Klage, Kummer.*
karkari *stm.*, *Körper.*
karon *swv.*, *klagen.*
kastel *stn.*, *Burg.*
kelik *stm.*, *Kelch.*

kennian *swv.*, *erzeugen.*
kesur *stm.*, *Kaiser.*
kesurdôm *stm.*, *Kaiserthum, -reich.*
kið *stm.*, *Schössling.*
kînan *stv.*, *keimen.*
kind *stn.*, *Kind, junger Mann.*
kindisk *adj.*, *jung.*
kindiski *swf.*, *Jugend.*
kindjung *adj.*, *jung.*
kingruud *stm.*, *Keimgrund.*
kinni *stn.*, *Kinnbacke.*
kiosan *stv.*, *wählen.*
klibon *swv.*, *festhaften.*
klif *stn.*, *Felsen.*
klioban *stv.*, *sich spalten.*
klûstar *stn.*, *Verschluss.*
klûstarbendi *plur. fem.*, *Fesseln.*
knio *stn.*, *Knie.*
kniobeda *stf.*, *Gebet unter Kniebeugung.*
knôsal *stn.*, *Geschlecht.*
kôlon *swv.*, *kalt werden.*
konsta *praet. von* kunnan.
kôp *stm.*, *Kauf.*
kôpon *swv.*, *erkaufen, büssen.*
kôpstedi *stf.*, *Kaufstätte.*
korn *stn.*, *Korn.*
koston *swv.*, *versuchen.*
kraft *stf.*, *stm.*, *Kraft, Schar.*
kraftag *adj.*, *mächtig.*
kraftaglîko *adv.*, *gewaltig.*
kristîn *adj.*, *christlich.*
kristinfolk *stn.*, *Christenvolk.*
krûci *stf. und stn.*, *Kreuz.*
krûd *stn.*, *Unkraut.*
kûð *adj.*, *kund.*
kûðian *swv.*, *verkünden.*
kûðliko *adv.*, *nach Art eines Bekannten, deutlich.*
kuman *stv.*, *kommen.*
kumbal, kumbl *stn.*, *Zeichen.*
kumi *stm. plur.*, *das Kommen, Ankunft.*
kûmian *swv.*, *beklagen.*
kuniburd *stf.*, *Geschlecht.*
kuning *stm.*, *König.*
kuningdôm *stm.*, *Königswürde.*
kuningsterro *swm.*, *Königsstern.*
kuningstôl *stm.*, *Königsstuhl.*

kuningwisa *stf.:* an k., *wie es einem*
  Könige zukommt.
kunnan *anom.*, *wissen*, *verstehen*,
  können.
kunni *stn.*, *Geschlecht.*
kus *stm.*, *Kuss.*
kûsko *adv.*, *mit Anstand.*
kussian *swv.*, *küssen.*
kust *stf.*, *Wahl*, *Willen; das Beste.*

ladoian *swv.*, *laden.*
lâgnian :.: lôgnian.
lagulîðand *stm. part.*, *Seefahrer.*
luguström *stm.*, *Gewässer.*
lahan *stv.*, *tadeln.*
lakan *stn.*, *Tuch*, *Vorhang*, *Gewand.*
lamb *stn..* *Lamm.*
lamo *swm.*, *der Lahme.*
land *stn.*, *Land.*
landmâg *stm.*, *Landsmann.*
landreht *stn.*, *Gesetz.*
landsidu *stm.*, *Landesbrauch.*
landskaðo *swm.*, *Landesschädiger.*
landskepi *stn.*, *Land.*
landwîsa *stf.*, *Landesbrauch.*
lang *adj.*, *lang*, *ewig.*
lango *adv.*, *lange.*
langon *swv.*, *verlangen.*
langsam *adj.*, *lange dauernd.*
lâri *adj.*, *leer.*
lastar *stn.*, *Tadel*, *Schmähung.*
lat *adj.*, *träge*, *spät; Superl. der letzte.*
lâtan *stv.*, *lassen.*
latta *praet. von* lettian.
lûba *stf.*, *das Uebriggebliebene.*
lêbon *swv.*, *übrig bleiben.*
lêdian *swv.*, *führen*, *bringen.*
lêð *adj.*, *widerwärtig*, *verhasst*, *böse.*
lêð *stn.*, *das Böse.*
lêðlik *adj.*, *schmerzlich*, *verderblich.*
lêðlìko *adv.*, *in schmerzlicher Weise.*
lêðon *swv.*, *leid thun.*
lêðwerk *stn.*, *Uebelthat.*
lef *adj.*, *krank.*
lefhêd *stf.*, *Krankheit.*
legar *stn.*, *Verstümmlung.*
legarbed *stn.*, *Krankheit.*
legarfast *adj.*, *schwerkrank.*
leggian *swv.*, *legen*, *anfertigen.*

lêhni *adj.*, *vergänglich.*
lêia *stf. swf.*, *Fels.*
leng *comp. adv.*, *länger.*
lêra *stf.*, *Lehre.*
lêro *swm.*, *Lehrer.*
lêrian *swv.*, *lehren.*
lêriand *stm.*, *Lehrer.*
lês *adv.*, *weniger.*
losan *stv.*, *auflesen*, *lesen.*
lêstian *swv.*, *befolgen*, *ausführen*, *thun.*
lettian, lotian *swv.*, *ablassen.*
liab- *siehe* liof.
libbian *swv.*, *leben.*
lið *stn.*, *Glied.*
lið *stn.*, *Wein*, *Getränk.*
lìðan *stv.*, *gehen.*
lìði *adj.*, *gnädig.*
lìðobendi *stf. plur.*, *Fesseln.*
lìðokosp *stm.*, *Fessel.*
lìðon *swv.*, *bringen; refl.*, *gehen.*
lìðuwastum *stm.*, *Glied.*
lif *stn.*, *Leib*, *Leben.*
lìfnara *stf.*, *Leibesnahrung.*
liggian *stv.*, *liegen.*
lìhtlìk *adj.*, *gering.*
lîk *stn.*, *Körper*, *Fleisch.*
lìkhamo *swm.*, *Leib.*
likkon *swv.*, *lecken.*
lìkon *swv.*, *gefallen. — unpersönlich*,
  mit dat., *Wohlgefallen haben.*
lìkwunda *stf.*, *Wunde.*
lìlli *stm. o. n. Lilie.*
lìn *stn.*, *Linnen.*
lìniu *adj.*, *leinen.*
lìnon *swv.*, *lernen.*
liodan *stv.*, *wachsen.*
liof *adj.*, *lieb*, *freundlich.*
lioflik *adj.*, *lieblich.*
liogan *stv.*, *zur Lüge machen.*
lioht *stn.*, *Licht.*
lioht *adj.*, *licht*, *aufrichtig*, *ansehnlich.*
liohtfat *stn.*, *Leuchter.*
liohtian *swv.*, *leuchten.*
liohto *adv.*, *licht*, *offen*, *aufrichtig.*
liohtwolkan *stn.*, *glänzende Wolke.*
liomo *swm.*, *Strahl.*
list *stm. stf.*, *Einsicht.* listiun, *heim-*
  lich.
liudfolk *stn.*, *Volk.*

liudi *st. plur., Leute.*
liudibarn *stn.plur., Menschenkinder.*
liudkunni *stn., Menschengeschlecht.*
liudskaðo *swm., Menschenschädiger.*
liudskepi *stn., Volk.*
liudstamn *stm., Volk.*
liuhtian = liohtian.
lobon *swv., loben.*
lof *stn., Lob.*
lôf *stn., Laub.*
lofsâlig *adj., gepriesen.*
lofsam *adj., lobwürdig.*
lofsang *stm., Lobgesang.*
lofword *stn., Lobwort.*
logna *stf., Flamme.*
lôgnian *swv., läugnen.*
lôn *stn., Lohn.*
lôngeld *stn., Vergeltung.*
lônon *swv., lohnen.*
lôs *adj., los, ledig.*
lôsian *swv., lösen, wegnehmen, erlösen.*
lôson *swv., dasselbe.*
lôswerk *stn., böses Werk.*
lôsword *stn., böse Rede.*
lubig *adj., willig.*
lud *stm. oder f., Kraft, Schönheit?*
luft *stm.stf., Luft.*
luggi *adj., lügnerisch.*
lugina *stf., Lüge.*
lungar *adj., kräftig.*
lusta *stf., Lust, Freude.*
lustian *swv., gelüsten.*
lustsam *adj., erfreulich.*
lut *adj., wenig.*
luttik *adj., klein, wenig.*
luttil *adj., dasselbe.*

madmundi *adj., sanftmüthig*
mâg *stm., Verwandter.*
magað *stf., Jungfrau, Weib.*
magaðhêd *stf., Jungfräulichkeit.*
mâgskepi *stm., Verwandtschaft.*
magu *stm., Sohn.*
magujung *adj., jung.*
mâgwini *stm., Verwandter.*
mahal *stn., Gericht, Rede.*
mahlian *swv., sprechen.*
maht *stf., Macht.*
mahtig, mahti *adj., mächtig, gewaltig.*

mahtiglik *adj., dasselbe.*
mâki *stn. oder n., Schwert.*
makon *swv., machen.*
mâlon *swv., zeichnen.*
malsk *adj., übermüthig.*
man *stm., Mensch, Mann, Dienstmann.*
manag *adj., manch(er).*
managfald *adj., mannigfaltig.*
mandrohtin *stm., Herr.*
mangon *swv., Handel treiben.*
mankraft *stf., Schaar.*
mankunni *stn., Menschengeschlecht.*
mannisk *adj., menschlich.*
mâno *swm., Mond.*
manon *swv., treiben mahnen.*
manslahta *stf., Mord.*
manstorbo *swm., das Sterben.*
manwerod *stn., Schaar.*
mâri *adj., glänzend, herrlich; bekannt, berühmt.*
mârian *swv., rühmen, verkünden.*
mâriða *stf., Kunde, ruhmwürdige That.*
marka *stf., Grenze, Gebiet.*
markon *swv., bestimmen, bemerken.*
mârlik *adj., herrlich.*
mârliko *adv., dasselbe.*
mat *stn., Speise.*
mêda *stf., Lohn.*
mêdian *swv., bezahlen.*
mêdgebo *swm., Herrscher.*
mêðom *stm., Kleinod.*
mêðomhord *stn., Schatz.*
megin *stn., Kraft, Schar.*
meginfard *stf., Heerfahrt.*
meginfolk *stn., Schar.*
meginkraft *stf., Kraft, Schar.*
meginstrengi *stf., Kraft.*
meginsundia *stf., Sünde.*
meginthioda *stf., Volk, Schar.*
meginthiof *stm., Dieb.*
meldon *swv., anzeigen, verrathen.*
melm *stn., Staub.*
mên *stn., Frevel.*
mêndâd *stf., dasselbe.*
mêndâdig *adj., frevelerisch.*
mendian *swv., sich freuen.*
mendislo *stf., Freude.*

mênêd *stm. Meineid.*
mênful *adj., verbrecherisch.*
mengian *swv., mischen.*
mêngithâht *stf., frevelhafter Sinn.*
mêngiwerk *stn., Frevel.*
mêngiwito *swm., falscher Zeuge.*
mênhwat *adj., frevlerisch.*
mênian *swv., im Sinne haben, bezeichnen, erwähnen.*
menigi *swf., Menge.*
menigo *stf., dasselbe.*
mennisk *mannisk.*
menniski *swf., Menschennatur.*
mennisko *swm., Mensch.*
mênskaðo *swm., Schurke.*
mênskuld *stf., Schuld.*
mênsprâka *stf., Frevelrede.*
mênwerk *stn., Frevel.*
mêr *compar., mehr.*
meri *st. fem., Meer.*
mèri ⸗ mâri.
merigrita *swf., Perle.*
meriström *stn., Meerfluth.*
mêro *compar., grösser.*
merrian *swv., ärgern, stören.*
mêst *superl., grösst, meist.*
mêst *adv., am meisten.*
mêstar *stm., Meister.*
met ⸗ mid.
meti *stm., Speise.*
metigêdia *stf., (oder -gêdeo swm.?) Hungersnoth.*
metilôsi *swf., Mangel an Speise.*
metod *stm., Geschick.*
metod(o)giskapu *stn. plur., Schicksal.*
metodogiskefti *stn., dasselbe.*
mieda ⸗ mêda.
mid, mit *adv. u. praep., mit.*
middi *adj., in der Mitte.*
middia *swf., Mitte.*
middilgard *stm., Erde.*
midfiri *adj., in der Mitte des Lebens.*
midi ⸗ mid.
mîðan *stn., vermeiden, unterlassen, von etwas lassen.*
mikil *adj., gross.*
mikilun *dat. plur., sehr.*
mildi *adj., freundlich, freigebig.*
mildo *adv., dasselbe.*

mîn *poss., mein.*
minnia *stf., Liebe.*
minnion *swv., lieben.*
minnisto *superl., geringste.*
minson *swv., klein machen.*
mirki *adj., finster.*
mislik *adj., verschieden.*
misliko *adv., dasselbe.*
môd *stm., Muth, Sinn.*
môdag *adj., zornig.*
môdar *fem., Mutter.*
môdarmâg *stm., Verwandter.*
môdgithâht *stf., Gedanke.*
môdkara *stf., Kummer.*
môdkarag *adj., bekümmert.*
môdsebo *swm., Herz, Gemüth.*
môdspâh(i) *adj., klug.*
môdstark *adj., feindselig.*
môdthraka *stf., Kummer.*
môði *adj., müde.*
moragan *morgan, Morgen.*
morð *stn., Mord.*
morðhugi *stm., Mordgedanke.*
morðwerk *stn., Mordthat.*
morgan *stm., Morgen.*
morganstunda *stf., Morgenstunde.*
morgantid *stf., Morgenzeit.*
mornian *swv., bekümmert sein.*
mornou *swv., dasselbe.*
môs *stn., Speise.*
môtan *anom., dürfen, vermögen.*
môtian *swv., begegnen.*
mûð *stm., Mund.*
mugan *anom., vermögen, Ursache haben.*
munalîk *adj., lieblich.*
mund *stf., Hand.*
mundboro *swm., Schutzherr.*
mundburd *stf., Schutzherrschaft, Schutz.*
mundon *swv., helfen.*
munilîk ⸗ munalîk.
munitari *stm., Geldwechsler.*
muniton *swv., prägen.*
mûra *stf., (mûr stm.?) Mauer.*
mutspelli *stn., Weltuntergang.*
myrra *stf., Myrrhe.*

nûdla *swf.*, *Nadel.*

nadra *st. oder swf.*, *Natter.*

nâða *stf.*, *Gnade.*

nâðian *swv.*, *streben.*

nagal *stm.*, *Nadel.*

nâh *adj. und adv.*, *nahe.*

nâhian *swv.*, *nahen.*

naht *stf.*, *Nacht.*

nako *swm.*, *Schiff.*

namo *swm.*, *Name.*

namon *swv.*, *nennen.*

narawo *adv.*, *eng.*

naru *adj.*, *enge, kummervoll.*

ne *neg.*, *nicht;* ne — no, *weder —* *noch; nach negat. Vordersatz: ohne* *dass.*

neba, nebu, nebo *conj.*, *ausser dass,* quin, *sondern.*

nebal *stm.*, *Finsternis.*

negên *pron.*, *kein(er).*

neglian *swv.*, *nageln.*

neglitskip *stn.*, *mit Nägeln versehenes* *Schiff.*

nek *conj.*, *noch* (neque).

nemnian *swv.*, *nennen.*

nên, *nein.*

neo *adv.*, *nie, nimmer.*

neoman, *niemand.*

neowiht, *nichts.*

nerian *swv.*, *retten. part. praes.*, *Hei-* *land.*

nêt - ni wêt, *ich weiss nicht.*

net(ti) *stn.*, *Netz.*

newan *adv.*, *ausser.*

ni = ne.

nia = neo.

niðana *adv.*, *von unten.*

nið *stm.*, *Hass.*

niðar *adv.*, *herab.*

niðara *adv.*, *hienieden.*

niðfolk *stn.*, *feindliche Schar.*

niðhwat *adj.*, *feindselig.*

niðhugdig *adj.*, *dasselbe.*

niðhugi *stm.*, *Hass.*

niðin *adj.*, *feindselig.*

niðskepi *stm.*, *Hass.*

niôn = nigôn.

nigean *swv.*, *neu machen.*

nigôn, nigieau — negôn, *kein, keiner.*

nigun, *neun.*

nigundo, *neunte.*

niman *stv.*, *nehmen.*

nio = neo.

nioman = neoman.

niotan *stv.*, *geniessen,*

niowiht = neowiht.

nis, nist = ni is, ni ist, *ist nicht.*

niud *stm.*, *Verlangen.*

niudliko *adv.*, *eifrig.*

niudsam *adj.*, *hübsch.*

niusian *swv.*, *versuchen.*

niuson *swr.*, *dasselbe.*

ni(u)wi *adj.*, *neu.*

nôd *stf.*, *Noth.*

nôdian *swv.*, *zwängen.*

nôdrôf *stm.*, *Raub.*

noh *adv.*, *noch.*

noh *conj.*, *noch* (neque).

nôn *stf.*, *die neunte Stunde des Tages.*

norð *adv.*, *nach Norden.*

nowan — newan.

nu *adv.*, *nun, schon;* *conj.*, *da nun.*

oban *adv.*, *oben.*

obana *adv.*, *von oben her.*

obanward *adv.*, *oben hin.*

obar *praep.*, *über, über — hin, jen-* *seits, gegen.*

obarfâhan *stv.*, *bedecken.*

obarhôbdio *swm.*, *Herr.*

obarhôrian *swv.*, *belauschen.*

obarhugdi *swf.*, *Uebermuth.*

obarmôd *adj.*, *übermüthig.*

obarmôdig *adj.*, *dasselbe.*

obarsehan *stv.*, *überschauen.*

obarsâian *stv.*, *übersäen.*

ôbastliko *adv.*, *schnell.*

ôbian *swv.*, *feiern.*

ôd *stm.*, *Besitz, Glück.*

ôdag *adj.*, *reich.*

ôdan *part. adj.*, *bescheert.*

ôdmôdi *stn.*, *Demuth.*

ôdmôdi *adj.*, *demüthig.*

ôdwelo *swm.*, *Reichthum.*

ôðar *adj.*, *alter, alius.*

ôðarlîk *adj.*, *verändert.*

ôðarsîðu, *zum zweiten Mal.*

ôði *adj.*, *leicht.*

ôðil *stm.*, *Heimath.*
ôðo *adv.*, *leicht.*
of ef.
ofsittian *stv.*, *besitzen.*
ôfstlîko == ôbastlîko.
ofstapan *stv.*, *betreten.*
oft *und* ofto *adv.*, *oft.*
ôga *swn.*, *Auge.*
ôgian *swv.*, *zeigen.*
ohtho == eftha.
ôk *conj.*, *auch.*
ôkan *stv.*, *schwängern.*
ôkian *swv.*, *vermehren.*
ôlat *stm. oder n.*, *Dank.*
olbundeo *swm.*, *Kamel.*
onsta *praet.* von unnan *gönnen.*
opan *adj.*, *offen.*
opanliko *adv.*, *dasselbe.*
opanon, oponon *swv.*, *öffnen.*
ôra *swn.*, *Ohr.*
ord *stm.*, *Spitze.*
ork *stm.*, *Krug.*
orlag *stn.*, *Krieg.*
orlaghwîla *stf.*, *Schicksalsstunde.*
orlof *stm.*, *Erlaubniss.*
ôstan, ôstana *adv.*, *von Osten her.*
ôstar *adv.*, *nach Osten.*
ôstarweg *stm.*, *Weg nach Osten.*
ôstrôni *adj.*, *östlich.*

palencea *stf.*, *Pfalz.*
palma *st. swf., oder* palmo *stm.*, *Palme.*
paradîs *stn.*, *Paradies.*
paschu *stn.*, *Ostermahl*, *-fest.*
paschadag *stm.*, *Ostertag.*
pêda *stf.*, *Gewand.*
pîna *stf.*, *Qual.*
plegan *stv.*, *verantwortlich sein.*
porta *swf.*, *Thür.*

quâla *stf.*, *Qual.*
qualm *stm.*, *Tod, Mord.*
quân *stf.*, *Weib.*
queddian *swv.*, *begrüssen.*
queðan *stv.*, *sprechen, sagen.*
quelan *stv.*, *Qual leiden.*
quellian *swv.*, *martern.*
quelmian *swv.*, *tödten.*

quena *swf.*, *Weib.*
quidi *stm.*, *Rede, Wort.*
quiðian *swv.*, *wehklagen.*
quik *adj.*, *lebendig.*

râd *stm.*, *Rath, Gewinn.*
râdan *stv.*, *rathen, berathen, Rath
    schaffen.* râdand, *Berather.*
râdburd *stf.*, *Herrschaft.*
râdgebo *swm.*, *Herrscher.*
radur *stm.*, *Himmel.*
rakud *stm.*, *Tempel.*
rasta *stf. swf., Lager, Tod.*
roðia *stf.*, *Rechenschaft.*
reðinon *swv.*, *Rechenschaft ablegen.*
reðion *swv.*, *sprechen.*
regin *stm.*, *Regen.*
reginblind *adj.*, *blind.*
rogan(o)giskapu *stn. plur., Geschick.*
reginskaðo *stm.*, *Räuber.*
reginthiof *stm.*, *Dieb.*
reht *adj.*, *gut, wahr.*
reht *stn.*, *Recht.*
rehto *adv.*, *auf rechte Weise.*
rekkian *swv.*, *erzählen.*
rekon *swv.*, *in Ordnung bringen.*
resta rasta.
restian *swv.*, *ruhen.*
rihtian *swv.*, *aufrichten; beherrschen.*
rîki *adj.*, *mächtig.*
rîki *stn.*, *Herrschaft, Reich, Volk,
    Herrscher.*
rikidôm *stm.*, *Macht.*
rink *stm.*, *Mann.*
rinnan *stv.*, *fliessen, laufen.*
riomo *swm.*, *Riemen.*
rîp(i) *adj.*, *reif.*
rîpon *swv.*, *reifen.*
rîsan *stv.*, *sich erheben.*
rôbon *swv.*, *bekleiden.*
rôd *adj.*, *roth.*
rôda *swf.*, *Galgen.*
rôf *adj.*, *berüchtigt.*
rôkfat *stn.*, *Räuchergefäss.*
rôkian *swv.*, *besorgt sein.*
rômon *swv.*, *streben.*
rost *stm.*, *Rost.*
roton *swv.*, *rosten.*
rûm *stm.*, *Entfernung.*

rûmian *swv.*, *räumen.*
rûmo *adv.*, *weit weg.*
rûna *stf.*, *vertrautes Gespräch*; an rûnon, *insgeheim.*

sad *adj.*, *satt.*
sâd *stn.*, *Saat.*
sâfto *adv.*, *leicht.*
sagan *swv.*, *sagen.*
sâian *swv.*, *säen.*
saka *stf.*, *Rechtshandel*, *Gericht*, *Schuld*, *Sache.*
sakan *stv.*, *tadeln.*
sakwaldand *subst. part.*, *Gegner.*
salf? salba? *Salbe.*
salbon *swv.*, *salben.*
sâlða *stf.*, *Glückseligkeit.*
sâlig *adj.*, *glücklich, selig, fromm.*
sâliglîk *adj.*, *dasselbe.*
sâliglîko *adv.*, *dasselbe.*
salt *stn.*, *Salz.*
sama *adv.*, *ebenso.*
samad *adv.*, *zusammen.*
saman *adv.*, *dasselbe.*
samnon, samnoian *swv.*, *sammeln, sich sammeln.*
samnunga *stf.*, *Zusammenkunft.*
samo = sama.
samod = samad.
sâmquik *adj.*, *halbtod.*
sân, sâna *adv.*, *alsbald, schon, durchaus, fürwahr.*
sand *stm.*, *Sand, Ufer.*
sang *stm.*, *Gesang.*
sâno = sâna.
sc *siehe* sk.
sean = sehan.
sebo *swm.*, *Gemüth, Herz.*
sedal *stn.*, *Ruhe.*
seg *stm.*, *Mann.*
segel *stn.*, *Segel.*
seggian *swv.*, *sagen.*
sêgian *swv.*, *sinken machen.*
segina *stf.*, *Netz.*
seginon *swv.*, *segnen.*
sehan *stv.*, *sehen.*
sehs, *sechs.*
sehsto, *sechste.*
sêl *stn.*, *Seil.*

Heliand.

seldlik *adj.*, *wunderbar.*
self *pron.*, *selbst; adv.*, sô self *ebenso.*
seli *stm.*, *Gemach, Haus.*
seliða *stf.*, *Haus.*
selihûs *stn.*, *Haus.*
sellian *swv.*, *geben.*
selmo *swm.*, *Lager.*
sendian *swv.*, *senden.*
sêo, sêu *stm.*, *See.*
seola *stf.*, *Seele, Leben.*
sêoliðand(i) *part. praes.*, *Seefahrer.*
sêoström *stm.*, *Fluth.*
sêr *adj.*, *schmerzlich, bekümmert.*
sêr *stn.*, *Schmerz.*
sêrag *adj.*, *bekümmert.*
sêragmôd *adj. dasselbe.*
sêrago *adv.*, *dasselbe.*
sêrian *swv.*, *bedrängen.*
sêro *adv.*, *sehr.*
settian *swv.*, *setzen, einsetzen, verfassen.*
sibbia *stf.*, *Verwandtschaft.*
sibun, *sieben.*
sibuntig, *siebenzig.*
sida *stf.*, *Seite, Lende.*
sidu *stm.*, *Sitte.*
sið *stm.*, *Weg.*
sið *adv.*, *später, nachher; conj.*, *seitdem.*
siðon, siðogean *swv.*, *gehen.*
siðor *adv.*, *später; conj.*, *seitdem, wann.*
siðwôrig *adj.*, *reisemüde.*
sie *pron.*, *sie.*
sigan *stv.*, *sinken, einherziehen.*
sigidrohtin *stm.*, *Herr.*
sikor *adj.*, *frei von.*
sikoron *swv.*, *befreien.*
silubar *stn.*, *Silber.*
silubarskat *stn.*, *Silbermünze.*
silubrin *adj.*, *silbern.*
simbla, simla *adv.*, *immer.*
simblon, simlun *adv.*, *dasselbe.*
simnon *adv.*, *dasselbe.*
simo *swm.*, *Strick.*
sin *pron.*, *sein.*
singan *stv.*, *singen.*
sinhîwun *swn. plur.*, *Ehegatten.*
sink *stn.*, *Schatz.*

16

sinkan *stv.*, *sinken.*
'sinlif *stn.*, *ewiges Leben.*
sinnahti *stn.*, *ewige Nacht.*
sinnon == simnon.
sinsköni *swf.*, *ewige Schönheit.*
sinu *adv.*, *siehe.*
sinweldi *stn.*, *grosser Wald.*
siok *adj.*, *krank.*
sittian *stv.*, *sitzen, verharren.*
siun *stf.*, *Gesicht, Auge.*
siunwliti *stm.*, *Auge.*
skado *stm.*, *Schatten.*
skadowan *swv.*, *beschatten.*
skaðo *swm.*, *Uebelthäter.*
skaft *stm.*, *Speer.*
skakan *stv.*, *gehen.*
skala *swf.*, *Trinkschale.*
skaldan *stv.*, *fortstossen.*
skalk *stm.*, *Knecht.*
skama *stf.*, *Beschämung.*
skûni == sköni.
skap *stn.*, *Gefäss.*
skapward *stm.*, *Kellermeister.*
skard *adj.*, *verwundet.*
skarp *adj.*, *scharf.*
skat *stn.*, *Besitz, Geld, Geldmünze.*
skawon, skawoian *swv.*, *schauen.*
skôdan *stv.*, *sich zertheilen, zertheilen, absondern.*
sköðia *stf.*, *Scheide.*
skenkio *swm.*, *Schenk.*
skeppian *swv.*, *schöpfen.*
skerian *swv.*, *zutheilen, eintheilen, bestimmen.*
skild *stm.*, *Schild.*
skimo *swm.*, *Schatten.*
skin *stm.*, *Licht.*
skin *adj.*, *sichtbar.*
skinan *stv.*, *leuchten.*
skio *stm.*, *Decke.*
skip *stn.*, *Schiff.*
skîr, skîri *adj.*, *lauter.*
skôh *stm.*, *Schuh.*
skola *stf.*, *Schar.*
skolo *swm.*, *Schuldner; is skolo, hat verwirkt.*
sköni *adj.*, *glänzend, schön.*
skrîban *stv.*, *schreiben.*
skriðan *stv.*, *schreiten, gehen.*

skuddian *swv.*, *schütteln.*
skulan *anom.*, *sollen.*
skuld *stf.*, *Schuld.*
skuldig *adj.*, *schuldig.*
skûr *stm.*, *Waffe.*
slahan *stv.*, *schlagen.*
slak *adj.*, *feige.*
slâp *stm.*, *Schlaf.*
slâpan *stv.*, *schlafen.*
slegi *stm.*, *Tödtung.*
slekkian *swv.*, *stumpf machen.*
sliði *adj.*, *schlimm.*
sliðmôd *adj.*, *grimmig.*
sliðmôdig *adj.*, *dasselbe.*
sliðwurdi *adj.*, *dasselbe.*
slîtan *stv.*, *zerreissen.*
sliumo *adv.*, *alsbald.*
slôpian *swv.*, *losmachen.*
slutil *stm.*, *Schlüssel.*
smal *adj.*, *gering.*
smultro *adv.*, *ruhig.*
snel *adj.*, *rasch, kühn.*
snêo *stm.*, *Schnee.*
sniðan *stv.*, *schneiden.*
sniumo == sliumo.
sô *adv.*, *so, wie, wenn, indem, als, da, so dass; sô hwe sô, sô hwan sô etc., wer immer, wann immer etc.*
sôð *adj.*, *wahr.* (*ag)* sôð, *f.* ⌐
sôð *stn.*, *Wahrheit.*
sôðfast *adj.*, *wahrhaftig.*
sôðlik *adj.*, *wahr.*
sôðliko *adv.*, *wahrheitsgemäss.*
sôðspel *stn.*, *wahrhafte Rede.*
sôðword *stn.*, *wahres Wort.*
sôkian *swv.*, *aufsuchen, suchen, fordern.*
soleri *stm.*, *Söller.*
sômi *adj.*, *passend.*
sorga, soraga *stf.*, *Sorge.*
sorgon *swv.*, *sorgen.*
sorgspel *stn.*, *schmerzliche Kunde.*
spâhi *adj.*, *klug, erfahren.*
spâhiða *stf.*, *Klugheit.*
spâhlik *adj.*, *klug.*
spâhliko *adv.*, *dasselbe.*
spâhword *stn.*, *kluges Wort.*
spanan *stv.*, *antreiben.*
spel *stn.*, *Rede.*

sper *stn.*, *Speer.*

spil *stn.*, *das Schwingen.*

spildian *swv.*, *tödten.*

spilon *swv.*, *sich hin und her bewegen.*

spiwan *stv.*, *speien.*

spôd *stf.*, *das Gelingen.* [*redung.*

sprâka *stf.*, *Sprache, Rede, Unter-*

sprekan *stv.*, *sprechen.*

springan *stv.*, *springen.*

spunsia *stf.*, *Schwamm.*

spurnan *swv.*, *treten, zertreten.*

staÐ *stm.*, *Gestade.*

stamn *stm.*, *Steven.*

stân, standan, *stv.*, *stehen.*

stank *stm.*, *Gestank.*

stapan *stv.*, *schreiten.*

stark *adj.*, *stark, böse.*

starkmôd *adj.*, *muthig.*

stedi *stf.*, *Stätte.*

stedihaft *sesshaft.*

stekan *stv.*, *stechen.*

stellian *swv.*, *hinstellen.*

stemna, stemnia *stf. swf.*, *Stimme.*

stên ... stân.

stôn *stm.*, *Stein, Fels.*

stênfat *stn.*, *Steingefäss.*

stêngraf *stn.*, *Felsengrab.*

stênholm *stm.*, *Fels.*

stênweg *stm.*, *Weg.*

stênwerk *stn.*, *Bauwerk.*

sterban *stv.*, *sterben.*

sterkian *swv.*, *stärken.*

sterro *swm.*, *Stern.*

stigan *stv.*, *steigen.*

stilli *adj.*, *still.*

stillo *adv.*, *dasselbe.*

stillon *swv.*, *ruhig werden.*

stôl *stm.*, *Thron.*

stôpo *swm.*, *Tritt.*

strang *adj.*, *stark.*

strâta *swf.*, *Strasse.*

stre(u)wian *swv.*, *bestreuen.*

strid *stm.*, *Streit, Eifer.*

stridhugi *stm.*, *Kampfesmuth.*

stridian *swv.*, *streiten.*

stridig *adj.*, *streitbar.*

strôm *stm.*, *Strom. Fluth.*

stulina *stf.*, *Diebstahl.*

stum *adj.*, *stumm.*

stunda *stf.*, *Stunde.*

sûbri *adj.*, *rein.*

sûbro *adv.*, *rein.*

sûÐarliudi *stm. plur.*, *im Süden woh-*
nende Leute.

suht *stf.*, *Krankheit.*

suhtbed(di) *stf.*, *Krankheit.*

sulwian *swv.*, *besudeln.*

sulik *pron.*, *solch(er).*

sun *pron.*, *mancher.*

sumar *stm.*, *Sommer.*

sumarlang *adj.*, *lang wie im Sommer.*

sumbal *stn.*, *Mahl.*

sundar *adv.*, *besonders.*

sundia *stf.*, *Sünde.*

sundig *adj.*, *sündig.*

sundilôs *adj.*, *sündlos.*

sundion *sjv.*, *sich versündigen.* [*ders.*

sundron *adv. dat. plur.*; an s., *beson-*

sunna *stf. swf.*, *Sonne.*

sunnia *stf.*, *Noth.*

sunu *stm.*, *Sohn.*

suoÐ = sôÐ.

sus *adv.*, *so.*

swâr *adj.*, *schwer.*

swâro *adv.*, *dasselbe.*

swart *adj.*, *schwarz.*

swart *stn.*, *Finsterniss..*

swâs *adj.*, *vertraut.*

swâsliko *adv.*, *freundlich.*

sweban *stm.*, *Traum.*

swefresta *stf.*, *Ruhelager.*

swek *stm.*, *Geruch.*

sweltan *stv.*, *sterben.*

swerban *stv.*, *abwischen.*

swerd *stn.*, *Schwert.*

swerdthegan *stm.*, *Krieger.*

swerian *stv.*, *schwören.*

swerkan *stv.*, *traurig werden.*

swestar *f.*, *Schwester.*

swêt *stm.*, *Schweiss.*

swiÐ, swiÐi *adj.*, *stark.* swiÐra hand,
rechte Hand.

swiÐliko *adv.*, *hoch und theuer.*

swiÐo *adv.*, *sehr.*

swigli *adj.*, *glänzend.*

swigon *swv.*, *schweigen.*

swikan *stv.*, *im Stiche lassen, untreu*
werden, kleinmüthig werden.

swikle = swigli.

swîn *stn.*, *Schwein.*

swingan *stv.*, *sich schwingen.*

swiri *stm.*, *Geschwisterkind.*

swôgan *stv.*, *rauschen.*

swôti *adj.*, *süss*, *angenehm.*

talon *stn.*, *berechnen.*

tand *stm.*, *Zahn.*

te *praep.*, *zu*, *bis*, *in*, *an*, *gemäss; adv.*
zu.

tebrestan *stv.*, *zerbersten.*

tedêlian *swv.*, *trennen.*

tefallan *stv.*, *zerfallen.*

tefaran *stv.*, *auseinandergehen.*

teforan *adv.*, *vor.*

tegangan *stv.*, *zergehen, vergehen.*

tegegnes *adv.*, *entgegen, gegenüber, vor.*

teglîdan *stv.*, *vergehen.*

tehan, *zehn.*

tehando, *zehnte.*

tehinfald, *zehnfältig.*

têkan *stn.*, *Zeichen.*

teklioban *stv.*, *auseinander reissen.*

telâtan *stv.*, *sich zerteilen.*

tellian *swv.*, *sagen, erklären.*

tesamne *adv.*, *zusammen.*

teskrîdan *stv.*, *sich zertheilen.*

teslahan, teslaan *stv.*, *zerstören.*

teswingan *stv.*, *zerstreuen.*

tewerpan *stv.*, *zerstreuen, zerstören.*

tîd *stf.*, *Zeit, Stunde.*

tilian *swv.*, *erlangen.*

timbron *swv.*, *bauen.*

tins *stm.*, *Zins.*

tiohan *stv.*, *ziehen, erziehen.*

tiono *swm.*, *Uebelthat.*

tir *stm.*, *Ehre.*

tirlîko *adv.*, *in schöner Weise.*

tô *adv.*, *zu.*

tôgian *swv.*, *zeigen.*

tôgo *swm.*, *Zweig.*

tolna *stf.*, *Zoll.*

tômi *adj.*, *ledig.*

tômian *swv.*, *befreien, erlösen.*

tômig *adj.*, *ledig.*

torht *adj.*, *glänzend.*

torhtlîk *adj.*, *dasselbe.*

torhtlîko *adv.*, *deutlich.*

torn *stn.*, *Zorn.*

torn *adj.*, *bitter.*

toroht = torht.

tôward *adj.*, *bevorstehend.*

tôwardes *adv. gen.*, *nahe.*

trada *stf.*, *Tritt.*

trahni *stm. plur.*, *Thränen.*

tregan *stv.*, *leid sein.*

treo *stn.*, *Balken.*

tresurhûs *stn.*, *Schatzkammer.*

treuhaft *adj.*, *treu.*

treulogo *swm.*, *Treuebrecher.*

treulôs *adj.*, *treulos.*

trewa *stf.*, *Treue.*

treuuaft = treuhaft.

trio = treo.

triuwi *adj.*, *treu.*

trûon *swv.*, *vertrauen.*

trusnon *swv.*, *erschöpfen.*

tugidon *swv.*, *gewähren.*

tulgo *adv.*, *sehr.*

tunga *swf.*, *Zunge.*

tnngal *stn.*, *Gestirn.*

tweho *swm.*, *Zweifel.*

twehon *swv.*, *zweifeln.*

twelif, *zwölf.*

twêne, *zwei.*

twêntig, *zwanzig.*

twîfli *adj.*, *zweifelnd.*

twîflon *swv.*, *zweifeln.*

thagian *swv.*, *schweigen.*

thagon *swv.*, *dasselbe.*

than *adv.*, *dann*, *damals*, *nun; beim*
Comparativ als Vertreter des ver-
glichenen Gegenstands; wenn, *als*
(auch nach Compar.); than lango
the, so lange als.

thanan *adv.*, *von dannen, daher, woher.*

thank *stm.*, *Wille, Freude, Dank.*

thankon *swv.*, *danken.*

thanna, thanne *adv.*, *dann; nach*
comp., *als.*

thar *adv.*, *dort*, *dorthin*, *wo*, *wohin*,
da, *als*, *wenn.*

tharbon *swv.*, *entbehren.*

tharf *stm. f. oder n.*, *mir is th.*, *ich*
bedarf.

tharod *adv.*, *dorthin.*

thau *stm.*, *Sitte.*

the *pron.*, *der, welcher.*

the *unveränderliche relat. Partikel,*
verschiedene Casus des Relativs er-
setzend.

thegan, thegn *stm.*, *Mann, Dienst-*
mann.

theganskepi *stm.*, *Jüngerschaft.*

thenian *swv.*, *auswerfen.*

thenkian *swv.*, *denken, aufmerken,*
überlegen, gedenken.

thesa *pron.*, *dieser.*

thiad == thiod.

thiggian *swv.*, *bitten, empfangen, auf-*
nehmen, einnehmen.

thihan *stv.*, *gedeihen.*

thikki *adj.*, *dicht.*

thikko *adv.*, *dasselbe.*

thim *adj.*, *dunkel.*

thin *pron. poss.*, *dein.*

thing *stn.*, *Gericht, Sache.*

thinghûs *stn.*, *Gerichtshaus.*

thingon *swv.*, *verhandeln.*

thingstedi *stf.*, *Gerichtsstätte.*

thiod, thioda *stf.*, *Volk, Menge.*

thiodan, *Herrscher.*

thiodarbedi *stn.*, *grosses Leid.*

thiodgod *stm.*, *Gott.*

thiodgumo *swm.*, *trefflicher Mann.*

thiodkuning *stm.*, *König.*

thiodquâla *stf.*, *grosse Marter.*

thiodskaðo *swm.*, *Verderber.*

thiodwelo *swm.*, *höchstes Gut.*

thiof *stm.*, *Dieb.*

thioliko, *adv.*, *demüthig.*

thionon, thionoian *swv.*, *dienen.*

thionost *stm.*, *Dienst.*

thiorna *swf.*, *Jungfrau.*

thiu *stf.*, *Magd.*

thiustri *adj.*, *finster.*

thiwa == thiu.

thô *adv.*, *da; conj. als.*

thoh (thôh?) *adv.*, *doch; conj. ob-*
gleich.

tholian *swv.*, *ausharren, erdulden.*

tholon, tholoian *swv.*, *ausharren, er-*
dulden, entbehren.

thorn *stn.*, *Dorn.*

thorron *swv.*, *vergehen.*

thrâwerk *stn.*, *Pein.*

thrègian *swv.*, *drohen.*

thriddio, *dritte.*

thrie, thria, threa, *drei.*

thrim?

thrimman *stv.*, *anschwellen.*

thringan *stv.*, *sich drängen, be-*
drängen.

thrist(i) *adj.*, *zuversichtlich.*

thristmôd *adj.*, *dasselbe.*

thristword *stn.*, *zuversichtliche Rede.*

thritig, *dreissig.*

thriwo *adv.*, *dreimal.*

thu *pron.*, *du.*

thunkian *swv.*, *dünken.*

thurban *anom.*, *Veranlassung haben;*
ni thurban, nicht nöthig haben, nicht
müssen.

thurft *stf.*, *Nothwendigkeit.*

thurftig *adj.*, *arm.*

thurh *praep.*, *durch, vermittelst, aus*
(causal), wegen, um -- willen.

thurhfremid *part.*, *vollkommen.*

thurgangan *stv.*, *bis ans Ende gehen.*

thurhslôpian *swv.*, *durchschlüpfen*
lassen.

thurst *stm.*, *Durst.*

thurstian *swv.*, *dürsten.*

thuru == thurh, *durch.*

thus *adv.*, *so.*

thûsundig, *tausend.*

thwahan *stv.*, *waschen.*

ubil *adj.*, *schlecht, böse.*

ubil *stn.*, *Böses.*

ubilo *adv.*, *schlimm.*

ûðia *swf.*, *Welle.*

ûhta, uhta? *stf. swf.*, *Morgen.*

umbi *adv.*, *herum; praep., um, in Be-*
zug auf.

umbihwerban *stv.*, *umgeben.*

umbitharbi *adj.*, *unnütz.*

und *conj.*, *bis.*

undar *adv.*, *unter; praep., unter, zwi-*
schen.

undarbadon *swv.*, *erschrecken.*

undarfindan *stv.*, *ergründen.*

undargrîpan *stv.*, *erfassen.*

undarhuggian *swv.*, *einsehen.*

undartwisk *praep., zwischen.*

undarthenkian *swv., erkennen.*

undarwitan *anom., kennen.*

undorn *stm., Vormittag.*

unefno *adv., auf ungleiche Weise.*

unfôdi *adj., unersättlich.*

ungiliko *adv., unähnlich.*

ungilôbig *adj., nicht glaubend.*

ungilôbo *swm., Unglaube.*

ungiwideri *stn., Ungewitter.*

ungiwittig *adj., unverständig.*

unhiuri *adj., unheimlich.*

unhold *adj., feindlich.*

unhuldi *swf., Feindschaft.*

unka *pron. poss., unser beider.*

unlêstid *adj., unerfüllt.*

unmet *adv., sehr.*

unôði *adj., schwer.*

unôðo *adv., dasselbe.*

unqueðand *adj., sprachlos.*

unreht *adj., unrecht.*

unreht *stn., Unrecht.*

unrîm *stm., Unzahl.*

unskôni *adj, unschön.*

unskuldig *adj., unschuldig.*

unspôd *stf., Böses.*

unsundig *adj., sündlos.*

unswôti *adj., unsüss.*

unt = *und.*

untô *adv., hinzu.*

untre(u)wa *stf., Untreue.*

unwam *adj., unbefleckt.*

unwand *adj., unwandelbar.*

unwânlîk *adj., unschön.*

unwillio *swm., Zorn.*

unwis *adj., töricht.*

up *adv., auf, hinauf.*

uphimil *stm., der Himmel oben.*

upôd *stm., himmlisches Gut.*

uppa *adv., oben.*

uppan *adv., oben, hinauf; praep., auf.*

upweg *stm., Weg nach oben.*

urdêli *stn., Urtheil.*

urkundeo *stm., Zeuge.*

urlagi *stn., Krieg.*

ûsa *pron. poss., unser.*

ûst *stf., Sturmwind.*

ût *adv., heraus, hinaus.*

ûta *adv., aussen hin, heraus.*

ûtan *adv., draussen.*

wâd *stf., Gewand.*

wâdian *swv., bekleiden.*

wâg *stm., Woge, Fluth.*

wâglîdand, *subst. part., Seefahrer.*

wâh *stm., Böses.*

wahsan *stv., wachsen.*

wahta *stf. swf., Wache.*

wakon, wakogean *swv., wachen.*

wal *stm., Mauer, Wand.*

wala = *wela.*

wa`d *stm., Wald.*

waldâd *stf., Mordthat.*

waldan *stv., walten; subst. part.* wal-dand, *Herrscher.*

waldandgod *stm., Herrgott.*

wallan *stv., wallen.*

wam *adj., frevelhaft.*

wam *stn., Frevel.*

wamdâd *stf., dasselbe.*

wamsknðo *swm., Frevler.*

wamskefti *stf., Sündhaftigkeit.*

wan *adj., fehlend.*

wân *stm., Hoffnung.*

wânam *adj., glänzend.*

wanami *swf., Glanz.*

wânamo *adv., glänzend.*

wand *adj., verschieden.*

wang *stm., Aue.*

wanga *swf., Wange.*

wânian *swv., sich versehen.*

wankol *adj., schwankend.*

wânlîk *adj., schön.*

wânlîko *adv., dasselbe.*

wanon *swv., abnehmen.*

wânom = *wânam.*

wanskefti *stf. pl., Elend.*

wâpan *stn., Waffe.*

wâpanberand *subst. part., Waffenträger, Krieger.*

wâpanthreki *stm., Kraft.*

war *adj., vorsichtig.*

wâr *adj., wahr, wahrhaftig.*

wara *stf., Schutz, Aufmerksamkeit.*

warag *stm., Frevler.*

waragtreo *stn., Galgen.*

waraliko *adv.*, *aufmerksam*, *sorg-fältig*.
ward *stm.*, *Wart*.
wardon *swv.*, *auf der Hut sein, sorgen für*.
wârfast *adj.*, *wahr*.
wârlîk *adv.*, *wahr*.
warhta, warahta *praet. von* wirkian.
wârlîko *adv.*, *in Wahrheit*.
wârlogo *swm.*, *Lügner*.
wârlôs *adj.*, *lügnerisch*.
warmian *swv.*, *wärmen*.
warm *adv.*, *warm*.
waron *swv.*, *dauern*.
waron *swv.*, *Acht haben auf, begehen, aufsuchen*.
wârsago *swm.*, *Prophet*.
waston *stm.*, *Wachsthum, Wuchs, Gewächs, coll. Früchte*.
watar *stn.*, *Wasser*.
wê *stn.*, *Wehe*.
wedar *stn.*, *Witterung, Sturm*.
wedarwîs *adj.*, *wetterkundig*.
weg *stm.*, *Weg, Strasse*.
wêg *stm.*, *Mauer*.
wâg = wâg.
wêgi *stn.*, *Gefäss*.
wêgian *swv.*, *peinigen*.
wehsal *stm.*, *Handel, Geld*.
wehslon, weslon, wehslean *swv.*, *tauschen, vertauschen, eintauschen*.
wêk *adj.*, *weich*.
wekkian *swv.*, *wecken*.
wêkmôd *adj.*, *verzagt*.
wel *adv.*, *wohl; Interjection, wohl, wehe*.
wela = wel.
wellîf *stn.*, *Leben im Glück*.
welo *swm.*, *Gut, Besitz*.
wendian *swv.*, *sich wenden, wenden, abwenden*.
wennian *swv.*, *versehen; bestimmen* (?)
wenkian *swv.*, *untreu werden*.
wêpan --- wâpan.
wer *stm.*, *Mann, Mensch*.
werd *stm.*, *Wirth*.
werdskepi *stm.*, *Mahl*.
werð *adj.*, *werth, passend, lieb*.
werð *stn.*, *Geld, Lohn*.
werðan *stv.*, *werden*.

werðlîko *adv.*, *ehrfurchtsvoll, freundlich*.
werian *swv.*, *wehren, hindern, sich wehren*.
werk *stn.*, *Werk, Arbeit, Geschehenes, Mühsal*.
wermian = warmian.
wernian *swv.*, *wehren, abschlagen, vorenthalten*.
werod *stn.*, *Volk, Leute*.
werold *stf. und stm.*, *Welt, Erde, Leute, Leben*.
weroldhêrro *swm.*, *Kaiser*.
weroldkêsur *stm.*, *dasselbe*.
weroldkuning *stm.*, *König*.
weroldlusta *stf.*, *Weltlust*.
weroldrîki *stn.*, *Welt, Reich*.
weroldsaka *stf.*, *weltliche Sache*.
weroldskat *stn.*, *irdischer Besitz*.
weroldstôl *stm.*, *Herrscherstuhl*.
weroldstunda *stf.*, *irdisches Leben*.
weroldwelo *swm.*, *irdisches Gut*.
werpan *stv.*, *werfen*.
werran *stv.*, *in Verwirrung bringen, in Noth bringen*.
wesan *anom.*, *sein*.
wesl = wehsal.
westan, -ana *adv.*, *von Westen*.
westar *adv.*, *nach Westen*.
westrôni *adj.*, *westlich*.
wi *pron.*, *wir*.
wîd *adj.*, *weit*.
wîdbrêd *adj.*, *unendlich*.
wîdo *adv.*, *weit*.
widowa *swf.*, *Wittwe*.
wið *praep.*, *gegen*.
wiðar *praep.*, *gegen*.
wiðarlâga *stf.*, *Gleiches*.
wiðarmôd *adj.*, *feindselig, widerwärtig*.
wiðarsaka *stf.*, *Widerrede*.
wiðarsako *swm.*, *Widersacher*.
wiðarseggian *swv.*, *widersprechen*.
wiðarstandan *stv.*, *entgegentreten*.
wiðarward, wiðarword *adj.*, *feindselig, widerwärtig; adv. gen., rückwärts*.
wiðarwerpan *stv.*, *verwerfen*.
wiðfâhan *stv.*, *entziehen*.

wif *stn.*, *Weib.*

wig *stm.*, *Ross.*

wig *stm.*, *Kampf.*

wigand *part. subst.*, *Krieger.*

wigsaka *stf.*, *Kampf.*

wih *stm.*, *Heiligthum.*

wihdag *stm.*, *Feiertag.*

wihian *swv.*, *segnen.*

wihrôk, wirôk *stm.*, *Weihrauch.*

wiht *stm.*, *etwas. — plur.*, *Dämonen.*

wik *stm.*, *Wohnstätte, Dorf.*

wikan *stv.*, *weichen.*

willian *anom.*, *wollen.*

willig *adj.*, *willig.*

willio, willeo *swm.*, *Wille, Gnade, Freude.*

wilspel *stn.*, *willkommne Kunde.*

win *stm. stn.*, *Wein.*

winberi *stn.*, *Weintraube.*

wind *stm.*, *Wind.*

windan *stv.*, *sich wenden.*

wingardo *swm.*, *Weingarten.*

wini *stm.*, *Genosse.*

winistar *adj.*, *link.*

winitre(u)wa *stf.*, *Treue.*

winnan *stv.*, *kämpfen, erlangen, leiden.*

winseli *stm.*, *Gemach.*

wintar *stm.*, *Winter, Jahr.*

wintargital *stn.*, *Zahl der Jahre.*

wintarkald *adj.*, *winterlich kalt.*

wiod *stm.*, *Unkraut.*

wiodon *swv.*, *jäten.*

wirdig *adj.*, *würdig, angenehm.*

wirkian *swv.*, *handeln, thun, machen, bereiten.*

wirôk = wihrôk.

wirs *adv. comp.*, *schlimmer.*

wirsa *comp.*, *schlimmer.*

wis *adj.*, *sicher, zuverlässig.*

wis *adj.*, *kundig.*

wisa *stf. swf.*, *Art und Weise.*

wisbodo *swm.*, *Bote.*

wisdôm *stm.*, *Weisheit.*

wisian *swv.*, *zeigen, verkünden.*

wiskumo *swm.*, *gewiss kommend.*

wislik *adj.*, *weise.*

wisliko *adv.*, *dasselbe.*

wison *swv.*, *besuchen, heimsuchen.*

wissungo *adv.*, *sicher*

wit *pron.*, *wir beide.*

wita *interj. wohlan.*

witan *anom.*, *wissen, kennen.*

witan *stv.*, *vorwerfen.*

witi *stn.*, *Strafe, Böses, Pein.*

witig, *adj.*, *verständig.*

witnon *swv.*, *strafen, tödten.*

wlank *adj.*, *stolz, übermüthig.*

wlenkian *swv.*, *übermüthig machen.*

wliti *stm.*, *Glanz, Aussehen.*

wlitig *adj.*, *glänzend, schön.*

wlitiskôni *adj.*, *schön.*

wlitiskôni *swf.*, *Glanz.*

wôdian *swv.*, *wüthen.*

wôði *adj.*, *angenehm.*

wôhslô *stm.*, *Leidensweg.*

wôl *stm.*, *Verderben.*

wola = wela.

wolkan *stn.*, *Wolke.*

wolkanskio *swm.*, *Wolkendecke.*

wonodsam *adj.*, *erfreulich.*

wonon *swv.*, *verweilen, bleiben, sich fügen.*

wôp *stm.*, *Klage.*

wôpian *stv.*, *klagen, beklagen.*

word *stn.*, *Wort.*

wordgimerki *stn.*, *Schriftzeichen.*

wordhelpa *swf.*, *Fürbitte.*

wordheti *stm.*, *Hader.*

wordquidi *stm.*, *Rede.*

wordspâhi *adj.*, *redekundig.*

wordtêkan *stn.*, *Zeichen.*

wordwis *adj.*, *redekundig.*

wôst(i) *adj.*, *wüste.*

wôstun, wôstunnia *stf.*, *Wüste.*

wrâka *stf.*, *Rache.*

wraksiô *stm.*, *Weg in die Fremde, Verbannung.*

wrêð *adj.*, *bekümmert, feindselig, bös.*

wrôðhugdig *adj.*, *böse.*

wreðian *swv.*, *stützen.*

wrêðian *refl.*, *sich erzürnen.*

wrêðmôd *adj.*, *böse.*

wrekan *stv.*, *vergelten.*

wrokkio *swm.*, *Fremder.*

wrisilik *adj.*, *riesisch.*

writan *stv.*, *zerreissen, schreiben.*

wrôgian *swv.*, *anklagen.*

wrôht *stm. oder stf.*, *Aufruhr.*

wulf *stm.*, *Wolf.*

wund *adj.*, *verwundet.*

wunda *swf.*, *Wunde.*

wundar *stn.*, *Wunder;* wundron, to wundron, *wunderbar, aufs höchste.*

wundarlĭk *adj.*, *wunderbar.*

wundarlīko *adv.*, *auf wunderbare Weise.*

wundarquâla *stf.*, *Marter.*

wundartêkan *stn.*, *Wunderzeichen.*

wundron *swv.*, *sich verwundern.*

wunnia *stf.*, *Freude.*

wunon = wonon.

wunsam *adj.*, *lieblich.*

wurð *stf.*, *Boden.*

wurð *stf.*, *Verhängniss.*

wurð(i)giskapu *stn. plur.*, *dasselbe.*

wurðigiskefti *stf. plur.*, *dasselbe.*

wurgil *stm.*, *Strick.*

wurhtio *swm.*, *Arbeiter.*

wurm *stm.*, *Wurm, Schlange.*

wurt *stf.*, *Wurzel, Blume.*

Halle, Druck von E. Karras.